本丛书属于国家社科基金重大项目
——梵文研究及人才队伍建设

梵汉佛经对勘丛书

梵汉对勘

阿弥陀经·无量寿经

黄宝生 译注

中国社会科学出版社

图书在版编目(CIP)数据

梵汉对勘阿弥陀经·无量寿经/黄宝生译注.—北京:中国社会科学出版社,2016.5(2024.7重印)
(梵汉佛经对勘丛书)
ISBN 978-7-5161-6633-8

Ⅰ.①梵… Ⅱ.①黄… Ⅲ.①净土宗—佛经—校勘 Ⅳ.①B946.8

中国版本图书馆CIP数据核字(2015)第166996号

出版人 赵剑英
责任编辑 史慕鸿
特约编辑 常 蕾
责任校对 石春梅
责任印制 戴 宽

出 版 中国社会科学出版社
社 址 北京鼓楼西大街甲158号
邮 编 100720
网 址 http://www.csspw.cn
发行部 010-84083685
门市部 010-84029450
经 销 新华书店及其他书店

印刷装订 北京君升印刷有限公司
版 次 2016年5月第1版
印 次 2024年7月第4次印刷

开 本 710×1000 1/16
印 张 14.25
插 页 2
字 数 203千字
定 价 58.00元

凡购买中国社会科学出版社图书,如有质量问题请与本社营销中心联系调换
电话:010-84083683

《梵汉佛经对勘丛书》总序

印度佛教自两汉之际传入中国，译经活动也随之开始。相传摄摩腾和竺法兰所译《四十二章经》是中国的第一部汉译佛经。这样，汉译佛经活动始于东汉，持续至宋代，历时千余年。同样，印度佛教自七世纪传入中国藏族地区，藏译佛经活动始于松赞干布时期，持续至十七世纪，也历时千余年。据赵朴初先生的说法，汉译佛经共有“一千六百九十余部”，而藏译佛经共有“五千九百余种”。[①]中国的佛教译经活动历时之久，译本数量之多，而且以写本和雕版印刷的传承方式保存至今，堪称世界古代文化交流史上的一大奇观。

印度佛教在中国文化土壤中扎下根，长期与中国文化交流融合，已经成为中国传统文化的有机组成部分。就汉文化而言，最终形成的传统文化是以儒家为主干的儒道释文化复合体。汉译佛经和中国古代高僧的佛学著述合称汉文大藏经。它们与儒家典籍和道藏共同成为中华民族的宝贵文化遗产。为了更好地继承和利用文化遗产，我们必须依循时代发展，不断对这些文献资料进行整理和研究。儒家典籍在中国古代文献整理和研究中始终是强项，自不待言。相比之下，佛教典籍自近代以来，学术界重视不够，已经逐渐成为中国古代文献整理和

---

① 赵朴初：《佛教常识答问》，上海辞书出版社 2009 年版，第 147、150 页。另据吕澂著《新编汉文大藏经》目录，汉译佛经有一千五百零四部。关于汉译和藏译佛经的数量迄今未有确切的统计数字。

研究中的薄弱环节。

二十世纪五十至七十年代，中国台湾地区编辑的《中华大藏经》是迄今为止汇集经文数量最多的一部汉文大藏经。其后，八九十年代，中国大陆地区也着手编辑《中华大藏经》，已经出版了“正编”。这部大陆版《中华大藏经》（正编）以《赵城金藏》为基础，以另外八种汉文大藏经为校本，在每卷经文后面列出“校勘记”。可惜，这部《大藏经》的编辑只完成了一半，也就是它的“续编”还有待时日。这种收集经文完备又附有“校勘记”的新编汉文大藏经是为汉传佛教文献的整理和研究奠定了坚实的基础。在此基础上，可以进一步开展标点和注释工作。

与汉文大藏经的总量相比，出自现代中国学者之手的汉文佛经的标点本和注释本数量十分有限。为何这两种《中华大藏经》都采取影印本，而不同时进行标点工作？就是因为标点工作的前期积累太少，目前还没有条件全面进行。而对于中国现代学术来说，古籍整理中的标点和注释工作也是不可或缺的。因此，有计划地对汉文佛经进行标点和注释的工作应该提到日程上来。唯有这项工作有了相当的成果，并在工作实践中造就了一批人才，《中华大藏经》的标点工作才有希望全面展开。

对于佛经标点和注释的人才，素质要求其实是很高的：既要熟谙古代汉语，又要通晓佛学。同时，我们还应该注意到，在汉文大藏经中，汉译佛经的数量占据一多半。而汉译佛经大多译自梵文，因此，从事佛经标点和注释，具备一些梵文知识也是必要的。此外，有一些佛经还保存有梵文原典，那么，采用梵汉对勘的方法必然对这些汉译佛经的标点和注释大有裨益。这就需要通晓梵文的人才参与其中了。

过去国内有些佛教学者认为留存于世的梵文佛经数量很少，对汉文大藏经的校勘能起到的作用有限。而实际情况并非这么简单。自十九世纪以来，西方和印度学者发掘和整理梵文佛经抄本的工作持续至今。当代中国学者也开始重视西藏地区的梵文佛经抄本的发掘和整理。由于这些抄本分散收藏在各个国家和地区，目前没有确切的统计数字。虽然不能说所有的汉译佛经都能找到相应的梵文原典，实际上也不可能做到这样，但其数量仍然十分可观，超乎人们以往的想象。例如，在汉译佛经中占据庞大篇幅的《般若经》，其梵文原典《十万颂般若经》、《二万五千颂般若经》和《八千颂般若经》等均有完整的抄本。又如，印度出版的《梵文佛经丛刊》（*Buddhist Sanskrit Texts*）收有三十多种梵文佛经校刊本。其中与汉译佛经对应的梵文原典有《神通游戏》（《方广大庄严经》）、《三昧王经》（《月灯三昧经》）、《入楞伽经》、《华严经》、《妙法莲华经》、《十地经》、《金光明经》、《菩萨学集》（《大乘集菩萨学论》）、《入菩提行论》、《中论》、《经庄严论》（《大乘庄严经论》）、《根本说一切有部毗奈耶》、《阿弥陀经》、《庄严宝王经》、《护国菩萨经》、《稻秆经》、《悲华经》、《撰集百缘经》、《佛所行赞》、《如来秘密经》（《一切如来金刚三业最上秘密大教王经》）和《文殊师利根本仪轨经》等。此外，诸如《金刚经》、《维摩诘经》、《阿毗达磨俱舍论》、《因明入正理论》和《辨中边论》等这样一些重要的汉译佛经也都已经有梵文校刊本。因此，对于梵汉佛经对勘在汉文佛教文献整理和研究中的学术价值不可低估，相反，应该予以高度重视。

其实，梵汉佛经对勘不仅有助于汉文佛教文献的整理，也有助于梵文佛经抄本的整理。梵文佛经抄本整理的主要成果是编订校刊本。因为梵文佛经抄本在传抄过程中，必定会产生或多或少的文字脱误或变异。这需要依据多种抄本进行校勘，确定正确的或可取的读法，加以订正。除了利用同一佛经的多种梵文抄本进行校勘外，还可以利用同一佛经的平行译本进行对勘。尤其是在有的梵文佛经只有一个抄本的情况下，利用平行译本进行对勘就显得更为重要。正是这个原因，长期以来，西方、印度和日本学者在编订梵文佛经校刊本时，都十分重视利用梵文佛经的汉译本和藏译本。但对于西方学者来说，掌握古代汉语比较困难，因此，从发展趋势看，他们越来越倚重藏译本。相比之下，日本学者在利用汉译本方面做得更好。

近一百多年来，国际佛教学术界已经出版了不少梵文佛经校刊本，同时也出版了完整的巴利文三藏校刊本。这些校刊本为佛教研究提供了方便。学者们依据这些校刊本从事翻译和各种专题研究。在此基础上，撰写了大量的印度佛教论著和多种印度佛教史。如果没有这些校刊本，这些学术成果的产生是不可设想的。这从这些著作中引用的梵文佛经校刊本及其现代语言（英语、法语或日语）译本资料便可见出。同时，我们也应该注意到，有些重要佛经缺乏梵文原典，西方学者还依据汉译佛经转译成西方文字，如英译《佛所行赞》（梵文原典缺失后半）、《胜鬘师子吼一乘大方便方广经》，德译和英译《维摩诘经》（译于梵文原典发现前），法译《成唯识论》、《大智度论》、《摄大乘论》、《那先比丘经》等。又鉴于印度古代缺少历史文献，他们也先后将法显的《佛国记》、玄奘的《大唐西域记》、慧立和彦悰的《大慈恩寺三藏法师传》、义净的《大唐西域求法高僧传》和《南海寄归内法传》译成英文或法文。这些都说明国际佛教学术界对汉文佛教文献的高度重视。只是限于通晓古代汉语的佛教学者终究不多，他们对汉文佛教文献的利用还远不充分。

而中国学术界直至二十世纪上半叶，才注意到国际上利用梵文佛经原典研究佛教的“新潮流”。引进这种“新潮流”，利用梵文佛经原典研究与佛教相关的中国古代文献的先驱者是陈寅恪、汤用彤、季羡林和吕澂等先生。然而，当时国内缺少梵文人才，后继乏人。时光荏苒，到了近二三十年，才渐渐出现转机。因为国内已有一批青年学子在学习梵文后，有志于利用梵文从事佛教研究。这条研究道路在中国具有开拓性，研究者必定会备尝艰辛，但只要有锲而不舍的精神，前景是充满希望的。

利用梵文从事佛教研究的方法和途径多种多样，研究者完全可以依据自己的学术兴趣和专长选择研究领域。而梵汉佛经对勘研究应该是其中的一个重要选项。这项研究的学术价值至少体现在以下几个方面：

一、有助于读解汉译佛经。现代读者读解汉译佛经的难度既表现在义理上，也表现在语言上。佛教义理体现印度古代思维方式。尤其是大乘佛教的中观和唯识，更是体现印度古代哲学思辨方式。它们有别于中国传统的理论思维形态。而汉译佛经的语言对于现代读者，不仅有古今汉语的隔阂，还有佛经汉译受梵文影响而产生不同程度的变异，更增添一层读解难度。然而，通过梵汉佛经对勘，则可以针对汉译佛经中义理和语言两方面的读解难点，用现代汉语予以疏通和阐释。

二、有助于读解梵文佛经。佛教于十二世纪在印度本土消亡，佛经抄本大量散失，佛教学术也随之中断。近代以来，随着国际印度学的兴起，学者们重视发掘佛经原典，先后在尼泊尔和克什米尔等地，尤其是在中国西藏地区发现了数量可观的梵文佛经抄本。这样，印度佛教文献研究成了一门“新兴学科”。由于佛教学术在印度本土已经中断数百年之久，对于印度或西方学者来说，梵文佛经的读解也是印度古代文献研究中的一个难点。这与汉文佛教文献在现代中国古代文献研究中的情况类似。仅以梵文词典为例，著名的M.威廉斯的《梵英词典》和V. S.阿伯代的《实用梵英词典》基本上都没有收入佛教词汇。因此，才会有后来出现的F.埃杰顿的《佛教混合梵语语法和词典》和荻原云来的《梵和大辞典》。尤其是《梵和大辞典》，充分利用了梵汉佛经对勘的成果。

现存的所有梵文佛经抄本都会存在或多或少的文字错乱或讹误，已经编订出版的校刊本也未必都能彻底予以纠正。校刊本质量的高低既取决于校刊者本人的学术造诣，也取决于所掌握抄本的数量和质量。同时，佛教梵语受方言俗语影响，在词汇、惯用语和句法上与古典梵语存在一些差异，以及经文中对一些义理的深邃思辨，都会形成梵文佛经读解中的难点。而梵汉佛经对勘能为扫除梵文佛经中的种种文字障碍，提供另一条有效途径。毫无疑问，在利用汉译佛经资料方面，中国学者具有得天独厚的优势。如果我们能在梵汉佛经对勘研究方面多做一些工作，也是对国际佛教学术作出应有的贡献。

三、有助于佛教汉语研究。现在国内汉语学界已经基本达成一个共识，即认为佛经汉语是中国古代汉语中的一个特殊类型。有的学者仿照“佛教混合梵语”（Buddhist Hybrid Sanskrit）的称谓，将它命名为“佛教混合汉语”。而时下比较简便的称谓则是“佛教汉语”。梵文佛经使用的语言在总体上属于通俗梵语，这是由佛教的口头传承方式决定的。而这种通俗梵语中含有佛教的种种特定词语，也夹杂有俗语语法成分，尤其是在经文的偈颂部分，因此，明显有别于传统的梵语。同样，汉译佛经受梵文佛经影响，主要采用白话文体，较多采用口语用词。同时，在构词、词义、语法和句式上也受梵文影响，语言形态发生一些变异，有别于传统的汉语。这些特殊的语言现象需要汉语学者认真研究和诠释。近二三十年中，佛教汉语研究已成为一门“显学”。日本学者辛嶋静志和中国学者朱庆之是这个领域中的代表人物。

尽管国内佛教汉语研究已经取得了不少成绩，但研究队伍中存在一个明显的缺陷，也就是通晓梵语的学者很少。如果通晓梵语，直接运用梵汉佛经对勘研究的方法，就会方便得多，避免一些不必要的暗中摸索和无端臆测。辛嶋静志能在这个领域中取得大家公认的学术成就，是与他具备多方面的语言和知识学养分不开的，尤其是直接运用梵汉佛经对勘研究的方法。这是值得国内从事佛教汉语研究的年轻一代学者效仿的。希望在不久的将来，中国学者能在大量的梵汉佛经对勘研究的基础上，编出佛教汉语语法和词典。这样，不仅拓展和充实了中国汉语史，也能为现代学者阅读和研究汉文佛经提供方便实用的语言工具书。

四、有助于中国佛经翻译史研究。中国无论在古代或现代，都无愧为世界上的“翻译大国”。在浩瀚的汉文大藏经中，不仅保存有大量的汉译佛经，也保存有许多佛经翻译史料。现代学者经常依据这些史料撰写佛经翻译史论。但是，佛经翻译史研究若要进一步深入的话，也有赖于梵汉佛经对勘研究的展开。因为佛经翻译史中的一些重要论题，诸如佛经原文的文体和风格，翻译的方法和技巧，译文的质量，只有通过具体的梵汉佛经对勘研究，才会有比较切实的体认。在这样的基础上撰写佛经翻译史论，就能更加准确地把握和运用古代史料，并提供更多的实例，增添更多的新意。

鉴于上述学术理念，我们决定编辑出版《梵汉佛经对勘丛书》，由国内有志于从事梵汉佛经对勘的学者分工协作完成。这是一个长期计划，完成一部，出版一部，不追求一时的速度和数量。每部对勘著作的内容主要是提供梵文佛经的现代汉语今译，对梵文佛经和古代汉译进行对勘，作出注释。

其中，梵文佛经原文选用现已出版的校刊本。若有两个或两个以上校刊本，则选定一个校刊本作为底本，其他的校刊本用作参考。若有其他未经校勘的抄本，也可用作参考。而如果对勘者通晓藏文，也可将藏译本用作参考。当然，我们的主要任务是进行梵汉佛经对勘，而不是编订校刊本。因为编订校刊本是一项专门的工作，需要独立进行。编订校刊本的本意是为研究提供方便。前人已经编订出版的校刊本我们不应该“束之高阁”，而应该充分加以利用。在学术研究中，凡事不可能，也无必要从头做起，否则，就可能永远在原地踏步。正因为前人已经编订出版了不少梵文佛经校刊本，我们今天才有可能编辑出版《梵汉佛经对勘丛书》。而且，我们的梵汉佛经对勘研究也能在一定程度上起到改善前人校勘成果的作用。这也是我们对勘成果的一个组成部分。

梵汉佛经对勘的版面格式是将梵文佛经原文按照自然段落排列，依次附上相应段落的现代汉语今译和古代汉译。古代汉译若有多种译本，则选取其中在古代最通行和最接近现存梵本的译本一至两种，其他译本可依据对勘需要用作参考。现代汉语今译指依据梵文佛经原文提供的新译。为何要提供现代汉语今译呢？因为这样便于同行们检验或核实对勘者对原文的读解是否正确。如果读解本身有误或出现偏差，势必会影响对勘的学术价值。另一方面，国内利用汉译佛经从事相关研究的学者大多不通晓梵文，或者只是掌握一些梵文基础知识，尚未达到读解原典的程度。那么，我们提供的现代汉语今译可以供他们参考，为他们的研究助一臂之力。

实际上，现代汉语今译本身也是对勘成果的重要体现。因为梵文佛经原文中的一些疑点或难点往往可以通过对勘加以解决。如果有的疑点或难点一时解决不了，我们可以暂不译出，或者提供参考译文，并在注释中注明。确实，如果我们能正确读解梵文佛经原文，并提供比较准确的现代汉语今译，便会对古代汉译佛经中一些文字晦涩或意义难解之处产生豁然开朗的感觉。通过梵汉佛经对勘，帮助读解梵文佛经和汉译佛经，这正是我们的工作目的。

对勘注释主要包括这几个方面：

一、订正梵文佛经校刊本和汉译佛经中的文字讹误或提供可能的合理读法。

二、指出梵文佛经与汉译佛经的文字差异之处。

三、指出汉译佛经中的误译之处。

四、疏通汉译佛经中的文字晦涩之处。

五、诠释梵文佛经和汉译佛经中的一些特殊词语。由于我们已经提供了现代汉语今译，也就不需要逐句作出对勘说明，而可以依据实际需要，有重点和有选择地进行对勘注释。

同时，利用这次梵汉佛经对勘的机会，我们也对古代汉译佛经进行标点。梵文和古代汉语一样，没有现代形式的标点。但梵文在散文文体中，用符号 । 表示一句结束，॥ 表示一个段落结束；在诗体中，用符号 । 表示半颂结束，॥ 表示一颂结束。这样，参考梵文佛经，尤其是依靠读通句义，便有助于汉译佛经的标点。但古代汉语的行文毕竟具有自身的特点，不可能完全依据梵文原文进行标点。我们的标点也只是提供一个初步的样本，留待以后听取批评意见，加以完善。

以上是对《梵汉佛经对勘丛书》的基本学术设想。在实际工作中，对勘者可以根据自己的学术专长，在某些方面有所侧重。我们的共同宗旨是对中国古代佛教文献的整理和研究作出各自的创造性贡献。

千里之行，始于足下。不管前面的道路怎样艰难曲折，让我们现在就起步，登上征途吧！

黄宝生

2010 年 5 月 12 日

目　录

导　言

一

《阿弥陀经》、《无量寿经》、《观无量寿佛经》和《无量寿经优波提舍愿生偈》（也称《往生论》）是中国佛教净土宗的根本经典，合称“三经一论”。

“净土”在汉译佛经中也译“严净佛土”、“清净佛土”、“严净佛刹”和“清净佛刹”等，对应的梵语原词主要是 pariśuddha-buddhakṣetra。宋法护等译《大乘集菩萨学论》（Śikṣāsamuccaya）中引用《维摩诘所说经》（Vimalakīrtinirdeśa）经文，其中的 pariśuddha-buddhakṣetra 一词译为“净佛国土”[①]。而鸠摩罗什译《维摩诘所说经》和玄奘译《说无垢称经》第十品中，此词（原文为 pariśuddham buddha-kṣetram）均译为“净土”[②]，实际是“净佛国土”或“清净佛土”的简称。而在《维摩诘所说经》第一品中，另有一词为 buddhakṣetra-praśuddhi（“佛土清净”），什译“佛国土清净”和“净土”，奘译“严净佛土”和“净佛土”。此外，在鸠摩罗什译《妙法莲华经》（Sad-dharmapuṇḍarīkasūtra）的《授学无学人记品》中有“国土清净”一词，对应的梵语原词是 pariśuddhakṣetra[③]。此词若直译，即“净土”。

“净土”是大乘佛教中出现的观念。而要谈论“净土”，需要从

① 参阅维迪耶（P. L. Vaidya）编《大乘集菩萨学论》（Śikṣāsamuccaya，Buddhist Sanskrit Texts，No. 11）第 85 页。

② 参阅《梵汉对勘维摩诘所说经》（中国社会科学出版社 2011 年版）第 295—297 页。

③ 参阅维迪耶编《妙法莲华经》（Saddharmapuṇḍarīkasūtra，Buddhist Sanskrit Texts，No.6）第 138 页。

“菩萨”的概念说起。“菩萨”（bodhisattva，巴利语 bodhisatta）一词在早期佛教的巴利语三藏中已经出现，如《本生经》（Jātaka）中将处在无数次轮回转生而尚未成佛的释迦牟尼称为“菩萨”。又如《大本经》（Mahāpadānasuttanta）讲述毗婆尸等七位过去佛。经中将尚未成佛时的毗婆尸等称为“菩萨”。但是，“菩萨”一词在巴利语三藏中并非关键词，也没有广泛使用。

而“菩萨”这个概念在部派佛教时期得到充分发展。在说一切有部的集大成著作《阿毗达磨大毗婆沙论》中，对菩萨和佛陀作了这样的概括描述：“若诸有情发阿耨多罗三藐三菩提心，能不退转”，“乃至造作增长相异熟业，方名菩萨”（卷一七六）。所谓“相异熟业”，“必在三无数劫修诸波罗蜜多，圆满身中加行功用作意后而得”（卷一七七）。又说，“彼既证得阿耨多罗三藐三菩提已”，“复能觉悟无量有情随根欲性作饶益故，由是等觉义胜故，名为佛陀，不名菩萨”（卷一七六）。

大乘佛教正是沿着部派佛教中的这一思路，针对早期佛教追求“出世间”，以个人获得阿罗汉果位和达到涅槃为最高目标，而强调“世间和出世间不二”，提倡发菩提心，成为菩萨，通过实行“六波罗蜜”获得佛性，并以普度众生为最高目标。

“菩萨”一词巴利语为 bodhisatta。其中，bodhi 的词义为“觉醒”或“觉悟”，而 satta 可以读为“众生”（相当于梵语 sattva），也可以读为“热衷”或“追求”（相当于梵语 sakta）。因此，此词在巴利语中的词义主要是“觉悟的众生”或“追求觉悟的众生”。“觉悟”也含有“觉悟成佛”的意思。

而在大乘佛教中，“菩萨”（bodhisattva）一词的含义随着教义的发展而扩大。《大智度论》（卷四）中，将 bodhi（音译“菩提”）解释为“佛道”或“佛法”，将sattva（音译“萨埵”）解释为“众生”或“大心”。同时，也将sattva中的sat（“萨”）解释为“好法”，tva（“埵”）解释为“好法体相”，也就是将sattva解释为“善性”。进而，对“菩萨”（即“菩提萨埵”）一词的解释是“菩萨心自利利他故，度一切众生故，知一切法实性故”，“是名菩提萨埵”。

同样，“波罗蜜”（pāramitā，音译全称“波罗蜜多”）一词在巴利语中的词义为“完美”或“圆满”。巴利语三藏中提到有“十波罗蜜”，即布施（dāna）、持戒（sīla）、出离（nekkhamma）、智慧（paññā）、精进（viriya）、安忍（khanti）、真谛（sacca）、决意（adhiṭṭāna）、慈（metta）和舍（upekhā）。而在大乘佛教中，“十波罗蜜”的具体所指有所变化，即布施（dāna）、持戒（śīla）、安忍（kṣānti）、精进（vīrya）、禅定（dhyāna）、智慧（prajñā）、方便（upāya）、愿（praṇidhāna）、力（bala）和智（jñāna）。而尤其突出前面的六种波罗蜜。因此，大乘佛教中，凡提及波罗蜜，通常是指前面的六种波罗蜜。如《六度集经》，便是将释迦牟尼成佛前，在无数次轮回转生中行善积德的事迹，归纳为“六波罗蜜”。

同时，在大乘佛教中，又将“波罗蜜”一词引申为“到彼岸”，也就是将pāramitā一词拆解为pāram（“彼岸”）和itā（“走向”或“到达”）。故而，“波罗蜜”也译为“度”。这样，“波罗蜜”一词有了“圆满”和“到彼岸”两义。“六波罗蜜”（或译“六度”）也就可以理解为修行布施、持戒、安忍、精进、禅定和智慧，达到圆满，而超越生死轮回，到达彼岸。“到达彼岸”也就是“达到涅槃”。

可以说，“菩萨”是大乘佛教的核心概念。“大乘”（mahāyāna）可以称为“菩萨乘”（bodhisattvayānika）。大乘的修行方式也可以用“菩萨行”（bodhisattvacaryā）三字概括。修行者首先要发起菩提心，进而长期（乃至在无数劫中）修行“六波罗蜜”，证得无上正等菩提

（或译“阿耨多罗三藐三菩提”），达到涅槃。但达到涅槃，不入涅槃，而在世间弘扬佛道，救度众生。菩萨不仅在这生这样做，而且自愿进入生死轮回，立志要引导一切众生摆脱苦海，达到涅槃。

这样，菩萨本人修行和获得菩提，然后引导众生修行求取菩提，是大乘佛教贯彻始终的指导思想和救度众生的根本方法。但在思考和探索如何救度众生方面，也提供了另一条途径，即引导众生往生净土。“净土”的观念在早期大乘的般若经典中已经出现。如玄奘译《大般若波罗蜜多经》中的《严净佛土品》和《净土方便品》以及鸠摩罗什译《摩诃般若波罗蜜经》中的《净土品》，均讲述菩萨发弘誓愿，修菩萨行，求取无上正等菩提，造就严净佛土，并引导众生修行，往生严净佛土。“净土”是相对现实世界而言。现实世界的众生处在“五浊恶世”中。如鸠摩罗什译《阿弥陀经》中，说“释迦牟尼能为甚难希有之事，能于娑婆国土五浊恶世劫浊、见浊、烦恼浊、众生浊、命浊中，得阿耨多罗三藐三菩提，为众生说一切世间难信之法”。其中所说“娑婆国土”（玄奘译“堪忍世界”）也就是指这个忍受一切污秽、烦恼和痛苦的恶浊世界。

由此，菩萨不仅发愿修行六波罗蜜，证得菩提成佛后，引导众生达到涅槃，也有菩萨发愿证得菩提后，创造净土，引导众生往生净土。大乘佛教认为十方世界有无数净土和净土佛。其中著名的有东方的阿閦佛净土和药师佛净土，西方的阿弥陀佛净土。

关于阿閦佛净土的汉译佛经有后汉支娄迦谶译《阿閦佛国经》和唐菩提流志译《不动如来会》。据《阿閦佛国经》，阿閦（Akṣobhya，意译“不动”）菩萨“发无上正真道意”，即发起无上正等菩提心，持戒修行，造就严净佛刹。在阿閦佛造就的净土中，自然环境优美，人民“皆弃秽浊思想”，“积累德本，愿作佛道及净其佛刹”，没有

“三恶道”，没有各种疾病，“随所念食即自然现前”，“饭食胜于天人饭食”，“从树取五色衣被”，“所卧起处以七宝为交露精舍”，如此等等，是处在“五浊恶世”中的众生向往的“理想国”。

关于药师佛净土的汉译佛经有东晋帛尸黎筏多译《灌顶章句拔除过罪生死得度经》、隋达摩笈多译《药师如来本愿经》、唐玄奘译《药师琉璃光如来本愿功德经》和唐义净译《药师琉璃光七佛本愿功德经》。现存梵本名为《药师琉璃光王经》（Bhaiṣajyaguruvaidūryaprabha-rājasūtra）。这部净土经的重点不是描述药师佛净土即东方琉璃光世界（Vaidūryanirbhāsā）的美好景象，而是称颂药师琉璃光如来在过去世实施菩萨行时发出的十二大愿。这十二大愿充分体现菩萨救度众生的慈悲心。其中，对现实生活中一切众生遭受的种种苦难有比较具体的描述。同时，这部经强调虔诚供奉药师琉璃光如来，忆念这位如来的名号，就能消除灾祸，摆脱痛苦，身心健康，安乐幸福。

在中国佛教中，产生最大影响的净土是西方阿弥陀佛净土。阿弥陀本名无量寿（Amitāyus）或无量光（Amitābha）。阿弥陀佛净土也称“极乐世界”（Sukhāvatī，也译“安乐世界”或“安养国”）。现存关于阿弥陀佛净土的佛经梵本有大小两种，经名均为 Sukhāvatī-vyūha，可译为《极乐庄严经》。相当于小本的汉译佛经有鸠摩罗什译《阿弥陀经》和玄奘译《称赞净土佛摄受经》。其中鸠摩罗什译本为通行本。相当于大本的汉译佛经有后汉支娄迦谶译《无量清净平等觉经》、吴支谦译《阿弥陀三耶三佛萨楼佛檀过度人道经》、魏康僧铠译《无量寿经》、唐菩提流志译《无量寿如来会》和宋法贤译《大乘无量寿庄严经》。其中康僧铠译本为通行本。

在《阿弥陀经》中，释迦牟尼佛讲述阿弥陀佛净土即极乐世界中种种功德庄严，也就是阿弥陀佛的功德造就的种种庄严美妙景象和幸福安乐生活，鼓励众生发愿往生这个净土。为此，只要忆念阿弥陀佛的名号，就会得到佛的护持，安住无上正等菩提，而往生阿弥陀佛的极乐世界。

在《无量寿经》中，释迦牟尼佛讲述在过去世自在王如来时，一位名叫法藏（Dharmākara）的比丘发起无上正等菩提心，请求世自在王（Lokeśvararāja）讲述佛国清净庄严。世自在王如来为他讲述和呈现了二百一十亿佛国庄严。法藏比丘经过长达五劫的修行，摄取二百一十亿佛国清净之行。然后，他在世自在王如来前，发出造就清净佛国的四十八愿。此后，他在无数劫中实施菩萨行，积累功德，终于实现自己的誓愿，造就西方极乐世界。这位法藏比丘就是现在住在极乐世界的无量寿佛。接着，释迦牟尼佛详细描述极乐世界中的种种功德庄严。然后，讲述若要往生这个净土，就应该发起无上正等菩提心，积累功德，专心思念这位无量寿佛。其中，尤其强调思念无量寿佛的重要性。即使积累功德很少，只要思念无量寿佛十次，乃至一次，就能往生这个净土。同时，还强调要虔诚信仰。如果向往极乐世界，积累功德，却又心存怀疑者，往生极乐世界后，就会先住在净土边陲的莲花胎中，五百年后复出。而对极乐世界深信不疑者，往生极乐世界后，立即自然化生，在莲花上结跏趺坐。释迦牟尼佛还详细讲述了世间众生处在“五恶、五痛和五烧”中，嘱咐弥勒菩萨在自己去世后，要传承这部经，救度众生。

关于阿弥陀佛净土的汉译佛经，还有一部刘宋畺良耶舍译《佛说观无量寿佛经》。这部经讲述王舍城阿阇世（Ajātaśatru）太子，听信恶友调达（Devadatta，也译“提婆达多”）的谗言，囚禁父王频婆娑罗（Bimbisāra），企图饿死父王。王后韦提希（Vaidehī）暗中救护毗婆娑罗，也被阿阇世幽禁宫中。韦提希忧愁憔悴，遥向耆阇崛山礼敬佛陀。佛陀知其心念，前来看望。韦提希向佛陀表示自己不愿意住在这个“阎浮提浊恶世”，愿意往生净土。于是，佛陀为她讲述往生阿弥陀佛极乐世界的修行方法，即“三福”和“十六观”。“三福”指三种“净业”或“善业”：“一者孝养父母，奉事师长，慈心不杀，修十善业；二者受持三归，具足众戒，不犯威仪；三者发菩提心，深信因果，读诵大乘，劝进行者。”“十六观”指观想阿弥陀佛和净土：一、日想观，二、水想观，三、地想观，四、宝树观，五、宝池观，六、宝楼观，七、莲花座观，八、佛像观，九、佛真身观，十、观世音观，十一、大势至观，十二、普观，十三、杂想观，十四、上辈生想观，十五、中辈生想观，十六、下辈生想观。

从以上三部阿弥陀佛净土经中，可以看到体现大乘净土信仰的两个重要特色：一是强调菩萨的发愿，二是强调往生净土方法中的忆念和观想净土佛。在大乘十波罗蜜中，有一种“愿波罗蜜”（praṇidhānapāramitā），通常指菩萨发愿求取无上正等菩提，救度众生。这种誓愿在汉译佛经中也称“弘誓”。佛经中常形容菩萨“披弘誓铠”（saṃnāhasaṃnaddha）。而菩萨进而发愿造就净土，这种誓愿在汉译佛经中通常称为“本愿”。中国佛教也将前一种誓愿称为“总愿”，而将这后一种誓愿称为“别愿”。“本愿”的梵语原词是pūrva-praṇidhāna（直译为“以前的誓愿”或“宿愿”），也就是菩萨在过去世修行时期发出的造就净土的誓愿。如阿弥陀佛的前身法藏比丘发出的四十八愿，阿閦佛在过去世发出的二十愿，药师佛在过去世发出的十二愿。这些“本愿”是菩萨造就净土的精神动力，具有无比威力。依靠这种“本愿力”，菩萨长期修行，最终造就净土。同时，这种“本愿力”能护持众生，以至众生只要忆念或观想净土佛，就能消除无数劫中犯下的罪业，而往生净土。

在早期佛教中，始终强调“因果报应”和“业力不灭”，也就是善有善报，恶有恶报，在得到果报前，业力不会消失。同时，个人所造之业必由自己承担果报，他人无法取代。如维祇难等译《法句经》：“恶自受罪，善自受福，亦须各熟，彼不相代”（相当于巴利语文本第 165 颂）。若是造作恶业，即使一时未见报应，但业力不会消失，哪怕经历无数劫，也无论躲藏在任何地方，最终都会遭到报应。如《法句经》：“非空非海中，非隐山石间，莫能于此处，避免宿恶殃”（相当于巴利语文本第 127 颂）。然而，大乘佛教本着救度众生的慈悲心，突破早期佛教的业力观，提倡将自己积累的功德用于消除众生的恶业。这样，凭借净土佛本愿力的护持，众生能迅速除尽恶业，脱离苦海，往生净土。

与此相关，大乘佛教也发展出“回向说”。“回向”（pariṇāma）是指将自己的功德转移他用或奉献给他人。就菩萨而言，将自己修行积累的功德回向求取无上正等菩提，以及回向众生，救度众生。在净土信仰中，菩萨则将自己修行积累的功德回向造就净土，以及回向众生，消除众生的恶业，便于众生往生净土；对众生来说，也以自己修行积累的功德回向菩提，求得往生净土。

由于菩萨的本愿力和功德回向的作用，与修行六波罗蜜而达到涅槃相比，通过忆念或称念净土佛而往生净土显然要方便容易得多。故而，昙鸾在《往生论注》中将前者称为“难行道”，而将后者称为“易行道”，即“但以信佛因缘，愿生净土，乘佛愿力，便得往生彼清净土”。但净土信仰并不由此轻视“难行道”。《无量寿经》中提到：“彼佛国土清净安稳微妙快乐，次于无为泥洹（即‘涅槃’）之道。”在四十八愿中，也提到阿弥陀佛净土的菩萨都能达到“一生补处”，但除了那些发弘誓愿，决心要让一切众生达到涅槃的菩萨。也就是说，这些菩萨自愿离开享有无量寿命的净土，进入生死轮回，引导众生追求涅槃。可见，净土信仰依然十分推崇追求涅槃的“难行道”。

以上所述东方和西方净土，按照经中的描写，均离阎浮提人间世界无限遥远，相隔数以万亿计的国土，可以理解为处于三界之外。而汉译净土经中，有六部弥勒经，所描述的净土则在三界之内。其中，刘宋沮渠京声译《弥勒上生经》（全称《观弥勒菩萨上生兜率天经》）讲述弥勒菩萨命终往生兜率天，并描写兜率天的种种天国美妙景象，指出众生需要“精勤修诸功德”，“系念念佛形象，称弥勒名”，“发弘誓愿，命终之后”，“即得往生兜率天”。或者，只要闻听弥勒菩萨名，“闻已欢喜，恭敬礼拜”，也能在命终之后，“即得往生”。姚秦鸠摩罗什译《弥勒下生成佛经》及《弥勒大成佛经》、佚名译《弥勒来时经》、西晋竺法护译《弥勒下生经》和唐义净译《弥勒下生成佛经》，可以统称为《弥勒下生经》，内容是释迦牟尼佛讲述弥勒未来从兜率天下凡降生阎浮提时，人间世界具有的种种美妙景象，也就是弥勒下生时，人间已成为净土。净土不在无限遥远的他方，就出现在人间，这一思想是具有创造性的，也是极其宝贵的。

在净土信仰中，还有一种“唯心净土”。其代表性思想见于鸠摩罗什译《维摩诘所说经》。经中强调“众生之类是菩萨净土”，“菩萨取于净国，皆为饶益众生故”。而“菩萨欲得净土，当净其心，随其心净，则佛土净”。也就是说，菩萨自己心净，进而教化众生，引导众生心净，这样就会出现人间净土。这种造就人间净土的思想萌芽与《弥勒下生经》有相通之处，应该说是富有现实意义的。

二

前面已经提到，按照现存梵本，《阿弥陀经》有小本（saṃkṣiptamātṛkā）和大本（vistaramātṛkā）之分[①]，经名均为Sukhāvatīvyūha（《极乐庄严经》）。鸠摩罗什译《阿弥陀经》和玄奘译《称赞净土佛摄受经》均属于小本。什译经名《阿弥陀经》。“阿弥陀”是取“无量寿”（Amitāyus）或“无量光”（Amitābha）中“无量”（amita）一词的音译。奘译经名《称赞净土佛摄受经》是化用此经的另一个名称《称赞不可思议佛土功德一切诸佛摄受法门》。

通过比对现存梵本，可以知道什译《阿弥陀经》与现存梵本基本一致，而奘译《称赞净土佛摄受经》的文字内容要多于现存梵本。相对于什译，可以说奘译依据的是小本中的增饰本。但由于他俩所据梵本的年代先后难以考证，因此，也有可能什译本是小本中的简缩本。

奘译多于什译的文字内容主要在这两方面：一是多处叙事描写，奘译的文字比什译丰富和充分；二是经中后面部分各方诸佛“出广长舌相，说诚实言”，劝说众生信奉此经，其表达方式是重复使用套语。什译叙述了六方诸佛，而奘译完整地叙述了十方诸佛。

如果什译和奘译所据两种梵本在古代同时流行，那么，鸠摩罗什和玄奘的选择体现他俩各自的翻译理念和风格。一般说来，什译倾向求简，而奘译倾向求全。

应该说，什译和奘译这两个译本都是汉译佛经中的典范译品。但两相比较，什译本文字简约流丽，更适合汉地读者的口味。再加上什译本产生在先，故而始终成为通行本，历代注疏也大多依据什译本。

《阿弥陀经》梵本有马克斯·缪勒（F. Max Müler）和南条文雄（B. Nanjio）合作的编订本（Sukhāvatī Vyūha，Oxford，1883）。缪勒也将此经译为英文，载《东方圣书》（The Sacred Books of East，London，1894）第四十九卷。本书梵汉对勘，梵本采用印度学者维迪

① 这里“小本”和“大本”标注的梵语名称是印度学者维迪耶的用词。

耶(P. L. Vaidya)的编订本(Sukhāvatīvyūha，载 Mahāyānasūtrasaṅgraḥ，Buddhist Sanskrit Text，No. 17，Mithila Institute，Darbhanga，1961）。什译《阿弥陀经》和奘译《称赞净土佛摄受经》采用《中华大藏经》（第十八册）提供的文本。

《无量寿经》在古代有多种译本，而现存五种（前面已经提及它们的译者和经名）。它们属于现存梵本 Sukhāvatīvyūha 的大本。从这五种汉译本看，虽然主要内容基本一致，但文本存在诸多差异。如康僧铠和菩提流志译本开头部分有赞叹佛陀功德的内容，而其他三种译本均无。法藏菩萨所发本愿，康僧铠和菩提流志译本为四十八愿，支娄迦谶和支谦译本为二十四愿，而法贤译本为三十六愿。支娄迦谶和支谦译本有阿阇世太子向佛陀表示未来愿作净土佛的描述，而其他三种译本均无。康僧铠、支娄迦谶和支谦译本有佛陀讲述众生处于“五恶、五痛和五烧”的内容，而其他两种译本均无。此外，各译本之间还有其他种种文字差异①。

现存梵本最早有马克斯·缪勒和南条文雄合作的编订本，出版于 1883 年。缪勒也将此经译为英文，载《东方圣书》第四十九卷中。此后，有印度学者维迪耶的编订本，出版于 1961 年；还有日本学者足利惇氏（Atsuuji Ashikaga）的编订本，出版于 1965 年。这三种编订本的文本基本相同，只有少量文字差异。现存这个梵本与以上五种汉译本比对，虽然主要内容基本一致，而文本存在诸多差异，如缺少康僧铠译本中开头赞叹佛陀功德和后面佛陀讲述众生处于“五恶、五痛和五烧”的内容，以及其他一些段落次序和文字表述的差异。

以上情况说明，印度古代的传承方式以口耳相传为主，抄本书写为辅。口耳相传难免出现种种差异，而形成不同的抄本。传入中国后，

① 参阅高观如《无量寿经》，载中国佛教协会编《中国佛教》第三辑，知识出版社 1989 年版。

仍然沿袭着这种传承方式。《无量寿经》在汉地受到普遍欢迎，而当时的文本还处在流动状态中，没有定型。因此，译经家依据不同的抄本，一再重译。

但是，同一部经有多种译本，而且文本内容和文字表达存在诸多差异，势必会令读者难以适从，而影响流传。因此，《无量寿经》在中国的传承中，出现《无量寿经》“会集本”，即依据几种汉译本进行校辑，编成“会集本”。最早出现的“会集本”是南宋王日休的《大阿弥陀经》，校辑会集的是除菩提流志译本外的四种译本。他在序中说明了校辑缘由和方法：“四经本为一种”，“其大略虽同，然其中甚有差互”。“其文或失于太繁而使人厌观，或失于太严而丧其本真，或文适中而其意则失之。由是释迦文佛所以说经阿弥陀佛，所以度人之旨，紊而无序，郁而不章，予深惜之，故熟读而精考，叙为一经，盖欲复其本也。其校正之法，若言一事在此本为安，彼本为杌陧，则取其安者。或此本为要，彼本为泛滥，则取其要者。或此本为近，彼本为迂，则取其近者。或彼本有之，而此本阙，则取其所有。或彼本彰明，而此本隐晦，则取其明者。大概乃取其优者，去其所劣。又有其文碎杂而失统，错乱而不伦者，则取其意以修其辞，删其重以畅其义。或可疑者则阙焉，而不敢取。若此之类皆欲订正圣言，发明本旨，使不惑于四种之异而知其指归也。”

从此序可以知道，王日休从事的校辑并不依据和参考梵本，而只是对《无量寿经》四种汉译本的文字进行取舍。其所谓“复其本也”，并非恢复梵本之“本”，因为各家译本其实都是各有所“本”的。王日休所做的工作是“熟读而精考”四种译本，在不失经文宗旨和要义的前提下，校辑各家译本的文字，删芜存菁，取长补短，努力提供一个条理井然而文字顺畅的文本，以利《无量寿经》的流通。

此后，沿袭这一方法，有清魏源会集并经王荫福校订的《摩诃阿弥陀经》。近代又有夏莲居会集的《无量寿经》（全称《佛说大乘无量寿庄严清净平等觉经》）。夏莲居的这个会集本内容完备而文字简约晓畅，适合现代读者的口味，因此，问世以来，成为近现代中国的《无量寿经》通行本。

本书梵汉对勘，梵本采用足利惇氏（Atsuuji Ashikaga）的编订本（Sukhāvatīvyūha, Kyoto, 1965），并参考维迪耶（P. L. Vaidya）的编订本（Sukhāvatīvyūha，载 Mahāyānasūtrasaṅgraḥ, Buddhist Sanskrit Text, No. 17, Mithila Institute, Darbhanga, 1961）。此经的梵本原文，散文基本使用规范梵语，而偈颂使用混合梵语。五种汉译本，选择其中的康僧铠译《无量寿经》，因为它是古代通行本。同时，康僧铠译本采用《中华大藏经》（第九册）提供的文本。

在对勘中，因为已经提供依据梵本的现代汉语今译，所以对梵本与康僧铠译本两者之间存在的种种差异，也就无须一一指明，只是对有些段落和文字在文本中出现的前后次序差异，作出一些必要的提示。

康僧铠的《无量寿经》译文使用浅近的文言，文体风格也趋向简约。就文字总体水平而言，要优于梵本原文。梵语佛经适应口头传承的方式，使用通俗梵语，抄本文字也呈现口语化，因此，有时文字表述显得松散，或文意不够缜密严谨，是可以理解的。而中国古代译经家常常能凭借自己的佛学造诣和文字才能，化解梵本原文中的这种不足，提供译文优于原文的译品。康僧铠的译文，偈颂使用五言诗体，而散文通篇使用四言（偶尔五言）短语，结缀成句，词汇丰富，语意顺畅。倘若依据梵语原文，逐字逐句对译，不可能译成这样。这样的译文通常是在理解原文的基础上，融会贯通，而转换成符合汉语特点的表达方式。其中，必然也会有对原文文字进行必要的增删或调整。确实，中国古代佛经翻译中许多有益的经验值得我们认真考察和总结。

由于古今汉语的隔阂，现代读者阅读古代汉译佛经或多或少会遇到一些文字障碍。进行梵汉佛经对勘，无疑有助于读解古代汉译佛经。而根据我的梵汉佛经对勘工作实践，我觉得在进行汉译佛经注释时，若有梵本原文对照，相对容易一些；若无原文对照，难度就大一些。从王日休《大阿弥陀经》的序中也可以看出，即使古人阅读汉译佛经，也常会遇到文字晦涩和疑难之处。康僧铠译本与梵语原本存在较多差异，有些内容为梵本原文所无。因此，我对这些部分的注释也是尽力而为，而且要求自己不回避任何难点，即使对一些自己把握不定的词汇，也不避"强作解人"之嫌，提供可能的意义，供读者参考，并期盼方家指正。因为佛经的注释有大量的工作等着要做，需要不断探索和积累经验。

《佛说观无量寿佛经》的梵本迄今尚未发现，无法进行梵汉对勘。我将它收入本书是为便于读者对中国净土宗的"净土三经"有个完整的理解。此经只有刘宋畺良耶舍的一种译本，译文质量应该说也是很好的。我只是对经文做了一些必要的注释，供读者参考。此经也采用《中华大藏经》（第十八册）提供的文本。

本书文稿主要由常蕾帮我录入电脑，制成符合出版格式的电子文本。她协助我做这项工作，并非纯粹是技术性的。她利用这个机会，认真阅读这三部佛经，故而也能为某些注释提供参考意见。在此，对她表示感谢。

黄宝生

2014年8月

又记：

在本书完稿后，常蕾又从北京大学萨尔吉那里获得日本学者藤田宏达（Kotatsu Fujita）的《梵文无量寿经·梵文阿弥陀经》（The Larger and Smaller Sukhāvatīvyūha Sūtras, Kyoto, 2011），供我参考。这是梵文《无量寿经》和《阿弥陀经》的最新校本，也是迄今利用梵文抄本最多的一个校刊本。作者从事这项工作，历时近二十年。这部校刊本校勘精细，并在校注中附有一些抄本或校刊本的不同读法，故而很有学术参考价值。于是，我又利用这个校刊本，对照本书采用的梵文文本，增添了一些校勘注释，供读者参考。

之后，台湾大学蔡耀明先生又传送给我日本学者香川孝雄的《无量寿经诸本对照研究》。这部著作分为“研究篇”和“诸本对照篇”两部分。“研究篇”对《无量寿经》在中国古代的翻译源流以及各种译本的异同做了深入细致的研究。“诸本对照篇”提供了梵文和藏译《无量寿经》的校勘文本，并分段与五种古代汉译对照排列，十分便于此后的研究者参考和利用。这部著作以及上述藤田宏达的著作充分体现日本学者在佛经文献整理和研究中，资料收集方面竭泽而渔，文本校订方面精益求精，确实令人感佩，值得我们学习。

在此，向萨尔吉和蔡耀明先生一并致谢。

2014 年 12 月

सुखावतीव्यूहः।

今译：阿弥陀经[1]

什译[2]：阿彌陀經

奘译[3]：稱讚淨土佛攝受經

① 这部经的原名是《极乐庄严经》（sukhāvatīvyūhaḥ）。“极乐”指“极乐世界”（sukhāvatī-lokadhātuḥ）。“庄严”（vyūha）指壮丽、美妙或神奇的景象。这里沿用通行的什译《阿弥陀经》这个译名。“阿弥陀”是无量寿（amitāyus）或无量光（amitābha）这个名字中的 amita（“无量”）一词的音译。奘译《称赞净土佛摄受经》是化用此经的另一名称（奘译《称赞不可思议佛土功德一切诸佛摄受法门》）。

② “什译”指后秦鸠摩罗什译。

③ “奘译”指唐玄奘译。

नमः सर्वज्ञाय ।

向全知者致敬！

एवं मया श्रुतम् । एकस्मिन्समये भगवाञ्छ्रावस्त्यां विहरति स्म जेतवनेऽनाथपिण्डदस्यारामे महता भिक्षुसंघेन सार्धमर्धत्रयोदशभिर्भिक्षुशतैरभिज्ञानाभिज्ञातैः स्थविरैर्महाश्रावकैः सर्वैरर्हद्भिः ।तद्यथा स्थविरेण च शारिपुत्रेण महामौद्गल्यायनेन च महाकाश्यपेन च महाकप्फिणेन च महाकात्यायनेन च महाकौष्ठिलेन च रेवतेन च शुद्धिपन्थकेन च नन्देन चानन्देन च राहुलेन च गवांपतिना च भरद्वाजेन च कालोदयिना च वक्कुलेन चानिरुद्धेन च।एतैश्चान्यैश्च संबहुलैर्महाश्रावकैः।संबहुलैश्च बोधिसत्त्वैर्महासत्त्वैः । तद्यथा मञ्जुश्रिया च कुमारभूतेनाजितेन च बोधिसत्त्वेन गन्धहस्तिना च बोधिसत्त्वेन नित्योद्युक्तेन च बोधिसत्त्वेनानिक्षिप्तधुरेण च बोधिसत्त्वेन । एतैश्चान्यैश्च संबहुलैर्बोधिसत्त्वैर्महासत्त्वैः । शक्रेण च देवानामिन्द्रेण ब्रह्मणा च सहांपतिना एतैश्चान्यैश्च संबहुलैर्देवपुत्रनयुतशतसहस्रैः ॥ १ ॥

今译：我这样听说。世尊曾经住在舍卫城[①]胜林[②]给孤独园[③]，与大比丘僧团一起，有一千二百五十比丘，所有众所周知的长老、大声闻和阿罗汉。如长老舍利弗[④]、摩诃目犍连、摩诃迦叶、摩诃劫宾那、摩诃迦旃延、摩诃俱絺罗、离婆多、周利槃陀迦、难陀、阿难陀、罗睺罗、憍梵波提、婆罗堕婆阇、迦留陀夷、薄俱罗、阿尼楼驮和其他许多大声闻。许多菩萨大士，如文殊师利法王子[⑤]、阿逸多菩萨、乾

---

① “舍卫城”（śrāvastī，也译“室罗伐悉底”）是憍萨罗国的首都。奘译“室罗筏”。

② “胜林”（jetavana）也译“誓多林”、“逝多林”或“祇树林”。

③ “给孤独园”是给孤独长者（anāthapiṇḍada）赠送给佛陀的园林。

④ “舍利弗”（śāriputra）也译“舍利子”，即舍利之子。“舍利”（śāri）是其母名。“舍利弗”则是音译。

⑤ “法王子”的原词（此处原词指本书依据的梵文本用词，下同）是 kumārabhūta（音译“究摩啰浮多”）。汉译佛经中译为“童真”。《玄应音义》卷五释义：“究摩啰……童子总名也，浮多此云真”。此词什译“法王子”，这里沿用。严格说来，“法王子”对应的梵语用词是 dharmarājakumāra。但“法王子”词义也与此词相通，因为 kumāra（“童子”）一词也可理解为“王子”，bhūta 也可读为“成为”，这样，“成为王子”也可以理解为“成为法王子”。“法王”指佛，“法王子”也可理解为佛子，也就是菩萨。“童真”和“法王子”也是菩萨修行过程中的阶位名称，即十住中的第八住和第九住。

陀诃提菩萨、常精进菩萨、不舍轭菩萨和其他许多菩萨大士。还有天王帝释、娑诃世界主[①]梵天和其他数十万那由多[②]天子。

什译：如是我聞：一時，佛在舍衛國祇樹給孤獨園，與大比丘僧千二百五十人俱，皆是大阿羅漢，眾所知識[③]。長老舍利弗、摩訶目乾連、摩訶迦葉、摩訶迦栴延、摩訶拘絺羅、離婆多、周梨槃陀迦、難陀、阿難陀、羅睺羅、憍梵波提、賓頭盧頗羅墮[④]、迦留陀夷、摩訶劫賓那、薄俱羅、阿㝹樓馱，如是等諸大弟子，并諸菩薩摩訶薩文殊師利法王子、阿逸多菩薩、乾陀訶提菩薩、常精進菩薩，與如是等諸大菩薩，及釋提桓因[⑤]等無量諸天大眾俱。

奘译：如是我聞：一時，薄伽梵[⑥]在室羅筏住誓多林給孤獨園，與大苾芻[⑦]眾千二百五十人俱，一切皆是尊宿[⑧]聲聞，眾望所識大阿羅漢，其名曰：尊者舍利子、摩訶目犍連、摩訶迦葉、阿泥律陀[⑨]，如是等諸大聲聞而為上首。復與無量菩薩摩訶薩[⑩]俱，一切皆住不退轉位[⑪]，無量功德眾所莊嚴[⑫]，其名曰：妙吉祥[⑬]菩薩、無能勝[⑭]菩薩、常精進菩薩、不休息菩薩[⑮]，如是等諸大菩薩而為上首。復有帝釋、

① “娑诃世界主”（sahāṃpati）也译“堪忍世界主”，指称梵天（brahman）。“堪忍世界”指这个忍受痛苦烦恼的世界。

② “那由多”（nayuta）是一个数目极大的数字。奘译“那庾多”。

③ “众所知识”（abhijñānābhijñāta）意谓众所周知，奘译“众望所识”。

④ “宾头卢颇罗堕”（piṇḍolabharadvāja）也就是“婆罗堕婆阇”（bharadvāja）。

⑤ “释提桓因”是 śakro devānām indraḥ（“神中因陀罗帝释”）的音译，即天王帝释。

⑥ “薄伽梵”（bhagavat）是对佛陀的尊称。此词通常译为“世尊”。此处奘译“薄伽梵”，什译“佛”。

⑦ “苾刍”即比丘，均为 bhikṣu 一词的音译。

⑧ “尊宿”是对德高望重的长者的尊称。

⑨ “阿泥律陀”（aniruddha）也译“阿尼楼驮”、“阿尼娄陀”或“阿那律”。

⑩ “摩诃萨”是 mahāsattva（“大士”）一词的音译。

⑪ “不退转位”是菩萨修行阶位十地中的第七地名称。

⑫ “无量功德众所庄严”意谓具有美妙的无量功德。

⑬ “妙吉祥”是文殊师利（mañjuśrī）这个名字的意译。

⑭ “无能胜”是阿逸多（ajita）这个名字的意译。

⑮ “不休息菩萨”（anikṣiptadhura）也译“不舍轭菩萨”。

大梵天王、堪忍界主、護世四王[①]，如是上首百千俱胝[②]那庾多數諸天子眾，及餘世間無量天、人、阿素洛[③]等，為聞法故，俱來會坐。

तत्र खलु भगवानायुष्मन्तं शारिपुत्रमामन्त्रयति स्म -- अस्ति शारिपुत्र पश्चिमे दिग्भाग इतो बुद्धक्षेत्रं कोटिशतसहस्रं बुद्धक्षेत्राणामतिक्रम्य सुखावती नाम लोकधातुः । तत्रामितायुर्नाम तथागतो ऽर्हन् सम्यक्संबुद्ध एतर्हि तिष्ठति ध्रियते यापयति धर्मं च देशयति ।तत्किं मन्यसे शारिपुत्र केन कारणेन सा लोकधातुः सुखावतीत्युच्यते । तत्र खलु पुनः शारिपुत्र सुखावत्यां लोकधातौ नास्ति सत्त्वानां कायदुःखं न चित्तदुःखम् । अप्रमाणान्येव सुखकारणानि ।तेन कारणेन सा लोकधातुः सुखावतीत्युच्यते ॥ २ ॥

今译：这时，世尊告诉长老舍利弗："舍利弗啊，在西方，从这里的佛土[④]越过一万亿佛土，有个世界名为极乐。名为无量寿的如来、阿罗汉、正等觉如今在那里居住、生活、度日和说法。你认为怎样？舍利弗啊，为何这个世界称为极乐？舍利弗啊，在这个极乐世界里，众生没有身心痛苦。而种种快乐的原因不可计量。因此，这个世界称为极乐。

什译：爾時，佛告長老舍利弗："從是西方過十萬億佛土[⑤]，有世界名曰極樂。其土有佛，號阿彌陀，今現在說法。舍利弗！彼土何故名為極樂？其國眾生無有眾苦，但受諸樂，故名極樂。

奘译：爾時，世尊告舍利子："汝今知不？於是西方，去此世界過百千俱胝那庾多佛土，有佛世界名曰極樂。其中，世尊名無量壽及無量光，如來、應[⑥]、正等覺十號[⑦]圓滿，今現在彼安隱住持，為諸有

① "护世四王"也称"四大天王"，指护持四方的四位天王：东方的持国天，南方的增长天，西方的广目天，北方的多闻天。

② "俱胝"（koṭī）这个数字一般指千万。汉译佛经也常译为"亿"。

③ "阿素洛"（asura）通常译为"阿修罗"。

④ 此处"佛土"的原词是 buddhakṣetram，F 本（指藤田宏达编订本，下同）写为 buddhakṣetrāt（即中性单数从格）。

⑤ 这句的意思是从这里向西方，越过十万亿佛土。

⑥ "应"是阿罗汉（arhat）一词的意译，或译"应供"，意谓值得尊敬者或值得供奉者。

⑦ "十号"指佛的十种名号：如来、阿罗汉、正等觉、明行足、善逝、世间解、无上士、调御丈夫、天人师和佛世尊。

情[①]宣說甚深微妙之法，令得殊勝利益安樂。又，舍利子！何因何緣，彼佛世界名為極樂？舍利子！由彼界中諸有情類，無有一切身心憂苦，唯有無量清淨喜樂，是故名為極樂世界。

पुनरपरं शारिपुत्र सुखावती लोकधातुः सप्तभिर्वेदिकाभिः सप्तभिस्ताल-पङ्क्तिभिः किङ्किणीजालैश्च समलंकृता समन्ततो ऽनुपरिक्षिप्ता चित्रा दर्शनीया चतुर्णां रत्नानाम् । तद्यथा सुवर्णस्य रूप्यस्य वैडूर्यस्य स्फटिकस्य । एवंरूपैः शारिपुत्र बुद्धक्षेत्रगुणव्यूहैः समलंकृतं तद्बुद्धक्षेत्रम् ॥ ३ ॥

今译："还有，舍利弗啊，这个极乐世界周边装饰和环绕有七重栏杆、七重多罗树[②]和铃铛[③]网，美观可爱。它们都由四宝构成，即金、银、琉璃和水晶。舍利弗啊，这个佛土装饰有这样的佛土功德庄严。

什译："又，舍利弗！極樂國土，七重欄楯、七重羅網、七重行樹[④]，皆是四寶周匝圍繞，是故彼國名曰極樂。

奘译："又，舍利子！極樂世界淨佛土[⑤]中，處處皆有七重行列妙寶欄楯、七重行列寶多羅樹，及有七重妙寶羅網，周匝圍繞，四寶莊嚴：金寶、銀寶、吠琉璃寶、頗胝迦[⑥]寶，妙飾間綺。舍利子！彼佛土中有如是等眾妙綺飾，功德莊嚴，甚可愛樂，是故名為極樂世界。

पुनरपरं शारिपुत्र सुखावत्यां लोकधातौ सप्तरत्नमय्यः पुष्करिण्यः -- तद्यथा सुवर्णस्य रूप्यस्य वैडूर्यस्य स्फटिकस्य लोहितमुक्तस्याश्मगर्भस्य मुसारगल्वस्य सप्तमस्य रत्नस्य । अष्टाङ्गोपेतवारिपरिपूर्णाः समतीर्थकाः काकपेयाः सुवर्णवालुका-

① "有情"指众生（sattva）。

② "多罗树"（tāla）是棕榈树。

③ 此处"铃铛"的原词是 kiṅkiṇī，F 本写为 kaṅkaṇī。这两个词词义相同，后者是混合梵语用词。

④ "行树"的原词是 tālapaṅkti，词义为成排成行的多罗树。奘译"行列宝多罗树"。

⑤ "净佛土"对应梵语佛经中的 pariśuddhabuddhakṣetra 一词。此处原文中无此词（"原文"指本书依据的现存梵本原文，下同）。在《维摩诘所说经》中，此词奘译和什译"净土"。

⑥ "颇胝迦"（sphaṭika）也译"颇梨"或"玻璃"，指水晶。

संस्तृताः । तासु च पुष्करिणीषु समन्ताच्चतुर्दिशं चत्वारि सोपानानि चित्राणि दर्शनीयानि चतुर्णां रत्नानां तद्यथा सुवर्णस्य रूप्यस्य वैडूर्यस्य स्फटिकस्य । तासां च पुष्करिणीनां समन्ताद्रत्नवृक्षा जाताश्चित्रा दर्शनीयाः सप्तानां रत्नानां -- तद्यथा सुवर्णस्य रूप्यस्य वैडूर्यस्य स्फटिकस्य लोहितमुक्तस्याश्मगर्भस्य मुसारगल्वस्य सप्तमस्य रत्नस्य ।तासु च पुष्करिणीषु सन्ति पद्मानि जातानि नीलानि नीलवर्णानि नीलनिर्भासानि नीलनिदर्शनानि पीतानि पीतवर्णानि पीतनिर्भासानि पीतनिदर्शनानि । लोहितानि लोहितवर्णानि लोहितनिर्भासानि लोहितनिदर्शनानि। अवदातान्यवदातवर्णान्यवदातनिर्भासान्यवदातनिदर्शनानि । चित्रानि चित्रवर्णानि चित्रनिर्भासानि चित्रनिदर्शनानि शकटचक्रप्रमाणपरिणाहानि । एवंरूपैः शारिपुत्र बुद्धक्षेत्रगुणव्यूहैः समलंकृतं तद्बुद्धक्षेत्रम् ॥ ४ ॥

今译："还有，舍利弗啊，在这个极乐世界里，有许多由七宝构成的莲花池，即金、银、琉璃、水晶、赤珠①、翡翠②和第七宝玛瑙③。池中充满八种水④，与池岸持平⑤，乌鸦⑥也可饮用，遍布金沙。这些莲花池的四边有四座台阶，美观可爱。它们由四宝构成，即金、银、琉璃和水晶。这些莲花池的周边生长许多宝树。它们由七宝构成，即金、银、琉璃、水晶、赤珠、翡翠和第七宝玛瑙。这些莲花池中生长许多莲花，形状大似车轮。蓝莲花蓝色，闪发蓝光，呈现蓝色。黄莲花黄色，闪发黄光，呈现黄色。红莲花红色，闪发红光，呈现红色。白莲花白色，闪发白光，呈现白色。彩莲花彩色，闪发彩光，呈现彩色。舍利弗啊，这个佛土装饰有这样的佛土功德庄严。

① 此处"赤珠"的原词是 lohitamuktasya，即 lohitamukta 的阳性或中性属格。而在梵本《无量寿经》中，此词写为 lohitamuktā，即用作阴性。

② "翡翠"的原词是 aśmagarbha，指一种绿宝石。汉译佛经中也译"玛瑙"或"车渠"。奘译"阿湿摩揭拉婆宝"。

③ "玛瑙"的原词是 musāragalva，也指一种绿宝石。汉译佛经中也译"玛瑙"或"车渠"。奘译"牟娑落揭拉婆宝"。

④ "八种水"指八种功德水，具体所指参见下面奘译。

⑤ 此处"与池岸持平"的原词是 samatīrthakāḥ，F 本写为 samatīrthikāḥ。

⑥ 此处所说"乌鸦"不同于人世间的乌鸦，即不属于五道轮回中"畜生道"的乌鸦。后面文中说到极乐世界里的鸟类都是"无量寿如来幻化出，传递法音"。

什译：“又，舍利弗！極樂國土有七寶池，八功德水充滿其中，池底純以金沙布地。四邊階道[①]，金、銀、琉璃、頗梨合成。上有樓閣[②]，亦以金、銀、琉璃、頗梨、車璩、赤珠、馬瑙而嚴飾之。池中蓮花，大如車輪，青色青光，黃色黃光，赤色赤光，白色白光，微妙香潔。舍利弗！極樂國土成就如是功德莊嚴。

奘译：“又，舍利子！極樂世界淨佛土中，處處皆有七妙寶池，八功德水彌滿其中。何等名為八功德水？一者澄淨，二者清冷，三者甘美，四者輕軟，五者潤澤，六者安和，七者飲時除飢渴等無量過患，八者飲已定能長養諸根四大[③]；增益種種殊勝善根，多福眾生常樂受用。是諸寶池底布金沙，四面周匝有四階道，四寶莊嚴甚可愛樂。諸池周匝有妙寶樹，間飾行列，香氣芬馥，七寶莊嚴甚可愛樂。言七寶者，一金、二銀、三吠琉璃、四頗胝迦、五赤真珠、六阿濕摩揭拉婆寶、七牟娑落揭拉婆寶。是諸池中常有種種雜色蓮華，量如車輪，青形青顯青光青影，黃形黃顯黃光黃影，赤形赤顯赤光赤影，白形白顯白光白影，四形[④]四顯四光四影。舍利子！彼佛土中有如是等眾妙綺飾，功德莊嚴，甚可愛樂，是故名為極樂世界。

पुनरपरं शारिपुत्र तत्र बुद्धक्षेत्रे नित्यप्रवादितानि दिव्यानि तूर्याणि । सुवर्णवर्णा च महापृथिवी रमणीया । तत्र च बुद्धक्षेत्रे त्रिष्कृत्वो रात्रौ त्रिष्कृत्वो दिवसस्य पुष्पवर्षं प्रवर्षति दिव्यानां मान्दारवपुष्पाणाम् ।तत्र ये सत्त्वा उपपन्नास्त एकेन पुरोभक्तेन कोटिशतसहस्रं बुद्धानां वन्दन्त्यन्यांल्लोकधातून्गत्वा । एकैकं च तथागतं कोटिशतसहस्राभिः पुष्पवृष्टिभिरभ्यवकीर्य पुनरपि तामेव लोकधातु-मागच्छन्ति दिवाविहाराय । एवंरूपैः शारिपुत्र बुद्धक्षेत्रगुणव्यूहैः समलंकृतं

① “阶道”（sopāna）指河边台阶。

② 此处“楼阁”按原文是 ratnavṛkṣa（“宝树”）。奘译“妙宝树”。

③ “诸根四大”中的“诸根”指各种感官，“四大”指地、水、火和风四大元素。

④ “四形”的原词是 citra，词义为各种各样的或多种色彩的。奘译“四形”，意谓青、黄、赤红和白四色的。

तद्बुद्धक्षेत्रम् ॥ ५ ॥

今译："还有，舍利弗啊，在这个佛土，经常奏响天乐。金色的大地美丽可爱。在这个佛土，夜晚三次，白天三次，降下天国曼陀罗花雨。出生在这里的众生，每天早饭时，前往其他世界敬拜一万亿佛。以一万亿花雨遍撒每一位如来后，返回这个世界憩息。舍利弗啊，这个佛土装饰有这样的佛土功德庄严。

什译："又，舍利弗！彼佛國土，常作天樂，黄金為地，晝夜六時[①]天雨曼陀羅華。其國眾生，常以清旦[②]，各以衣裓[③]盛眾妙華，供養他方十萬億佛。即以食時[④]，還到本國，飯食經行[⑤]。舍利弗！極樂國土成就如是功德莊嚴。

奘译："又，舍利子！極樂世界淨佛土中，自然常有無量無邊眾妙伎樂，音曲和雅，甚可愛樂。諸有情類聞斯妙音，諸惡煩惱悉皆消滅，無量善法漸次增長，速證無上正等菩提[⑥]。舍利子！彼佛土中有如是等眾妙綺飾，功德莊嚴，甚可愛樂，是故名為極樂世界。又，舍利子！極樂世界淨佛土中，周遍大地真金合成，其觸柔軟，香潔光明，無量無邊妙寶間飾。舍利子！彼佛土中有如是等眾妙綺飾，功德莊嚴，甚可愛樂，是故名為極樂世界。又，舍利子！極樂世界淨佛土中，晝夜六時常雨種種上妙天華，光澤香潔，細軟雜色，雖令見者身心適悅，而不貪著，增長有情無量無數不可思議殊勝功德。彼有情類，晝夜六時常持供養無量壽佛。每晨朝時，持此天華，於一食頃，飛至他方無

① "六时"指白天和夜晚各有三个时辰。

② 此处"清旦"按原文是 parobhakta（"早饭"）。什译"清旦"，与后面的"食时"配搭，即意谓"早饭时"。同样，奘译"晨朝"，与后面的"一食顷"配搭，即意谓"早饭时"。

③ "衣裓"指衣服前襟，这里意谓用衣襟兜花。

④ "即以食时"指就在食时。

⑤ 此处"饭食经行"指吃饭和散步，按原文是 divāvihāra，词义为"白天休息"或"日间休息"。其中的 divā 一词，词义为"白天"。vihāra 一词，词义为"住"（"居住"）或"行"（"游行"或"散步"）。什译在这里采取意译，将原义具体化。而此处奘译"游天住"，采取直译，"天"对应 divā，"游"和"住"对应 vihāra，意思也是白天散步和休息。

⑥ "无上正等菩提"（anuttarasamyaksambodhi）也译"阿耨多罗三藐三菩提"，意谓达到至高无上的正确而完全的觉悟。奘译本经中，兼用这两个译名。

量世界，供養百千俱胝諸佛，於諸佛所各以百千俱胝樹花持散供養，還至本處遊天住等。舍利子！彼佛土中有如是等眾妙綺飾，功德莊嚴，甚可愛樂，是故名為極樂世界。

पुनरपरं शारिपुत्र तत्र बुद्धक्षेत्रे सन्ति हंसाः क्रौञ्चा मयूराश्च । ते त्रिष्कृत्वो रात्रौ त्रिष्कृत्वो दिवसस्य संनिपत्य संगीतिं कुर्वन्ति स्म स्वकस्वकानि च रुतानि प्रव्याहरन्ति । तेषां प्रव्याहरतामिन्द्रियबलबोध्यङ्गशब्दो निश्चरति । तत्र तेषां मनुष्याणां तं शब्दं श्रुत्वा बुद्धमनसिकार उत्पद्यते धर्ममनसिकार उत्पद्यते संघमनसिकार उत्पद्यते । तत्किं मन्यसे शारिपुत्र तिर्यग्योनिगतास्ते सत्त्वाः । न पुनरेवं द्रष्टव्यम् । तत्कस्माद्धेतोः नामापि शारिपुत्र तत्र बुद्धक्षेत्रे निरयाणां नास्ति तिर्यग्योनीनां यमलोकस्य नास्ति । ते पुनः पक्षिसंघास्तेनामितायुषा तथागतेन निर्मिता धर्मशब्दं निश्चारयन्ति । एवंरूपैः शारिपुत्र बुद्धक्षेत्रगुणव्यूहैः समलंकृतं तद्बुद्धक्षेत्रम् ॥ ६ ॥

今译："还有，舍利弗啊，在这个佛土，有许多天鹅、麻鹬和孔雀。它们夜晚三次，白天三次，聚在一起歌唱，发出各自的鸣声。它们的鸣声传达五根、五力和七觉支[①]。那里的人们听到这种鸣声，便专心思念佛，专心思念法，专心思念僧。你认为怎样？舍利弗啊，这些鸟是投胎畜生的吗？不应该这样看。为什么？舍利弗啊，在这个佛土，甚至没有地狱的名称，也没有畜生和阎摩世界[②]的名称。这些鸟类由无量寿如来幻化出，传递法音。舍利弗啊，这个佛土装饰有这样的佛土功德庄严。

什译："復次，舍利弗！彼國常有種種奇妙雜色之鳥：白鵠、孔雀、鸚鵡、舍利、迦陵頻伽、共命之鳥。是諸眾鳥，晝夜六時出和雅

① 此处原文为"根、力和觉支"，指"五根"、"五力"和"七觉支"。其中，"五根"指信根、勤根、念根、定根和慧根。"五力"指由"五根"产生的信力、勤力、念力、定力和慧力。"七觉支"指觉悟的七个组成部分：念、择法、精进、喜、轻安、定和舍。

② "阎摩世界"（yamaloka）指死神阎摩统治的领域，即"饿鬼道"和"地狱道"。"阎摩"（yama）也译"阎罗"。"阎罗"是 yamarāja（"阎摩王"）一词音译"阎摩罗社"的略称。

音，其音演暢五根、五力、七菩提分①、八聖道分②如是等法。其土眾生聞是音已，皆悉念③佛、念法、念僧。舍利弗！汝勿謂：‘此鳥實是罪報所生。’所以者何？彼佛國土無三惡趣④。舍利弗！其佛國土尚無三惡道之名，何況有實？是諸眾鳥皆是阿彌陀佛欲令法音宣流，變化所作。

奘译：“又，舍利子！極樂世界淨佛土中，常有種種奇妙可愛雜色眾鳥，所謂鵝鴈、鶖鷺、鴻鶴、孔雀、鸚鵡、羯羅頻迦、命命鳥等。如是眾鳥，晝夜六時恒共集會，出和雅聲，隨其類音宣揚妙法，所謂甚深念住⑤、正斷⑥、神足⑦、根、力、覺道支⑧等無量妙法。彼土眾生聞是聲已，各得念佛、念法、念僧無量功德熏修⑨其身。汝舍利子，於意云何？彼土眾鳥豈是傍生惡趣攝⑩耶？勿作是見。所以者何？彼佛淨土無三惡道，尚不聞有三惡趣名，何況有實罪業所招傍生？眾鳥當知皆是無量壽佛變化所作，令其宣暢無量法音，作諸有情利益安樂。舍利子！彼佛土中有如是等眾妙綺飾，功德莊嚴，甚可愛樂，是故名為極樂世界。

पुनरपरं शारिपुत्र तत्र बुद्धक्षेत्रे तासां च तालपङ्क्तीनां तेषां च किङ्किणीजालानां वातेरितानां वल्गुर्मनोज्ञः शब्दो निश्चरति -- तद्यथापि नाम शारिपुत्र कोटिशतसहस्राङ्गिकस्य दिव्यस्य तूर्यस्य चार्यैः संप्रवादितस्य वल्गुर्मनोज्ञः शब्दो निश्चरति एवमेव शारिपुत्र तासां च तालपङ्क्तीनां तेषां च किङ्किणीजालानां

① “七菩提分”即“七觉支”。

② “八圣道分”即“八正道”：正见、正思、正语、正业、正命、正勤、正念和正定。

③ “念”的原词是 manasikāra，词义为“思惟”、“思念”或“忆念”。

④ “三恶趣”即“三恶道”，指五道轮回中的畜生道、饿鬼道和地狱道。鸟类属于畜生道。

⑤ “念住”（smṛtiprasthāna，也译“念处”）指观想身、受、心和法。

⑥ “正断”（samyakprahāṇa，也称“正勤”）指断除已生之恶，使未生之恶不产生，使未生之善产生，使已生之善增长。

⑦ “神足”（ṛddhipāda）指通过欲求、心念、精进和观察四种入定获得神通力。

⑧ “觉道支”指觉支和道支，也就是七觉支和八正道。

⑨ “熏修”指熏染陶冶。

⑩ “傍生”（tiryagyoni）指畜生。“傍生恶趣摄”指摄取、获得或进入畜生恶道。

वातेरितानां वल्गुर्मनोज्ञः शब्दो निश्चरति । तत्र तेषां मनुष्याणां तं शब्दं श्रुत्वा बुद्धानुस्मृतिः काये संतिष्ठति धर्मानुस्मृतिः काये संतिष्ठति संघानुस्मृतिः काये संतिष्ठति । एवंरूपैः शारिपुत्र बुद्धक्षेत्रगुणव्यूहैः समलंकृतं तद्बुद्धक्षेत्रम् ॥ ७ ॥

今译：“还有，舍利弗啊，在这个佛土，和风吹拂成排的多罗树和那些铃铛网，发出美妙悦耳的声音。舍利弗啊，确实如同圣者们[①]奏响一万亿种天乐，发出美妙悦耳的声音，舍利弗啊，和风吹拂成排的多罗树和那些铃铛网，发出美妙悦耳的声音。那里的人们听到这种声音，便全身心忆念[②]佛，全身心忆念法，全身心忆念僧。舍利弗啊，这个佛土装饰有这样的佛土功德庄严。

什译：“舍利弗！彼佛國土，微風吹動，諸寶行樹及寶羅網出微妙音，譬如百千種樂同時俱作，聞是音者皆自然生念佛、念法、念僧之心。舍利弗！其佛國土成就如是功德莊嚴。

奘译：“又，舍利子！極樂世界淨佛土中，常有妙風吹諸寶樹及寶羅網，出微妙音。譬如百千俱胝天樂同時俱作，出微妙聲，甚可愛玩，如是彼土常有妙風吹眾寶樹及寶羅網，擊出種種微妙音聲，說種種法。彼土眾生聞是聲已，起佛、法、僧念作意[③]等無量功德。舍利子！彼佛土中有如是等眾妙綺飾，功德莊嚴，甚可愛樂，是故名為極樂世界。又，舍利子！極樂世界淨佛土中，有如是等無量無邊不可思議甚希有事。假使經於百千俱胝那庾多劫，以其無量百千俱胝那庾多舌，一一舌上出無量聲，讚其功德，亦不能盡，是故名為極樂世界。

तत्किं मन्यसे शारिपुत्र केन कारणेन स तथागतो ऽमितायुर्नामोच्यते । तस्य

① 此处“圣者们”的原词是 āryaiḥ。F 本校注中指出在荻原云来的编订本中，按照藏译本，推测原词可能是 vādakaiḥ（“乐师们”）之类。校注中还指出在梵本《无量寿经》中，有类似的表述：tūryasya kuśalaiḥ saṃpravāditasya。其中的 kuśalaiḥ，词义为“能手们”，在这里可理解为“熟练的乐师们”。

② “忆念”的原词是 anusmṛti，词义为“回忆”或“思念”。

③ 此处“念作意”，其中的“念”即对应 anusmṛti（“忆念”），“作意”即上述 manasikāra（“思惟”或“思念”）一词的直译。

खलु पुनः शारिपुत्र तथागतस्य तेषां च मनुष्याणामपरिमितमायुःप्रमाणम् । तेन कारणेन स तथागतो ऽमितायुर्नामोच्यते । तस्य च शारिपुत्र तथागतस्य दश कल्पा अनुत्तरां सम्यक्संबोधिमभिसंबुद्धस्य ॥ ८ ॥

今译："你认为怎样？舍利弗啊，为何这位如来得名无量寿？舍利弗啊，这位如来和那里的人们寿命无量。因此，这位如来得名无量寿。舍利弗啊，这位如来证得无上正等菩提已有十劫[①]。

什译："舍利弗！於汝意云何？彼佛何故號阿彌陀？舍利弗！彼佛光明無量，照十方國無所障礙，是故號為阿彌陀。又舍利弗！彼佛壽命及其人民，無量無邊阿僧祇[②]劫，故名阿彌陀。舍利弗！阿彌陀佛成佛[③]已來，於今十劫。

奘译："又，舍利子！極樂世界淨佛土中，佛有何緣名無量壽？舍利子！由彼如來及諸有情壽命無量無數大劫，由是緣故，彼土如來名無量壽。舍利子！無量壽佛證得阿耨多羅三藐三菩提已來經十大劫。

तत्किं मन्यसे शारिपुत्र केन कारणेन स तथागतो ऽमिताभो नामोच्यते । तस्य खलु पुनः शारिपुत्र तथागतस्याभाप्रतिहता सर्वबुद्धक्षेत्रेषु । तेन कारणेन स तथागतो ऽमिताभो नामोच्यते । तस्य च शारिपुत्र तथागतस्याप्रमेयः श्रावकसंघो येषां न सुकरं प्रमाणमाख्यातुं शुद्धानामर्हताम् । एवंरूपैः शारिपुत्र बुद्धक्षेत्र-गुणव्यूहैः समलंकृतं तद्बुद्धक्षेत्रम् ॥ ९ ॥

今译："你认为怎样？舍利弗啊，为何这位如来得名无量光？舍利弗啊，这位如来的光芒遍照一切佛土，没有障碍。因此，这位如来得名无量光。舍利弗啊，这位如来的声闻众不可计量。难以说清这些清净的阿罗汉的数量。舍利弗啊，这个佛土装饰有这样的佛土功德庄严。

① "劫"（kalpa）是一个极大的时间概念，通常指世界由生成至毁灭的一个周期。
② "阿僧祇"是 asaṃkhya 或 asaṃkhyeya（"无数"）一词的音译。
③ 此处"成佛"，按原文是"证得无上正等菩提"，也就是"成佛"。

什译："又，舍利弗！彼佛有無量無邊聲聞弟子，皆阿羅漢，非是算數之所能知，諸菩薩亦復如是。舍利弗！彼佛國土，成就如是功德莊嚴。

奘译："舍利子！何緣彼佛名無量光？舍利子！由彼如來恒放無量無邊妙光，遍照一切十方佛土，施作佛事[①]，無有障礙，由是緣故，彼土如來名無量光。舍利子！彼佛淨土成就如是功德莊嚴，甚可愛樂，是故名為極樂世界。

पुनरपरं शारिपुत्र ये ऽमितायुषस्तथागतस्य बुद्धक्षेत्रे सत्त्वा उपपन्नाः शुद्धा बोधिसत्त्वा अविनिवर्तनीया एकजातिप्रतिबद्धास्तेषां शारिपुत्र बोधिसत्त्वानां न सुकरं प्रमाणमाख्यातुमन्यत्राप्रमेयासंख्येया इति संख्यां गच्छन्ति । तत्र खलु पुनः शारिपुत्र बुद्धक्षेत्रे सत्त्वैः प्रणिधानं कर्तव्यम् । तत्कस्माद्धेतोः यत्र हि नाम तथारूपैः सत्पुरुषैः सह समवधानं भवति । नावरमात्रकेण शारिपुत्र कुशलमूलेनामितायुष-स्तथागतस्य बुद्धक्षेत्रे सत्त्वा उपपद्यन्ते ।

今译："还有，舍利弗啊，出生在无量寿如来佛土的众生都是清净的菩萨。他们不退转，成为一生补处[②]。舍利弗啊，难以说清这些菩萨的数量，只能说他们无量无数。还有，舍利弗啊，众生应该发愿出生在这个佛土。为什么？因为能与这里这样的善人们同住共处。舍利弗啊，众生不能依靠少量的善根出生在无量寿如来的佛土。

什译："又，舍利弗！極樂國土眾生生者，皆是阿鞞跋致[③]。其中多有一生補處，其數甚多，非是算數所能知之，但可[④]以無量無邊阿僧祇劫說。舍利弗！眾生聞者，應當發願，願生彼國。所以者何？得與如是諸上善人俱會一處。舍利弗！不可以少善根福德因緣，得生彼

① "佛事"指佛的事业，即佛所应做的事。

② "一生补处"（ekajātipratibaddha，或译"一生所系"）菩萨修行达到圆满，过完这一生，下一生就要成佛。

③ "阿鞞跋致"是 avinivartanīya（"不退转"）一词的音译。

④ "但可"意谓"只能"。

國。

奘译：“又，舍利子！極樂世界淨佛土中，無量壽佛常有無量聲聞弟子，一切皆是大阿羅漢，具足種種微妙功德，其量無邊，不可稱數。舍利子！彼佛淨土成就如是功德莊嚴，甚可愛樂，是故名為極樂世界。又，舍利子！極樂世界淨佛土中，無量壽佛常有無量菩薩弟子，一切皆是一生所繫，具足種種微妙功德，其量無邊，不可稱數，假使經於無數量劫，讚其功德，終不能盡。舍利子！彼佛土中成就如是功德莊嚴，甚可愛樂，是故名為極樂世界。又，舍利子！若諸有情生彼土者，皆不退轉，必不復墮諸險惡趣、邊地下賤蔑戾車①中，常遊諸佛清淨國土，殊勝行願②念念③增進，決定④當證阿耨多羅三藐三菩提。舍利子！彼佛土中成就如是功德莊嚴，甚可愛樂，是故名為極樂世界。又，舍利子！若諸有情聞彼西方無量壽佛清淨佛土無量功德眾所莊嚴，皆應發願生彼佛土。所以者何？若生彼土，得與如是無量功德眾所莊嚴諸大士等同一集會，受用如是無量功德眾所莊嚴清淨佛土大乘法樂，常無退轉，無量行願念念增進，速證無上正等菩提。故，舍利子！生彼佛土諸有情類成就無量無邊功德，非少善根諸有情類當得往生無量壽佛極樂世界清淨佛土。

यः कश्चिच्छारिपुत्र कुलपुत्रो वा कुलदुहिता वा तस्य भगवतो ऽमितायुषस्तथागतस्य नामधेयं श्रोष्यति श्रुत्वा च मनसिकरिष्यति एकरात्रं वा द्विरात्रं वा त्रिरात्रं वा चतूरात्रं वा पञ्चरात्रं वा षड्रात्रं वा सप्तरात्रं वाविक्षिप्तचित्तो मनसिकरिष्यति यदा स कुलपुत्रो वा कुलदुहिता वा कालं करिष्यति तस्य कालं कुर्वतः सो ऽमितायुस्तथागतः श्रावकसंघपरिवृतो बोधिसत्त्वगणपुरस्कृतः पुरतः स्थास्यति । सो ऽविपर्यस्तचित्तः कालं करिष्यति च । स कालं कृत्वा तस्यैवामितायुषस्तथागतस्य बुद्धक्षेत्रे सुखावत्यां लोकधातावुपपत्स्यते । तस्मात्तर्हि

① “蔑戾车”（mleccha）指蛮族。
② “行愿”（caryāpraṇidhāna）指菩萨的所行和誓愿。
③ “念念”（pratikṣaṇa）意谓刹那刹那间。
④ “决定”意谓肯定或必定。

शारिपुत्र इदमर्थवशं संपश्यमान एवं वदामि -- सत्कृत्य कुलपुत्रेण वा कुलदुहित्रा वा तत्र बुद्धक्षेत्रे चित्तप्रणिधानं कर्तव्यम् ॥ १० ॥

今译："舍利弗啊，若有善男子或善女人[①]闻听世尊无量寿如来的名号，闻听后，专心思念。一天、两天、三天、四天、五天、六天或七天，心不散乱，专心思念。到了这善男子或善女人临终时，这位无量寿如来会在众声闻围绕下，由众菩萨陪伴，出现在临终者的面前。临终时，心不颠倒错乱。命终后，他会出生在无量寿如来的佛土极乐世界。因此，舍利弗啊，我看到这种利益，才这样说。善男子或善女人应该恭敬地发愿出生在这个佛土。

什译："舍利弗！若有善男子、善女人，聞說阿彌陀佛，執持名號[②]，若一日，若二日，若三日，若四日，若五日，若六日，若七日[③]，一心不亂。其人臨命終時，阿彌陀佛與諸聖眾[④]現在其前。是人終時，心不顛倒，即得往生阿彌陀佛極樂國土。舍利弗！我見是利，故說此言。若有眾生聞是說者，應當發願生彼國土。

奘译："又，舍利子！若有淨信諸善男子或善女人，得聞如是無量壽佛無量無邊不可思議功德名號、極樂世界功德莊嚴，聞已思惟[⑤]，若一日夜，或二，或三，或四，或五，或六，或七，繫念不亂。是善男子或善女人臨命終時，無量壽佛與其無量聲聞弟子、菩薩眾俱前後圍繞，來住其前，慈悲加祐，令心不亂；既捨命已，隨佛眾會[⑥]，生無量壽極樂世界清淨佛土。又，舍利子！我觀如是利益安樂大事因緣，

① "善男子"（kulaputra，"家族之子"）和"善女人"（kuladuhitṛ，"家族之女"）也可译为"良家子"和"良家女"。在佛经中，通常指亲近佛法的善男善女。

② 此处"闻说阿弥陀佛，执持名号"，比照原文，可以说什译采取简化的译法。"执持名号"可以理解为"心中执持名号"，也就是闻听无量寿如来名号后，心中思念。奘译"得闻如是无量寿佛……名号"，"闻已思惟"，贴合原文。

③ 这里的这些"若"字对应的原词是 vā，意谓"或者"。

④ 此处"圣众"指众声闻和众菩萨。这也是什译采取简化的译法。

⑤ 此处"思惟"也就是上述 manasikāra（"作意"或"思念"）一词。

⑥ "众会"指大众，这里指众声闻和众菩萨。

說誠諦語[①]：‘若有淨信諸善男子或善女人，得聞如是無量壽佛不可思議功德名號、極樂世界淨佛土者，一切皆應信受發願，如說修行[②]，生彼佛土。’

तद्यथापि नाम शारिपुत्र अहमेतर्हि तां परिकीर्तयामि एवमेव शारिपुत्र पूर्वस्यां दिश्यक्षोभ्यो नाम तथागतो मेरुध्वजो नाम तथागतो महामेरुर्नाम तथागतो मेरुप्रभासो नाम तथागतो मञ्जुध्वजो नाम तथागतः । एवंप्रमुखाः शारिपुत्र पूर्वस्यां दिशि गङ्गानदीवालुकोपमा बुद्धा भगवन्तः स्वकस्वकानि बुद्धक्षेत्राणि जिह्वेन्द्रियेण संछादयित्वा निर्वेठनं कुर्वन्ति । प्रतीयथ यूयमिदमचिन्त्यगुणपरिकीर्तनं सर्वबुद्ध-परिग्रहं नाम धर्मपर्यायम् ॥ ११ ॥

今译：“舍利弗啊，正如我现在称赞这个极乐世界，同样，舍利弗啊，在东方有名为阿閦的如来，名为须弥幢的如来，名为大须弥的如来，名为须弥光的如来，名为妙幢的如来。舍利弗啊，以这些如来为首，在东方有恒河沙数的佛世尊，用广长舌[③]覆盖各自的佛土，宣说真实语：‘你们要相信[④]这种对不可思议功德的称赞，信奉名为《一切佛护持》的法门。’

什译：“舍利弗！如我今者，讚歎阿彌陀佛不可思議功德，東方亦有阿閦鞞[⑤]佛、須彌相佛、大須彌佛、須彌光佛、妙音佛，如是等恒河沙數諸佛，各於其國出廣長舌相，遍覆三千大千世界，說誠實言：‘汝等眾生，當信是稱讚不可思議功德《一切諸佛所護念經》[⑥]。’

① “诚谛语”（nirveṭhana）指不虚假的话，真实的话。什译“诚实言”。

② “如说修行”指按照所说修行。

③ “广长舌”是佛的三十二相之一，喻指广为说法。

④ 此处“相信”的原词是 pratīyatha，F 本写为 pattīyatha（以下出现的此词相同），两者词义相同，语法形式都是混合梵语命令语气复数第二人称。

⑤ “阿閦鞞”（akṣobhya）也译“阿閦”。奘译“不动”是意译。

⑥ 此处按原文语法，“称赞不可思议功德”是中性业格，“一切佛所护念经”（即“名为《一切佛所护念》的法门”）是阳性业格，两者并列。或者，将“称赞不可思议功德”视为阳性业格，则成为形容词，修饰“一切佛所护念经”。然而，前面有个指示代词 idam，已经限定“称赞不可思议功德”是中性业格。因此，严格说来，后者是经名。正如什译后面一处提到“何故名为《一切佛所护念经》？”而从奘译本经的标题《称赞净土佛摄受经》可知，奘译将两者合为一个经名，即《称赞不可思议佛土功德一切诸佛摄受法门》。这样的变通译法也是可以的。

奘译：“又，舍利子！如我今者，稱揚讚歎無量壽佛無量無邊不可思議佛土功德，如是東方亦有現在不動如來、山幢如來、大山如來、山光如來、妙幢如來，如是等佛，如殑伽①沙，住在東方，自佛淨土各各示現廣長舌相，遍覆三千大千世界，周匝圍繞，說誠諦言：‘汝等有情皆應信受如是《稱讚不可思議佛土功德一切諸佛攝受②法門》。’

एवं दक्षिणस्यां दिशि चन्द्रसूर्यप्रदीपो नाम तथागतो यशःप्रभो नाम तथागतो महार्चिस्कन्धो नाम तथागतो मेरुप्रदीपो नाम तथागतो ऽनन्तवीर्यो नाम तथागतः। एवंप्रमुखाः शारिपुत्र दक्षिणस्यां दिशि गङ्गानदीवालुकोपमा बुद्धा भगवन्तः स्वकस्वकानि बुद्धक्षेत्राणि जिह्वेन्द्रियेण संछादयित्वा निर्वेठनं कुर्वन्ति । प्रतीयथ यूयमिदमचिन्त्यगुणपरिकीर्तनं सर्वबुद्धपरिग्रहं नाम धर्मपर्यायम् ॥ १२ ॥

今译：“同样，在南方有名为日月灯的如来，名为名闻光③的如来，名为大焰肩的如来，名为须弥灯的如来，名为无量精进的如来。舍利弗啊，以这些如来为首，在南方有恒河沙数的佛世尊，用广长舌覆盖各自的佛土，宣说真实语：‘你们要相信这种对不可思议功德的称赞，信奉名为《一切佛护持》的法门。’

什译：“舍利弗！南方世界有日月燈佛、名聞光佛、大焰肩佛、須彌燈佛、無量精進佛，如是等恒河沙數諸佛，各於其國出廣長舌相，遍覆三千大千世界，說誠實言：‘汝等眾生，當信是稱讚不可思議功德《一切諸佛所護念經》。’

奘译：“又，舍利子！如是南方亦有現在日月光如來、名稱光如

---

① “殑伽”是 gaṅgā（“恒河”）一词的音译。
② “摄受”（parigraha）意谓接受、保护或护持。什译“护念”。
③ 此处“名闻光”的原词是 yaśaḥprabhaḥ，F 本写为 yaśaprabhaḥ。

來、大光蘊[①]如來、迷盧光[②]如來、無邊精進如來，如是等佛，如殑伽沙，住在南方，自佛淨土各各示現廣長舌相，遍覆三千大千世界，周匝圍繞，說誠諦言：‘汝等有情皆應信受如是《稱讚不可思議佛土功德一切諸佛攝受法門》。’

एवं पश्चिमायां दिश्यमितायुर्नाम तथागतो ऽमितस्कन्धो नाम तथागतो ऽमितध्वजो नाम तथागतो महाप्रभो नाम तथागतो महारत्नकेतुर्नाम तथागतः शुद्धरश्मिप्रभो नाम तथागतः । एवंप्रमुखाः शारिपुत्र पश्चिमायां दिशि गङ्गानदीवालुकोपमा बुद्धा भगवन्तः स्वकस्वकानि बुद्धक्षेत्राणि जिह्वेन्द्रियेण संछादयित्वा निर्वेठनं कुर्वन्ति । प्रतीयथ यूयमिदमचिन्त्यगुणपरिकीर्तनं सर्वबुद्धपरिग्रहं नाम धर्मपर्यायम् ॥ १३ ॥

今译：“同样，在西方有名为无量寿的如来，名为无量肩的如来，名为无量幢的如来，名为大光的如来，名为大宝幢的如来，名为清净光的如来。舍利弗啊，以这些如来为首，在西方有恒河沙数的佛世尊，用广长舌覆盖各自的佛土，宣说真实语：‘你们要相信这种对不可思议功德的称赞，信奉名为《一切佛护持》的法门。’

什译：“舍利弗！西方世界無量壽佛、無量相佛、無量幢佛、大光佛、大明佛、寶相佛、淨光佛，如是等恒河沙數諸佛，各於其國出廣長舌相，遍覆三千大千世界，說誠實言：‘汝等眾生，當信是稱讚不可思議功德《一切諸佛所護念經》。’

奘译：“又，舍利子！如是西方亦有現在無量壽如來、無量蘊如來、無量光如來、無量幢如來、大自在如來、大光如來、光焰如來、大寶幢如來、放光如來，如是等佛，如殑伽沙，住在西方，自佛淨土

---

① “大光蕴”的原词是 mahārciskandha，其中 mahā 的词义为大，arci 的词义为光或焰，skandha 的词义为肩或蕴。这样，奘译“大光蕴”，什译“大焰肩”，是同一名称的两种不同意译。

② “迷卢光”的原词是 merupradīpa，什译“须弥灯”。这个复合词中的 pradīpa 一词，词义是“灯”，但也可指称“灯光”或“光”。meru 一词是山名，也称为 sumeru，故而在汉译佛经中有多种译名：“须迷卢”、“须弥”和“迷卢”等。

各各示現廣長舌相，遍覆三千大千世界，周匝圍繞，說誠諦言：‘汝等有情皆應信受如是《稱讚不可思議佛土功德一切諸佛攝受法門》。’

एवमुत्तरायां दिशि महार्चिस्कन्धो नाम तथागतो वैश्वानरनिर्घोषो नाम तथागतो दुन्दुभिस्वरनिर्घोषो नाम तथागतो दुष्प्रधर्षो नाम तथागत आदित्यसंभवो नाम तथागतो जलेनिप्रभो नाम तथागतः प्रभाकरो नाम तथागतः ।एवंप्रमुखाः शारिपुत्रोत्तरायां दिशि गङ्गानदीवालुकोपमा बुद्धा भगवन्तः स्वकस्वकानि बुद्धक्षेत्राणि जिह्वेन्द्रियेण संछादयित्वा निर्वेठनं कुर्वन्ति । प्रतीयथ यूयमिदमचिन्त्यगुणपरिकीर्तनं सर्वबुद्धपरिग्रहं नाम धर्मपर्यायम् ॥ १४ ॥

今译：“同样，在北方有名为大焰肩的如来，名为普遍声的如来，名为鼓音声的如来，名为难胜的如来，名为日生的如来，名为水中光①的如来，名为发光的如来。舍利弗啊，以这些如来为首，在北方有恒河沙数的佛世尊，用广长舌覆盖各自的佛土，宣说真实语：‘你们要相信这种对不可思议功德的称赞，信奉名为《一切佛护持》的法门。’

什译：“舍利弗！北方世界有焰肩佛、最勝音佛、難沮佛、日生佛、網明佛，如是等恒河沙數諸佛，各於其國出廣長舌相，遍覆三千大千世界，說誠實言：‘汝等眾生，當信是稱讚不可思議功德《一切諸佛所護念經》。’

奘译：“又，舍利子！如是北方亦有現在無量光嚴通達覺慧如來、無量天鼓震大妙音如來、大蘊如來、光網如來、娑羅帝王如來，如是等佛，如殑伽沙，住在北方，自佛淨土各各示現廣長舌相，遍覆三千大千世界，周匝圍繞，說誠諦言：‘汝等有情皆應信受如是《稱讚不可思議佛土功德一切諸佛攝受法門》。’

① 此处“水中光”的原词是 jaleniprabhaḥ。但此词可疑，因为其中的 ni 显然多余。此词 F 本写为 jālinīprabhaḥ，其中的 jālinī 在巴利语中的词义是“有网”（喻指“贪爱”）。若此词直接写为 jāla，与 prabha 结合，则可译为“网明”，与什译“网明”和奘译“光网”一致。

एवमधस्तायां दिशि सिंहो नाम तथागतो यशो नाम तथागतो यशःप्रभासो नाम तथागतो धर्मो नाम तथागतो धर्मधरो नाम तथागतो धर्मध्वजो नाम तथागत। एवंप्रमुखाः शारिपुत्राधस्तायां दिशि गङ्गानदीवालुकोपमा बुद्धा भगवन्तः स्वकस्वकानि बुद्धक्षेत्राणि जिह्वेन्द्रियेण संछादयित्वा निर्वेठनं कुर्वन्ति । प्रतीयथ यूयमिदमचिन्त्यगुणपरिकीर्तनं सर्वबुद्धपरिग्रहं नाम धर्मपर्यायम् ॥ १५ ॥

今译："同样，在下方有名为狮子的如来，名为名闻的如来，名为名闻光①的如来，名为达摩的如来，名为持法的如来，名为法幢的如来。舍利弗啊，以这些如来为首，在下方有恒河沙数的佛世尊，用广长舌覆盖各自的佛土，宣说真实语：'你们要相信这种对不可思议功德的称赞，信奉名为《一切佛护持》的法门。'

什译："舍利弗！下方世界有師子佛、名聞佛、名光佛、達摩佛、法幢佛、持法佛，如是等恒河沙數諸佛，各於其國出廣長舌相，遍覆三千大千世界，說誠實言：'汝等眾生，當信是稱讚不可思議功德《一切諸佛所護念經》。'

奘译："又，舍利子！如是下方亦有現在示現一切妙法正理常放火王勝德光明如來、師子如來、名稱如來、譽光如來、正法如來、妙法如來、法幢如來、功德友如來、功德號如來，如是等佛，如殑伽沙，住在下方，自佛淨土各各示現廣長舌相，遍覆三千大千世界，周匝圍繞，說誠諦言：'汝等有情皆應信受如是《稱讚不可思議佛土功德一切諸佛攝受法門》。'

एवमुपरिष्ठायां दिशि ब्रह्मघोषो नाम तथागतो नक्षत्रराजो नाम तथागत इन्द्रकेतुध्वजराजो नाम तथागतो गन्धोत्तमो नम तथागतो गन्धप्रभासो नाम तथागतो महार्चिस्कन्धो नाम तथागतो रत्नकुसुमसंपुष्पितगात्रो नाम तथागतः सालेन्द्रराजो नाम तथागतो रत्नोत्पलश्रीर्नाम तथागतः सर्वार्थदर्शो नाम तथागतः सुमेरुकल्पो नाम तथागतः । एवंप्रमुखाः शारिपुत्रोपरिष्ठायां दिशि गङ्गानदी-

① 此处"名闻光"的原词是 yaśaḥprabhāsaḥ，F 本写为 yaśaprabhāsaḥ。

वालुकोपमा बुद्धा भगवन्तः स्वकस्वकानि बुद्धक्षेत्राणि जिह्वेन्द्रियेण संछादयित्वा निर्वेठनं कुर्वन्ति । प्रतीयथ यूयमिदमचिन्त्यगुणपरिकीर्तनं सर्वबुद्धपरिग्रहं नाम धर्मपर्यायम् ॥ १६ ॥

今译："同样，在上方有名为梵音的如来，名为星宿王的如来，名为因陀罗幢王的如来，名为香上的如来，名为香光的如来，名为大焰肩的如来，名为宝花庄严身的如来，名为娑罗树王的如来，名为宝莲花吉祥的如来，名为见一切义的如来，名为如须弥山的如来。舍利弗啊，以这些如来为首，在上方有恒河沙数的佛世尊，用广长舌覆盖各自的佛土，宣说真实语：'你们要相信这种对不可思议功德的称赞，信奉名为《一切佛护持》的法门。'

什译："舍利弗！上方世界有梵音佛、宿王佛、香上佛、香光佛、大焰肩佛、雜色寶華嚴身佛、娑羅樹王佛、寶華德佛、見一切義佛、如須彌山佛，如是等恒河沙數諸佛，各於其國出廣長舌相，遍覆三千大千世界，說誠實言：'汝等眾生，當信是稱讚不可思議功德《一切諸佛所護念經》。'

奘译："又，舍利子！如是上方亦有現在梵音如來、宿王如來、香光如來、如紅蓮華勝德如來、示現一切義利如來，如是等佛，如殑伽沙，住在上方，自佛淨土各各示現廣長舌相，遍覆三千大千世界，周匝圍繞，說誠諦言：'汝等有情皆應信受如是《稱讚不可思議佛土功德一切諸佛攝受法門》。'又，舍利子！如是東南方亦有現在最上廣大雲雷音王如來，如是等佛，如殑伽沙，住東南方，自佛淨土各各示現廣長舌相，遍覆三千大千世界，周匝圍繞，說誠諦言：'汝等有情皆應信受如是《稱讚不可思議佛土功德一切諸佛攝受法門》。'又，舍利子！如是西南方亦有現在最上日光名稱功德如來，如是等佛，如殑伽沙，住西南方，自佛淨土各各示現廣長舌相，遍覆三千大千世界，周匝圍繞，說誠諦言：'汝等有情皆應信受如是《稱讚不可思議佛土功德一切諸佛攝受法門》。'又，舍利子！如是西北方亦有現在無量功德火王光明如來，如是等佛，如殑伽沙，住西北方，自佛淨土各各示現廣長舌相，遍覆三千大千世界，周匝圍繞，說誠諦言：‘汝等有情皆應信受如是《稱讚不可思議佛土功德一切諸佛攝受法門》。’又，舍利子！如是東北方亦有現在無數百千俱胝廣慧如來，如是等佛，如殑伽沙，住東北方，自佛淨土各各示現廣長舌相，遍覆三千大千世界，周匝圍繞，說誠諦言：‘汝等有情皆應信受如是《稱讚不可思議佛土功德一切諸佛攝受法門》。’

तत्किं मन्यसे शारिपुत्र केन कारणेनायं धर्मपर्यायः सर्वबुद्धपरिग्रहो नामोच्यते। ये केचिच्छारिपुत्र कुलपुत्रा वा कुलदुहितरो वास्य धर्मपर्यायस्य नामधेयं श्रोष्यन्ति तेषां च बुद्धानां भगवतां नामधेयं धारयिष्यन्ति सर्वे ते बुद्धपरिगृहीता भविष्यन्त्यविनिवर्तनीयाश्च भविष्यन्त्यनुत्तरायां सम्यक्संबोधौ । तस्मात्तर्हि शारिपुत्र श्रद्दधाध्वं प्रतीयथ मा काङ्क्षयथ मम च तेषां च बुद्धानां भगवताम् ।ये केचिच्छारिपुत्र कुलपुत्रा वा कुलदुहितरो वा तस्य भगवतोऽमितायुषस्तथागतस्य बुद्धक्षेत्रे चित्तप्रणिधानं करिष्यन्ति कृतं वा कुर्वन्ति वा सर्वे तेऽविनिवर्तनीया भविष्यन्त्यनुत्तरायां सम्यक्संबोधौ । तत्र च बुद्धक्षेत्र उपपत्स्यन्त्युपपन्ना वोपपद्यन्ति वा ।तस्मात्तर्हि शारिपुत्र श्राद्धैः कुलपुत्रैः कुलदुहितृभिश्च तत्र बुद्धक्षेत्रे चित्तप्रणिधिरुत्पादयितव्यः ॥ १७ ॥

今译：“你认为怎样？舍利弗啊，为何这个法门称为《一切佛护持》？那些善男子或善女人闻听这个法门的名称，记住这些佛世尊的名号，他们就会受到佛的护持，就会安住无上正等菩提，不退转。因此，舍利弗啊，你们要信任，要信奉，而不要怀疑我和这些佛世尊。舍利弗啊，那些善男子或善女人已经[①]、正在或将要发愿出生在这位无量寿世尊如来的佛土，他们都会安住无上正等菩提，不退转。他们已经、正在或将要出生在这个佛土。因此，舍利弗啊，虔诚的善男子或善女人应该发愿出生在这个佛土。

① 此处“已经（发愿）”的原词是 kṛtam，没有使用动词形式，而使用过去分词，用法特殊，与后面的 upapannāḥ（“已经出生”）的用法类似。此词 F 本按照南条文雄的推测，写为 kṛtavantaḥ，即采用过去分词主动语态形式。

什译："舍利弗！於汝意云何？何故名為《一切諸佛所護念經》？舍利弗！若有善男子、善女人，聞是經受持者，及聞諸佛名者，是諸善男子、善女人，皆為一切諸佛共所護念，皆得不退轉於阿耨多羅三藐三菩提。是故舍利弗！汝等皆當信受我語及諸佛所說。舍利弗！若有人已發願，今發願，當發願，欲生阿彌陀佛國者，是諸人等皆得不退轉於阿耨多羅三藐三菩提，於彼國土若已生，若今生，若當生。是故，舍利弗！諸善男子、善女人若有信者，應當發願生彼國土。

奘译："又，舍利子！何緣此經名為《稱讚不可思議佛土功德一切諸佛攝受法門》？舍利子！由此經中稱揚讚歎無量壽佛極樂世界不可思議佛土功德，及十方面[①]諸佛世尊為欲方便利益安樂諸有情故，各住本土現大神變，說誠諦言，勸諸有情信受此法，是故此經名為《稱讚不可思議佛土功德一切諸佛攝受法門》。又，舍利子！若善男子或善女人，或已得聞，或當得聞，或今得聞，聞是經已，深生信解[②]；生信解已，必為如是住十方面十殑伽沙諸佛世尊之所攝受。如說行者[③]，一切定於阿耨多羅三藐三菩提得不退轉，一切定生無量壽佛極樂世界清淨佛土。是故，舍利子！汝等有情一切皆應信受領解我及十方佛世尊語，當勤精進，如說修行，勿生疑慮。又，舍利子！若善男子或善女人，於無量壽極樂世界清淨佛土功德莊嚴，若已發願，若當發願，若今發願，必為如是住十方面十殑伽沙諸佛世尊之所攝受。如說行者，一切定於阿耨多羅三藐三菩提得不退轉，一切定生無量壽佛極樂世界清淨佛土。是故，舍利子！若有淨信諸善男子或善女人，一切皆應於無量壽極樂世界清淨佛土，深心信解，發願往生，勿行放逸。

तद्यथापि नाम शारिपुत्राहमेतर्हि तेषां बुद्धानां भगवताम् एवमचिन्त्यगुणान्परिकीर्तयामि एवमेव शारिपुत्र ममापि ते बुद्धा भगवन्त एवमचिन्त्यगुणान्परिकीर्तयन्ति । सुदुष्करं भगवता शाक्यमुनिना शाक्याधिराजेन कृतम् ।

---

① "十方面"指东南西北上下和四维十个方位。

② "信解"（adhimukti）指真诚信仰。

③ "如说行者"指按照所说修行者。

सहायां लोकधातावनुत्तरां सम्यक्संबोधिमभिसंबुध्य सर्वलोकविप्रत्ययनीयो धर्मो देशितः कल्पकषाये सत्त्वकषाये दृष्टिकषाय आयुष्कषाये क्लेशकषाये ॥ १८ ॥

今译：“舍利弗啊，正如我现在称赞这些佛世尊的不可思议功德，同样，舍利弗啊，这些佛世尊也称赞我的不可思议功德：‘世尊释迦王释迦牟尼做了很难做的事。他在娑诃世界证得无上正等菩提，在劫浊、众生浊、见浊、命浊和烦恼浊[①]中宣说一切世间难信之法。’

什译：“舍利弗！如我今者稱讚諸佛不可思議功德，彼諸佛等亦稱說我不可思議功德，而作是言：‘釋迦牟尼佛能為甚難希有之事，能於娑婆國土五濁惡世劫濁、見濁、煩惱濁、眾生濁、命濁中，得阿耨多羅三藐三菩提，為諸眾生說是一切世間難信之法。’

奘译：“又，舍利子！如我今者稱揚讚歎無量壽佛極樂世界不可思議佛土功德，彼十方面諸佛世尊亦稱讚我不可思議無邊功德，皆作是言：‘甚奇希有！釋迦寂靜[②]釋迦法王如來、應、正等覺、明行圓滿、善逝、世間解、無上丈夫、調御士、天人師、佛世尊，乃能於是堪忍世界五濁惡時，所謂劫濁、諸有情濁、諸煩惱濁、見濁、命濁，於中證得阿耨多羅三藐三菩提，為欲方便利益安樂諸有情故，說是世間極難信法。’

तन्ममापि शारिपुत्र परमदुष्करं यन्मया सहायां लोकधातावनुत्तरां सम्यक्संबोधिमभिसंबुध्य सर्वलोकविप्रत्ययनीयो धर्मो देशितः सत्त्वकषाये दृष्टिकषाये क्लेशकषाय आयुष्कषाये कल्पकषाये ॥ १९ ॥

今译：“舍利弗啊，我在娑诃世界证得无上正等菩提，在众生浊、见浊、烦恼浊、命浊和劫浊中宣说一切世间难信之法，这是最难做的

---

① “劫浊”指经常遭逢战争、瘟疫和饥荒。“众生浊”指众生难以教化。“见浊”指邪见盛行。“命浊”指人的寿命越来越短。“烦恼浊”指陷入贪瞋痴，充满烦恼。这些也统称为“五浊恶世”。

② “释迦寂静”是 śākyamuni（“释迦牟尼”）的又一种译名。其中的 muni（“牟尼”）一词，词义为苦行者、修道者或圣人。因为这样的人诸根调伏，内心平静，因此，汉译佛经中也将 muni 译为“寂静”或“寂默”。

事。”

什译：“舍利弗！當知我於五濁惡世，行此難事，得阿耨多羅三藐三菩提，為一切世間說此難信之法，是為甚難！”

奘译：“是故，舍利子！當知我今於此雜染堪忍世界五濁惡時，證得阿耨多羅三藐三菩提，為欲方便利益安樂諸有情故，說是世間極難信法，甚為希有，不可思議。又，舍利子！於此雜染堪忍世界五濁惡時，若有淨信諸善男子或善女人，聞說如是一切世間極難信法，能生信解、受持、演說、如教修行。當知是人甚為希有，無量佛所曾種善根。是人命終定生西方極樂世界，受用種種功德莊嚴清淨佛土大乘法樂，日夜六時親近供養無量壽佛，遊歷十方供養諸佛，於諸佛所聞法受記[1]，福慧資糧疾得圓滿，速證無上正等菩提。”

इदमवोचद्भगवानात्तमनाः । आयुष्माञ्छारिपुत्रस्ते च भिक्षवस्ते च बोधिसत्त्वाः सदेवमानुषासुरगन्धर्वश्च लोको भगवतो भाषितमभ्यनन्दन् ॥ २० ॥

今译：世尊说完这些，心中喜悦。长老舍利弗，众比丘和众菩萨，整个世界的天神、人、阿修罗和健达缚，都欢迎世尊所说。

什译：佛說此經已。舍利弗及諸比丘，一切世間天、人、阿修羅等，聞佛所說，歡喜信受，作禮而去。

奘译：時，薄伽梵說是經已。尊者舍利子等諸大聲聞及諸菩薩摩訶薩眾，無量天、人、阿素洛等，一切大眾聞佛所說，皆大歡喜，信受奉行。

सुखावतीव्यूहो नाम महायानसूत्रम् ॥

今译：以上是名为《极乐庄严》的大乘经。

---

① “受记”（vyākṛta）指接受诸佛授记未来成佛。

सुखावतीव्यूहः।

今译：无量寿经[1]

康译[2]：佛說無量壽經

① 《无量寿经》的原名是《极乐庄严经》（sukhāvatīvyūhaḥ），这里采用通行的《无量寿经》这个译名。

② “康译”指魏康僧铠译。

ॐ नमो दशादिगनन्तापर्यन्तलोकधातुप्रतिष्ठितेभ्यः सर्वबुद्धबोधिसत्त्वार्यश्रावकप्रत्येकबुद्धेभ्यो ऽतीतानागतप्रत्युत्पन्नेभ्यः॥

今译：唵，向安住十方无穷无尽世界的过去、未来和现在一切佛、菩萨、声闻和辟支佛致敬！

नमो ऽमिताभाय॥ नमो ऽमितायुषे॥ नमो ऽचिन्त्यगुणाकरात्मने॥

今译：向无量光致敬！向无量寿致敬！向心中蕴含不可思议功德者致敬！

नमो ऽमिताभाय जिनाय ते मुने
　　सुखावतीं यामि ते चानुकम्पया।
सुखावतीं कनकविचित्रकाननां
　　मनोरमां सुगतसुतैरलंकृतां।
तथाश्रयां प्रथितयशस्य धीमतः,
　　प्रयामि तां बहुगुणरत्नसंचयाम्॥

今译：向无量光致敬！你是胜者[①]，牟尼啊！
依靠你的慈悲怜悯，我走向极乐世界；
极乐世界里有金光闪闪的各种园林，
令人愉悦，居住着众多的善逝之子[②]，
这是你的居处，布满各种功德宝石，
你声誉卓著，聪明睿智，我走向它。

---

① “胜者”（jina）一词常用作佛的称号。
② “善逝之子”（sugataputra）即佛子菩萨。

एवं मया श्रुतम् -- एकस्मिन्समये भगवान्राजगृहे विहरति स्म, गृध्रकूटे पर्वते महता भिक्षुसंघेन सार्धं द्वात्रिंशता भिक्षुसहस्रैः, सर्वैरर्हद्भिः क्षीणास्रवैर्निः- क्लेशैरुषितवद्भिः सम्यगाज्ञासुविमुक्तचित्तैः परिक्षीणभवसंयोजनसहस्रैरनुप्राप्तस्व- कार्थैर्विजितवद्भिर् , उत्तमदमने शमथप्राप्तैः, सुविमुक्तचित्तैः सुविमुक्तप्रज्ञैर्महानागैः, षडभिज्ञैर्वशीभूतैरष्टविमोक्षध्यायिभिर्बलप्राप्तैरभिज्ञानाभिज्ञातैः, स्थविरैर्, महा- श्रावकैः ॥

今译：我这样听说。世尊曾经住在王舍城灵鹫山①，同住的有大比丘僧团，三万二千比丘，全都是阿罗汉，痛苦和烦恼除尽，完成修行，依靠正知，心获解脱②，断绝一切生死束缚，达到自己的目的，获得胜利，达到至高调伏而寂静，心获解脱，慧获解脱③，个个是大勇士，掌握六神通④，修习八解脱禅⑤，获得十力⑥，名声远扬的长老，大声闻。

康译：我聞如是，一時佛住王舍城耆闍崛山中，與大比丘眾萬二千人俱，一切大聖⑦，神通已達。

तद्यथा -- आज्ञातकौण्डिन्येन च, अश्वजिता च, बाष्पेण च, महानाम्ना च, भद्रजिता च, यशोदेवेन च, विमलेन च, सुबाहुना च, पूर्णेन च मैत्रायणीपुत्रेण, गवांपतिना च, उरुविल्वाकाश्यपेन च, नदीकाश्यपेन च, भद्रकाश्यपेन च, कुमारकाश्यपेन च, महाकाश्यपेन च, शारिपुत्रेण च, महामौद्गल्यायनेन च, महाकप्फिनेन च, महाचुन्देन च, अनिरुद्धेन च, राधेन च, नन्दिकेन च, किम्पिलेन

① “王舍城”（rājagṛha）是摩揭陀国首都。灵鹫山（gṛdhrakūṭa，音译“耆阇崛山”）位于王舍城东北。

② “心获解脱”（suvimuktacitta，或译“心善解脱”）指心摆脱贪爱。

③ “慧获解脱”（suvimuktaprajña，或译“慧善解脱”）指智慧摆脱无知。

④ “六神通”是天眼通、天耳通、他心通、宿命通、神变通和漏尽通。

⑤ “八解脱禅”是运用八种定力消除对色和无色的贪欲。

⑥ “十力”有佛的十力和菩萨的十力之分，这里泛指这些比丘、声闻和阿罗汉具有种种智力和能力。

⑦ 此处“大圣”泛指这些比丘，也就是他们都是大阿罗汉。

च, सुभूतिना च, रेवतेन च, खदिरवनिकेन च, वक्कुलेन च, स्वागतेन च, अमोघराजेन च, पारायणिकेन च, पन्थेन च, चूलपन्थेन च, नन्देन च, राहुलेन च, आयुष्मता चानन्देन॥

今译：诸如阿若憍陈如、阿说示、婆师波、摩诃南、贤胜、称天、无垢、妙臂、富楼那弥多罗尼子、憍梵波提、优楼频螺迦叶、那提迦叶、贤善迦叶、鸠摩罗迦叶、摩诃迦叶、舍利弗、摩诃目犍连、摩诃劫宾那、大月、阿尼娄陀、罗陀、难提迦、甘毕罗、须菩提、梨波多、竭陀林士、波鸠罗、善来、不空王、波罗耶尼迦、槃陀迦、周利槃陀迦、难陀、罗睺罗和尊者阿难。

康译：其名曰：尊者了本際，尊者正願，尊者正語，尊者大號，尊者仁賢，尊者離垢，尊者名聞，尊者善實，尊者具足，尊者牛王，尊者優樓頻蠡迦葉，尊者伽耶迦葉，尊者那提迦葉，尊者摩訶迦葉，尊者舍利弗，尊者大目揵連，尊者劫賓那，尊者大住，尊者大淨志，尊者摩訶周那，尊者滿願子，尊者離障閡，尊者流灌，尊者堅伏，尊者面王，尊者異[①]乘，尊者仁性，尊者喜樂，尊者善來，尊者羅云，尊者阿難。

एभिश्चान्यैश्चाभिज्ञानाभिज्ञातैः स्थविरैर्महाश्रावकैर्, एकपुद्गलं स्थापयित्वा शैक्षप्रतिपद्युत्तरिकरणीयं, यदिदम् -- आयुष्मन्तमानन्दं, मैत्रेयपूर्वंगमैश्च संबहुलैश्च बोधिसत्त्वैर्महासत्त्वैः॥

今译：这些和另一些名声远扬的长老、大声闻。其中唯有一位是有学圣人[②]，修行有待提高，他就是尊者阿难。还有，以弥勒为首的众多菩萨大士。

康译：皆如斯等上首[③]者也。又與大乘眾菩薩俱：普賢菩薩，妙

① 此处“异”字，据《中华大藏经》校勘记，《丽》作“果”。

② “有学圣人”（śaikṣa）指修行尚未达到阿罗汉果位者。与此相应，修行达到阿罗汉果位者，则称为“无学”，即“无学圣人”。这里是说，阿难在佛陀在世时，没有完全开悟。

③ “上首”指为首的，主要的。

德菩薩，慈氏菩薩等，此賢劫[①]中一切菩薩，又賢護等十六正士[②]，善思議菩薩，信慧菩薩，空無菩薩，神通華菩薩，光英菩薩，慧上菩薩，智幢菩薩，寂根菩薩，願慧菩薩，香象菩薩，寶英菩薩，中住菩薩，制行菩薩，解脱菩薩。皆遵普賢大士[③]之德，具諸菩薩無量行願[④]，安住一切功德之法，遊步十方，行權方便[⑤]，入佛法藏究竟彼岸[⑥]，於無量世界現成等覺[⑦]：處兜率天[⑧]，弘宣正法，捨彼天宫，降神母胎，從右脇生，現行七步，光明顯曜，普照十方無量佛土，六種振動[⑨]，舉聲自稱："吾當於世為無上尊。"釋梵[⑩]奉侍，天人歸仰，示現算計文藝射御，博綜道術，貫練群籍，遊於後園，講武試藝，現處宫中色味之間，見老病死，悟世非常[⑪]，棄國財位，入山學道，服乘、白馬、寶冠、瓔珞，遣之令還[⑫]，捨珍妙衣而著法服[⑬]，剃除鬚髮，端坐樹下，勤苦六年，行如所應[⑭]，現五濁剎[⑮]，隨順群生，示有塵垢[⑯]，沐浴金

① "贤劫"（bhadrakalpa）指现在世。"劫"（kalpa）是印度古代使用的极大的时间概念。佛教通常将一大劫分为"成、住、坏和空"四劫。"贤劫"相当于其中的"住劫"。

② "正士"的梵语原词是 satpuruṣa，词义为"善人"或"善士"。在汉译佛经中也译为"上士"、"大士"、"善丈夫"、"贤丈夫"和"圣贤"等，通常用于指称菩萨，尤其是在家的菩萨。

③ "普贤大士"（samantabhadra）即普贤菩萨，是实施菩萨行的典范。

④ "行愿"（caryāpraṇidhāna）指修行和誓愿。

⑤ "行权方便"指实行权巧方便，即善于运用一切方便的手段教化众生。

⑥ "入佛法藏究竟彼岸"指通晓佛法藏。

⑦ "现成等觉"指示现成佛。此处和下面出现的"现"字都是指"示现"，即"展现"或"展示"。以下描述成佛的历程。

⑧ "兜率天"（tuṣita）是天国居处之一。佛在出世前，住在这里。

⑨ "六种振动"指佛陀降生时，大地出现六种震动。

⑩ "释梵"指帝释天（śakra，即天王因陀罗）和梵天（brahman）。

⑪ "非常"（anitya）即"无常"。

⑫ 这里是说将服乘、白马、宝冠和璎珞交给车夫，吩咐他回宫。

⑬ "法服"指袈裟衣。

⑭ "行如所应"指实行应做的一切。

⑮ "五浊刹"（pañcakaṣāyaloka）即"五浊世"，指具有"五浊"的世界。"五浊"是劫浊、见浊、烦恼浊、众生浊和命浊。"刹"（kṣetra）指国土。

⑯ 这里是说按照尘世众生的方式，示现"有尘垢"。

流[1]，天按樹枝，得攀出池[2]，靈禽翼從，往詣道場，吉祥感徵，表章功祚[3]，哀受施草，敷佛樹下，加趺而坐[4]，奮大光明[5]，使魔知之，魔率官屬而來逼試[6]，制以智力，皆令降伏，得微妙法，成最正覺，釋梵祈勸，請轉法輪，以佛遊步，佛吼而吼[7]，扣法鼓，吹法螺，執法劍，建法幢，震法雷，曜法電，澍法雨，演法施[8]，常以法音覺諸世間，光明普照無量佛土，一切世界六種震動，總攝魔界，動魔宮殿，眾魔懾怖，莫不歸伏。摑裂邪網，消滅諸見[9]，散諸塵勞[10]，壞諸欲塹，嚴護法城，開闡法門，洗濯垢污，顯明清白，光融佛法[11]，宣流正化[12]。入國分衛[13]，獲諸豐饍，貯功德，示福田[14]，欲宣法，現欣笑，以諸法藥救療三苦[15]，顯現道意無量功德，授菩薩記，成等正覺[16]，示現滅度[17]，拯濟無極[18]，消除諸漏[19]，殖眾德本[20]，具足功德，微妙難量，遊諸佛國，普現道教，其所修行清淨無穢，譬如幻師現眾異像，為男為女，

① “沐浴金流”指修炼严酷的苦行，不能得道，于是进入水流中沐浴。

② 这里是说因修苦行而身体羸弱，于是，天神将池边的树枝弯下，让他攀援出池。

③ 这里是说各种吉祥的征兆，彰显他的功德，预示他的好运。

④ 这里是说接受刈草人献上的青草，铺在菩提树下，结跏趺坐。

⑤ “奋大光明”指展现大光明。

⑥ 这里是说魔界的魔王摩罗（māra）率领魔女和魔军前来考验他，逼迫他，企图让他放弃修行。

⑦ “佛吼而吼”指佛发出狮子吼，比喻佛说法。

⑧ “法施”（dharmadāna）指布施正法。

⑨ “诸见”指各种邪见。

⑩ “尘劳”指烦恼。

⑪ “光融佛法”指融合声闻乘、缘觉乘和菩萨乘。

⑫ “宣流正化”指以正道教化天下。

⑬ “分卫”指乞食。

⑭ 这里是说布施食物者能积累功德，犹如耕种福田。佛陀作为受布施者，也就是福田。

⑮ “三苦”指三种痛苦：苦苦，即遭受可恶事物的痛苦；坏苦，即可爱事物毁灭的痛苦；行苦，即诸行无常的痛苦。

⑯ 这里是说授记（即预言）修行的菩萨成佛。

⑰ “灭度”指达到涅槃。

⑱ “拯济无极”指拯救无量无数众生。

⑲ “诸漏”指各种烦恼。

⑳ “殖众德本”指种植各种善根。

無所不變[①]，本覺明了，在意所為[②]。此諸菩薩亦復如是，學一切法，貫綜縷練，所住安諦[③]，靡不感化[④]，無數佛土，皆悉普現，未曾慢恣[⑤]，愍傷[⑥]眾生，如是之法一切具足，菩薩經典究暢要妙[⑦]，名稱普至[⑧]，導御十方，無量諸佛咸共護念[⑨]，佛所住者，皆已得住，大聖[⑩]所立而皆已立，如來道化各能宣布[⑪]，為諸菩薩而作大師[⑫]，以甚深禪慧開導眾人，通諸法性，達[⑬]眾生相，明了諸國，供養諸佛，化現其身猶如電光[⑭]，善學無畏[⑮]，曉了幻法[⑯]，壞裂魔網，解諸纏縛，超越聲聞、緣覺[⑰]之地，得空、無相、無願三昧[⑱]，善立方便，顯示三乘，於此中下而現滅度[⑲]，亦無所作，亦無所有，不起不滅，得平等法[⑳]，具足成

---

① 这里是说善于神通变化，如同幻师。

② 这里是说明了自己原本的觉性，而任意所为。此处“觉”字，据《中华大藏经》校勘记，《资》、《清》、《丽》作“学”。那么这里是说明了自己原本所学，而任意所为。

③ “所住”指佛所住。“安谛”指安心或专心。“所住安谛”指安心住于佛法。

④ “感化”指受佛感化。

⑤ “慢恣”指骄傲和恣肆。

⑥ “愍伤”指怜悯同情。

⑦ “究畅要妙”指通晓精妙要义。

⑧ “名称普至”指声名远扬。

⑨ “护念”指护持。

⑩ 此处“大圣”指佛。

⑪ 这里是说能像如来那样宣说正法，教化众生。“如来”（tathāgata）是佛的称号。

⑫ 这里是说作为菩萨，而成为众生导师。

⑬ “达”指通晓或洞悉。

⑭ 这里是说能在一瞬间化现自己的身体前往无数国土，供养诸佛。

⑮ “无畏”（vaiśāradya）指佛和菩萨的自信力，分为佛的“四无畏”和菩萨的“四无畏”。菩萨的“四无畏”指能持无畏、知根无畏、决疑无畏和答报无畏。

⑯ “幻法”（māyādharma）指一切事物如幻如化，虚妄不实。

⑰ “声闻”（śrāvaka）指闻听佛法而觉悟的佛弟子。“缘觉”（pratyekabuddha，或译“辟支佛”、“独觉”）指独自修行悟道，也不说法教化他人者。这两者和菩萨构成佛教三乘。

⑱ “空、无相、无愿三昧”合称“三解脱门”。“三昧”（samādhi）意译“入定”。这是三种禅定：“空”（śūnyatā）是观一切法空无自性，“无相”（animitta）是观一切法无差别相，“无愿”（apraṇihita）是于一切法无愿无求。

⑲ 这里是说向三乘中的中下乘示现涅槃。三乘中，声闻为小乘，缘觉为中乘，菩萨为大乘。

⑳ 这里是说一切法无所作，无所有，不起不灭，也就是一切法皆是因缘和合，空无自性，故而平等。

就，無量總持，百千三昧[①]，諸根智慧廣普寂定，深入菩薩法藏，得佛華嚴三昧[②]，宣揚演說一切經典，住深定門，悉覩現在無量諸佛，一念之頃無不周遍[③]，濟諸劇難[④]，諸閑不閑[⑤]，分別顯示真實之際[⑥]，得諸如來辯才之智，入眾言音[⑦]，開化一切，超過世間諸所有法，心常諦住度世之道[⑧]，於一切萬物隨意自在，為眾生類作不請之友[⑨]，荷負群生為之重任[⑩]，受持如來甚深法藏，護佛種性[⑪]常使不絕，興大悲，愍眾生，演慈辯，授法眼，杜三趣[⑫]，開善門，以不請之法施諸黎庶[⑬]，猶如孝子愛敬父母，於諸眾生視之若自[⑭]己，一切善本皆度彼岸[⑮]，悉獲諸佛無量功德，智慧聖明不可思議。如是菩薩、無量大士不可稱計，一時來會。

अथ खल्वायुष्मानानन्द उत्थायासनादेकांशम् उत्तरासङ्गं कृत्वा दक्षिणं जानुमण्डलं पृथिव्यां प्रतिष्ठाप्य येन भगवांस्तेनाञ्जलिं प्रणम्य भगवन्तम् एतद्-वोचत् -- विप्रसन्नानि च तव भगवत इन्द्रियाणि, परिशुद्धश्छविवर्णः, पर्यवदातो मुखवर्णः पीतनिर्भासः, तद्यथा शारदं वनदं पाण्डु परिशुद्धं पर्यवदातं पीतनिर्भासं॥ एवमेव भगवतो विप्रसन्नानीन्द्रियाणि, परिशुद्धो मुखवर्णः, पर्यवदातश् छविवर्णः

① 这里是说成就圆满，通晓一切佛典，掌握百千种禅定。“总持”（dhāraṇī，音译“陀罗尼”）指记忆佛法的能力。

② “佛华严三昧”指普贤菩萨所入的禅定。

③ 这里是说住于深邃的禅定，一念顷间就能目睹周遍无量世界现在诸佛。

④ “济诸剧难”指拯救处在极度苦难中的众生。

⑤ “闲不闲”相当于“有暇”和“无暇”。“有暇”（kṣaṇa）指生而为人，能修行佛法。“无暇”（akṣaṇa）指生于地狱、畜生和恶鬼等，不能修行佛法。

⑥ 这里是说对于各类众生，分别显示终极真理。

⑦ “入众言音”指了解众生的一切语言。

⑧ “度世之道”指救度世界之道。

⑨ “不请之友”指不请自来的朋友。

⑩ 这里是说担负起教化众生的重任。

⑪ “佛种性”（buddhavaṃśa）指佛种或佛的种族。

⑫ “杜三趣”指杜绝三种恶道：地狱、畜生和饿鬼。

⑬ “黎庶”指众生。

⑭ 此处“自”字，据《中华大藏经》校勘记，《丽》无。

⑮ 这里是说让一切具有善根的众生渡过苦海，到达彼岸。

पीतनिर्भासः॥

今译：这时，尊者阿难从座位起身，偏袒右肩，右膝着地，向世尊合掌行礼，对世尊说道："世尊你诸根愉悦，脸色清净，肤色明净，闪耀金光。犹如秋云[①]，白净，清净，明净，闪耀金光，世尊诸根愉悦，脸色清净，肤色明净，闪耀金光。

康译：爾時，世尊諸根悅豫，姿色清淨，光顏巍巍。尊者阿難承佛聖旨，即從座起，偏袒右肩，長跪合掌而白佛言："今日世尊諸根悅豫，姿色清淨，光顏巍巍，如明鏡淨，影暢表裏。

तद्यथापि नाम भगवञ्जांबूनदसुवर्णनिष्को, दक्षेण कर्मारेण कर्मारपुत्रेण वोल्कामुखे संप्रवेश्य सुपरिनिष्ठितः पाण्डुकम्बलैरुपरि क्षिप्तो, ऽतीवपरिशुद्धो भवति ; पर्यवदातः पीतनिर्भासः॥ एवमेव भगवतो विप्रसन्नानीन्द्रियाणि, परिशुद्धो मुखवर्णः, पर्यवदातश्छविवर्णः पीतनिर्भासः॥

今译："世尊啊，又如熟练的工匠或工匠徒弟将阎浮金子放入熔炉，精心加工后，放在白布上，极其洁净明亮，闪耀金光，世尊诸根愉悦，脸色清净，肤色明净，闪耀金光。

न खलु पुनरहं भगवन्नभिजानामि -- इति पूर्वं पूर्वतरम् , एवं विप्रसन्नानि तथागतस्येन्द्रियाण्य्, एवं परिशुद्धं मुखवर्णं, पर्यवदातं छविवर्णं पीतनिर्भासम्॥

今译："世尊啊，我以前确实未曾见到如来诸根这样愉悦，脸色这样清净，肤色这样明净，闪耀金光。

康译："威容顯耀，超絕無量，未曾瞻覩殊妙如今。

---

① 此处"云"的原词是 vanadam。此词不见于正规梵语，若读作"云"，这里也适用。F 本写为 varadam（"赐予恩惠者"），用在这里似乎不太贴切。故而，F 本推测此词可能相当于巴利语的 badara（"枣子"），也就是指秋天刚成熟的枣子，呈现浅黄色，用在这里很合适。而且，在巴利语经文中有类似描写。

तस्य मे भगवन्नेवं भवति -- बुद्धविहारेण वताद्य तथागतो विहरति; जिनविहारेण, सर्वज्ञताविहारेण, महानागविहारेण वताद्य तथागतो विहरति॥ अतीतानागतप्रत्युत्पन्नान् तथागतानर्हतः सम्यक्संबुद्धान् समनुपश्यतीति॥

今译："世尊啊，我产生这样的想法：啊，如来今天住于佛所住①，住于胜者②所住，住于一切智性所住。啊，如来今天住于大勇士③所住，忆念过去、未来和现在的如来、阿罗汉、正等觉④。"

康译："唯然⑤，大聖，我心念言：今日世尊住奇特法⑥，今日世雄住佛所住，今日世眼住導師行，今日世英住最勝道，今日天尊行如來德⑦，去來現在⑧佛佛相念，得無今佛念諸佛耶？何故威神光光乃爾？"

एवमुक्ते, भगवानायुष्मन्तमानन्दमेतदवोचत् -- साधु साध्वानन्द, किं पुनस्ते देवता एतमर्थमारोचयन्त्य् , उताहो बुद्धा भगवन्तः॥ अथ स्वेन प्रत्युत्पन्नमीमांसाज्ञानेनैवं प्रजानासीति॥

今译：闻听此言，世尊对尊者阿难说道："很好，很好，阿难！是诸神或者诸佛世尊告知你此事，还是你自己运用观察智知道此事？"

康译：於是，世尊告阿難曰："云何，阿難！諸天⑨教汝來問佛耶？自以慧見問威顔乎？"

एवमुक्ते, आयुष्मान् आनन्दो भगवन्तमेतदवोचत् -- न मे भगवन्देवता

① "住于佛所住"指住于佛法。

② "胜者"（jina）是佛的称号。

③ "大勇士"的原词是 mahānāga，词义是"大象"，这里也用作佛的称号。

④ 在佛经中，"如来、阿罗汉、正等觉"这三个词经常连用，用作对"佛"的尊称。

⑤ "唯然"对应的原词是 evam，词义为"这样"。

⑥ "奇特法"通常对应的原词是（adbhutadharma），也译"未曾有法"，即指奇特、奇妙或神奇的境界。

⑦ 这里的"世雄"、"世眼"、"导师"、"世英"和"天尊"均用作佛的称号。

⑧ "去来现在"指过去、未来和现在三世。

⑨ "诸天"指众天神。

एतमर्थमारोचयन्ति, नापि बुद्धा भगवन्तः॥ अथ तर्हि मे भगवन्स्वेनैव प्रत्यात्म-मीमांसाज्ञानेनैवं भवति -- बुद्धविहारेणाद्य तथागतो विहरति ; जिनविहारेण, सर्वज्ञताविहारेण, महानागविहारेण वताद्य तथागतो विहरति ; अतीतानागतप्रत्यु-त्पन्नान्सर्वान्बुद्धान्भगवतः समनुपश्यतीति॥

今译：闻听此言，尊者阿难对世尊说道："世尊！诸神没有，诸佛世尊也没有告知我此事，而是我自己运用观察智，产生这样的想法：如来今天住于佛所住，住于胜者所住，住于一切智所住。啊，如来今天住于大勇士所住，忆念过去、未来和现在的一切佛世尊。"

康译：阿難白佛："無有諸天來教我者，自以所見問斯義耳。"

एवमुक्ते, भगवानायुष्मन्तमानन्दमेतदवोचत् -- साधु साध्वानन्द ; उदारः खलु त उन्मिञ्जिः, भद्रिका मीमांसा, कल्यानं प्रतिभानं, बहुजनहिताय यस्त्वमानन्द प्रतिपन्नो, बहुजनसुखाय, लोकानुकम्पायै, महतो जनकायस्यार्थाय, हिताय सुखाय देवानां च मनुष्यानां च, यस्त्वं तथागतमेतमर्थं परिप्रष्टव्यं मन्यसे॥

今译：闻听此言，世尊对尊者阿难说道："很好，很好，阿难！你问得确实很好，善于观察，富有辩才。阿难啊，你是为了众人的利益，为了众人的幸福，出于怜悯世界，为了大众，为了众神和众人的利益和幸福，而觉得应该询问如来此事。

康译：佛言："善哉，阿難！所問甚快！發深智慧，真妙辯才，愍念眾生，問斯慧義。如來以無盡大悲矜哀三界，所以出興於世，光闡道教，普令群萌①獲真法利，無量億劫難值難見，猶靈瑞華②時時乃出。今所問者多所饒益，開化一切諸天人民。

एवमेतद्भवत्यानन्द , तथागतेष्वर्हत्सु सम्यक्संबुद्धेष्वप्रमेयेष्वसंख्येयेषु ज्ञान-दर्शनम् उपसंहरतः, न च तथागतस्य ज्ञानमुपहन्यते॥ तत्कस्य हेतोः॥

① "群萌"指众生。"萌"通"氓"，指平民。"群萌"即"群氓"。

② "灵瑞花"（udumbarapuṣpa 或 audumbarapuṣpa），音译"优昙花"或"优昙钵花"。

अप्रतिहतहेतुज्ञानदर्शनो ह्यानन्द तथागतः॥

今译：“正是这样，阿难啊，可以从无量无数的如来、阿罗汉、正等觉那里汲取知见，而如来的知见不会减损。为什么？阿难啊，因为如来的知见①无碍无损。

康译：“阿難！當知如來正覺，其智難量，多所導御，慧見無礙，無能遏絕。

आकाङ्क्षनानन्द तथागत एकपिण्डपातेन कल्पं वा तिष्ठेत् , कल्पशतं वा, कल्पसहस्रं वा, कल्पशतसहस्रं वा, यावत्कल्पकोटीनयुतशतसहस्रं वा, ततो वोत्तरि, न च तथागतस्येन्द्रियाण्युपनश्येयुः ; न मुखवर्णस्यान्यथात्वं भवेत् ; नापि छविवर्ण उपहन्यते॥ तत्कस्य हेतोः॥ तथा ह्यानन्द तथागतः समाधि-मुखपारमिताप्राप्तः॥

今译：“阿难啊，如果如来愿意，只要食用一餐饭，就能生活一劫，或一百劫，一千劫，十万劫，乃至百千千万那由多②劫或更多劫，而如来的诸根不会毁损，脸色不会变样，肤色也不会受损。为什么？阿难啊，因为如来通晓入定门。

康译：“以一湌之力能住壽命億百千劫無數無量，復過於此，諸根悅豫，不以毀損，姿色不變，光顏無異。所以者何？如來定慧究暢無極，於一切法而得自在③。

सम्यक्संबुद्धानामानन्द लोके सुदुर्लभः प्रादुर्भावः ; तद्यथोदुम्बरपुष्पाणां लोके प्रादुर्भावः सुदुर्लभो भवति, एवमेव तथागतानामर्थकामानां हितैषिणामनुकम्पकानां महाकरुणाप्रतिपन्नानां सुदुर्लभः प्रादुर्भावः॥

今译：“阿难啊，正等觉出世难得，犹如优昙花在这世上难得一

① 此处按原文，“知见”前还有 hetu（“原因”）一词，略去未译。“原因知见”或可理解为关于原因的知见。康译也未涉及此词。

② “那由多”（nayuta）是一个极大的数字，相当于千亿之类。

③ “自在”（īśvara 或 vaśitā）指自由自在，掌控一切，无所障碍。

现。阿难啊，热爱义理、寻求利益、大慈大悲的如来出世难得。

अपि तु खल्वार्यानन्द तथागतस्यैवैषो ऽनुभावो, यस्त्वं सर्वलोकाचार्याणाम् सत्त्वानां लोके प्रादुर्भावाय बोधिसत्त्वानां महासत्त्वानामर्थाय तथागतमेतमर्थं परिप्रष्टव्यं मन्यसे॥ तेन ह्यानन्द शृणु साधु च सुष्ठु च, मनसिकुरु, भाषिष्ये ऽहं ते॥ एवं भगवन्नित्यायुष्मानानन्दो भगवतः प्रत्यश्रौषीत्॥

今译："尊者阿难啊，这正是如来的威力，为了一切世界导师能出现在众生世界上，你觉得应该为众菩萨大士向如来询问此事。因此，阿难啊，请听！请你好好专心听，我为你解说。"尊者阿难回答世尊道："好吧，世尊！"

康译："阿難諦聽，今為汝說。"對曰："唯然，願樂欲聞。"

भगवांस्तस्यैतदवोचत् -- भूतपूर्वमानन्दातीते ऽध्वनीतो ऽसंख्येये कल्पेऽसंख्येयतरे विपुले ऽप्रमेये ऽचिन्त्ये, यदासीत्तेन कालेन तेन समयेन दीपंकरो नाम तथागतो ऽर्हन्सम्यक्संबुद्धो लोक उदपादि॥ दीपंकरस्यानन्द परेण परतरं प्रतापवान्नाम तथागतो ऽभूत्॥ तस्य परेण परतरं प्रभाकरो नाम तथागतो ऽभूत्॥ तस्य परेण परतरं चन्दनगन्धो नाम तथागतो ऽभूत्॥ तस्य परेण परतरं सुमेरुकल्पो नाम तथागतो ऽभूत्॥

今译：世尊对他说道："阿难啊，从前，离今世无数劫、比无数劫更久远的、不可思议的无数劫过去世，那时候，一位名为燃灯的如来、阿罗汉、正等觉出世。阿难啊，继燃灯佛之后，有另一位名为光热的如来，之后有另一位名为放光的如来，之后有另一位名为旃檀香的如来，之后有另一位名为如须弥的如来。

康译：佛告阿難："乃往過去久遠無量不可思議無央數劫，錠光如來①興出於世，教化度脫無量眾生，皆令得道，乃取滅度②。次有如

① "锭光如来"即"燃灯如来"（dīpaṅkara）。
② "乃取灭度"指燃灯如来在教化度脱无量众生之后，入涅槃。

來，名曰光遠，次名月光，次名栴檀香，次名善山王，次名須彌天冠，次名須彌等曜，

एवं चन्द्राननो नाम, विमलाननो नाम, अनुपलिप्तो नाम, विमलप्रभो नाम, नागाभिभूर्नाम, सूर्याननो नाम, गिरिराजघोषो नाम, सुमेरुकूटो नाम, सुवर्णप्रभासो नाम, ज्योतिष्प्रभो नाम, वैडूर्यनिर्भासो नाम, ब्रह्मघोषो नाम, चन्द्राभिभूर्नाम, सूर्यघोषो नाम, मुक्तकुसुमप्रतिमण्डितप्रभो नाम, श्रीकूतो नाम, सागरवरबुद्धि-विक्रीडिताभिज्ञो नाम, वरप्रभो नाम, महागन्धराजनिर्भासो नाम, व्यपगतखिल-मलप्रतिघो नाम, शूरकूटो नाम, रत्नजहो नाम,

今译：“就这样，依次还有名为月面，名为净面，名为无染，名为净光，名为蛇胜，名为日面，名为山王声，名为须弥顶，名为金光，名为星辰光，名为琉璃光，名为梵声，名为月胜，名为日音，名为解脱花庄严光，名为吉祥顶[①]，名为大海妙觉游戏神通，名为妙光，名为大香王光，名为离污垢障碍，名为勇士顶，名为舍宝，

康译：“次名月色，次名正念，次名離垢，次名無著，次名龍天，次名夜光，次名安明頂，次名不動地，次名琉璃妙華，次名琉璃金色，次名金藏，次名炎光，次名炎根，次名地種，次名月像，次名日音，次名解脫華，次名莊嚴光明，次名海覺神通，次名水光，次名大香，次名離塵垢，次名捨厭意，次名寶炎，次名妙頂，次名勇立，

महागुणधरबुद्धिप्राप्ताभिज्ञो नाम, चन्द्रसूर्यजिह्मीकरणो नाम, उत्तप्तवैडूर्य-निर्भासो नाम, चित्तधाराबुद्धिसंकुसुमिताभ्युद्गतो नाम पुष्पावतीवनराजसंकुसुमिता-भिज्ञो नाम, पुष्पाकरो नाम, उदकचन्द्रोपमो नाम, अविद्यान्धकारविध्वंसनकरो नाम, लोकेन्द्रो नाम, मुक्तच्छत्राप्रवाडसदृशो नाम, तिष्यो नाम, धर्ममतिविनन्दित-राजो नाम, सिंहसागरकूटविनन्दितराजो नाम, सागरमेरुचन्द्रो नाम, ब्रह्मस्वर-नादाभिनन्दिनो नाम, कुसुमसंभवो नाम,

① 此处“吉祥顶”的原词是 śrīkūto，据 V 本（指 Vaidya 编订本，下同）和 F 本应为 śrīkūṭo。

今译："名为持大功德觉神通，名为映蔽日月，名为炎琉璃光，名为心流觉花绽放，名为花丛林王绽放神通，名为花盛开，名为如水月，名为破除无知黑暗，名为世间主，名为珍珠珊瑚华盖①，名为帝沙，名为法意欢喜王，名为狮海顶欢喜王，名为海须弥月，名为梵音声欢喜，名为开花，

康译："次名功德持慧，次名蔽日月光，次名日月琉璃光，次名無上琉璃光，次名最上首，次名菩提華，

प्राप्तसेनो नाम, चन्द्रभानुर्नाम, मेरुकूटो नाम, चन्द्रप्रभो नाम, विमलनेत्रो नाम, गिरिराजघोषेश्वरो नाम, कुसुमप्रभो नाम, कुसुमवृष्ट्याभिप्रकीर्णो नाम, रत्नच्छत्रो नाम, पद्मवीथ्युपशोभितो नाम, तगरगन्धो नाम, रत्ननिर्भासो नाम, निर्मितो नाम, महाव्यूहो नाम, व्यपगतखिलदोषो नाम, ब्रह्मघोषो नाम, सप्तरत्नाभिवृष्टो नाम, महागुणधरो नाम, तमालपत्रचन्दनकर्दमो नाम, कुसुमाभिज्ञो नाम, अज्ञानविध्वंसनो नाम, केशरी नाम, मुक्तच्छत्रो नाम, सुवर्णगर्भो नाम,

今译："名为得军，名为月光明，名为须弥顶，名为月光，名为净眼，名为山王声自在，名为花光，名为散花雨②，名为宝华盖，名为莲花丛庄严③，名为多伽罗香，名为宝光，名为变化，名为大庄严，名为离憎恨，名为梵声，名为七宝雨，名为持大德，名为大多摩罗树叶旃檀泥，名为花神通，名为破除无知，名为狮子，名为珍珠华盖，名为金藏，

康译："次名月明，次名日光，次名華色王，次名水月光，次名除癡冥，

वैडूर्यगर्भो नाम, महाकेतुर्नाम, धर्मकेतुर्नाम, रत्नश्रीर्नाम, नरेन्द्रो नाम,

① 此处原文中的 muktacchatrā（"珍珠华盖"），F 本写为 muktacchatra。

② 此处原文中的 vṛṣṭyā（"雨"），V 本和 F 本写为 vṛṣṭya。

③ 此处原文中，据 F 本，还有 cadanagandho nāma（"名为旃檀香"），但这个如来名号已在前面出现。

लोकेन्द्रो नाम, कारुणिको नाम, लोकसुन्दरो नाम, ब्रह्मकेतुर्नाम, धर्ममतिर्नाम, सिंहो नाम, सिंहमतिर्नाम, सिंहमतेर् आनन्द परेण परतरं लोकेश्वरराजो नाम तथागतो ऽर्हन्सम्यक्संबुद्धो लोक उदपादि, विद्याचरणसंपन्नः, सुगतो, लोकविदनुत्तरः, पुरुषदम्यसारथिः, शास्ता देवानां च मनुष्याणां च,बुद्धो,भगवान्॥

今译："名为琉璃藏，名为大幢，名为法幢，名为宝吉祥，名为人主，名为世间主，名为慈悯，名为世间美，名为梵幢，名为法意，名为狮子，名为狮子意。阿难啊，继狮子意之后，有另一位名为世间自在王的如来、阿罗汉、正等觉出世，是明行足、善逝、世间解、无上士、调御丈夫、天人师、佛、世尊[①]。

康译："次名度蓋行，次名淨信，次名善宿，次名威神，次名法慧，次名鸞音，次名師子音，次名龍音，次名處世。如此諸佛皆悉已過[②]。爾時，次有佛名世自在王如來、應供、等正覺、明行足、善逝、世間解、無上士、調御丈夫、天人師、佛、世尊。

तस्य खलु पुनरानन्द लोकेश्वरराजस्य तथागतस्यार्हतः सम्यक्संबुद्धस्य प्रवचने धर्माकरो नाम भिक्षुरभूद् , अधिमात्रं स्मृतिमान् , गतिवान् , प्रज्ञावान् , अधिमात्रं वीर्यवान् , उदाराधिमुक्तिः॥

今译："在世间自在王如来、阿罗汉、正等觉说法时，有一位比丘名为法藏，记忆力强，行为端正，聪明睿智，勇猛精进，信仰虔诚。

康译："時有國王，聞佛說法，心懷悅豫，尋發無上正真道意[③]，

---

① 以上是佛的称号。"如来"（tathāgata）指如实而来，如实而去。"阿罗汉"（arhat，也译"应供"或"应"）指修行达到最高阶位而入涅槃者。"正等觉"（samyaksambuddha）指达到正确而完全的觉悟。"明行足"（vidyācaraṇasampanna）指知和行两者完善。"善逝"（sugata）指摆脱生死轮回，达到涅槃彼岸。"世间解"（lokavid）指通晓一切世事。"无上士"（anuttara）指至高者。"调御丈夫"（puruṣadamyasārathi，或译"调御师"）指调伏众生的导师。"天人师"（śāstā devānām ca manuṣyānām）指天神和凡人的导师。"佛"（buddha）指觉醒者或觉悟者。"世尊"（bhagavat，音译"薄伽梵"）指尊者。

② "皆悉已过"指都已逝去。

③ "无上正真道"（anuttarasamyaksambodhi）通常译为"无上正等菩提"或"无上正等觉"。这里是说法藏立即发起无上正等菩提心。

棄國捐王，行作沙門[1]，號曰法藏，高才勇哲，與世超異，

अथ खलु आनन्द स धर्माकरो भिक्षुरुत्थायासनाद् एकांसमुत्तरासङ्गं कृत्वा, दक्षिणं जानुमण्डलं पृथिव्यां प्रतिष्ठाप्य, येनासौ भगवान् लोकेश्वरराजस्तथागतस् तेनाञ्जलिं प्रणम्य, भगवन्तं नमस्कृत्य, तस्मिन्समये संमुखमाभिर्गाथाभिर-भ्यष्टावीत् --

今译：“那时，阿难啊，法藏比丘从座位起身，偏袒右肩，右膝着地，向世间自在王如来合掌行礼，向世尊行礼后，当面用这些偈颂赞美道：

康译：“詣世自在王如來所，稽首佛足，右遶三匝，長跪合掌，以頌讚曰：

अमितप्रभ, अनन्ततुल्यबुद्धे,
न च इह अन्यप्रभा विभाति काचित्।
सूर्यमणिसिरीण चन्द्र-आभा,
न तपि न भासिषु एभि सर्वलोके॥ (१)

今译：光芒无量，智慧无穷，无与伦比，
这里的其他任何光芒不再闪耀，
太阳和摩尼珠光辉，月亮的光芒，
在一切世界上不再发光和闪耀。（1）

康译：光顏巍巍，威神無極，
如是炎明，無與等者，
日月摩尼，珠光炎耀，
皆悉隱蔽，猶如聚墨。

① “沙门”（śramaṇa）泛指出家修行者，这里特指佛教比丘。

रूपमपि अनन्तु सत्त्वसारे,
तथ अपि बुद्धस्वरो अनन्तघोषः।
शीलमपि समाधिप्रज्ञवीर्यैः
सदृशु न ते ऽस्तिह लोकि कश्चिदन्यः॥ (२)

今译：在众生精英中，容貌绝妙，
同样，佛音也是无限声，
持戒、入定、智慧和精进，
在这世上也是无与伦比。（2）

康译：如來容顔，超世無倫，
正覺大音，響流十方，
戒聞精進，三昧智慧，
威德無侶，殊勝希有。

गभिरु विपुलु सूक्ष्म प्राप्तु धर्मो,
अचिन्ततु बुद्धवरो यथा समुद्रः।
तेनोन्नमना न चास्ति शास्तुः,
खिलदोषं जहिया अतार्षि पारम्॥ (३)

今译：正法深邃、广大又微妙，
佛陀不可思议如同大海，
因此，导师没有任何骄慢，
已经抛弃瞋怒，到达彼岸。（3）

康译：深諦善念①，諸佛法海，
窮深盡奧，究其崖底，
無明欲怒②，世尊永無，
人雄師子③，神德無量。

① “深谛善念”指善于深入思考。
② “无明欲怒”指无知、贪欲和瞋怒。
③ “师子”即狮子。

यथ बुद्धवरो अनन्ततेजा
　　प्रतपति सर्वदिशा नरेन्द्रराजा।
तथ अहु बुद्ध भवित्व धर्मस्वामी,
　　जरमरणान्प्रजां प्रमोचयेयम्॥ (४)

今译：优秀的佛陀威力无限，
王中王光辉遍照十方[①]，
我也将成为法王佛陀，
拯救众生，摆脱老死[②]。（4）

康译：功德廣大，智慧深妙，
光明威相，震動大千[③]，
願我作佛，齊聖法王，
過度生死，靡不解脫。

दानदमथशीलक्षान्तिवीर्य-
　　ध्यानसमाधि तथैव अग्रश्रेष्ठां।
एभि अहु व्रतां समाददामि,
　　बुद्ध भविष्यामि सर्वसत्त्वत्राता॥ (५)

今译：布施、调伏、持戒、安忍、
精进、静虑、入定和智慧，
依靠这些，我发至高誓愿：
我将成佛，救护一切众生。（5）

康译：布施調意，戒忍精進，
如是三昧，智慧為上，

① 此处原文中的 pratapati（“照耀”），F 本写为 pratapasi，可读为混合梵语不定过去时单数第三人称。

② 此处原文中的 jaramaraṇān（“老死”），F 本写为 jaramaraṇatu，可读为混合梵语中性单数从格。

③ “大千”指三千大千世界。

吾誓得佛，普行此願，
一切恐懼，為作大安①。

बुद्धशतसहस्त्रकोट्यनेका
यथरिव वालिक गङ्गया अनन्ता।
सर्व त अहु पूजयिष्य नाथान्
शिववरबोधिगवेषको अतुल्यां॥ (६)

今译：百千千万众多佛陀，
如同恒河沙数无限，
为求吉祥殊胜菩提②，
我敬拜所有的救主。（6）

康译：假令有佛，百千億萬，
無量大聖，數如恒沙③，
供養一切，斯等諸佛，
不如求道，堅正不却。

गङ्गरजसमान लोकधातूं
तत्र भूयोत्तरि ये अनन्त क्षेत्रा।
सर्वत प्रभ मुञ्चयिष्ये तत्रा
इति एतादृशि वीर्यमारभिष्ये॥ (७)

今译：众多世界如同恒河沙，
其中还有无穷的国土，
我将在各处释放光芒，
因为我有这样的威力。（7）

① 这里是说让一切众生摆脱恐惧，获得安乐。
② “菩提”（bodhi）的词义为“觉”、“觉悟”或“觉知”，也引申为“智慧”，即成就涅槃的智慧。
③ “恒沙”指恒河沙，比喻无量无数。

康译：譬如恒沙，諸佛世界，
复不可計，無數刹土[①]，
光明悉照，遍此諸國，
如是精進，威神難量。

क्षेत्र मम उदारु अग्रश्रेष्ठो,
वरमिह मण्ड पि संस्कृतेस्मिन्।
असदृश निर्वाणलोकधातुसौख्यं,
तच्च असत्त्वतया विशोधयिष्ये॥ (८)

今译：我的国土优美绝顶，
里面装饰有殊胜道场[②]，
涅槃世界[③]其乐无穷，
我用非有性[④]净化这里。（8）

康译：令我作佛，國土第一，
其眾奇妙，道場超絕，
國如泥洹[⑤]，而無等雙，
我當愍哀，度脫一切。

दशदिशत समागतानि सत्त्वा
तत्र गताः सुखमेधिष्यन्ति क्षिप्रम्।
बुद्ध मम प्रमाण अत्र साक्षी,
अवितथवीर्यबलं जनेमि च्छन्दं॥ (९)

今译：众生从十方来到这里，

① “刹土”（也译“国土”）的原词是 kṣetra，词义是土地。“刹”是 kṣetra 一词的音译。
② “道场”（maṇḍa 或 maṇḍala）指修行佛道的场所。
③ 此处原文是 nirvāṇalokadhātu（“涅槃世界”），F 本写为 nirvāṇadhātu（“涅槃界”）。
④ “非有性”（asattvatā）也就是“无众生性”或“无我性”。
⑤ “泥洹”是涅槃（nirvāṇa）的另一种音译。

很快就获得幸福快乐，
佛陀在这里是我的证人：
我有意愿和真实精进力。（9）

康译：十方來生，心悅清淨，
已到我國，快樂安隱，
幸佛信明，是我真證[①]，
發願於彼，力精所欲。

दशदिशे लोकविदू असङ्गज्ञानी
सद मम चित्तु प्रजानयन्तु ते पि।
अविचिगतु अहं सदा वसेयं,
प्रणिधिबलं न पुनर्निवर्तयिष्ये॥ (१०)

今译：十方世间解和无碍智[②]，
他们始终知道我的心，
即使永远住在阿鼻狱[③]，
我的愿力也不会退转。（10）

康译：十力[④]世尊，智慧無礙，
常令此尊，知我心行，
假令身止，諸苦毒中，
我行精進，忍終不悔。

अथ खलु आनन्द स धर्माकरो भिक्षुस्तं भगवन्तं लोकेश्वरराजं तथागतं संमुखमाभिर्गाथाभिर् अभिष्टुत्यैतदवोचत् -- अहमस्मि भगवन्ननुत्तरां सम्यक्संबोधिमभिसंबोधुकामः, पुनः पुनर् अनुत्तरायां सम्यक्संबोधौ चित्तमुत्पादयामि,

① 这里是说很幸运有明察一切的佛成为我的见证人。
② “无碍智”（asaṅgajñānin）也是佛的称号。
③ “阿鼻狱”（avici 或 avīci）是地狱名，也称“无间地狱”，意谓不间断地受苦。这是八大地狱之一，位于地狱最底层，是最苦的地狱。
④ 此处“力”字，据《中华大藏经》校勘记，《资》、《碛》、《南》、《径》、《清》作“方”。

परिणामयामि॥

今译："阿难啊，法藏比丘用这些偈颂当面赞美世尊世间自在王如来后，说道：'世尊啊，我渴望证得无上正等菩提。我的心一次又一次转向无上正等菩提。

康译：佛告阿難："法藏比丘說此頌已，而白佛言：'唯然，世尊，我發無上正覺之心。

तस्य मे भगवान्साधु तथा धर्मं देशयतु, यथाहं क्षिप्रमनुत्तरां सम्यक्संबोधिमभिसंबुधेयं ; असमसमस्तथागतो लोके भवेयं ; तांश्च मे भगवानाकारान्परिकीर्तयतु, यैरहं बुद्धक्षेत्रस्य गुणव्यूहसंपदं परिगृह्णीयाम्॥

今译："'请世尊为我说法，让我迅速证得无上正等菩提。但愿我成为世上无与伦比的如来。请世尊向我说明种种情况，我可以掌握佛土具备的所有功德庄严。'

康译："'願佛為我廣宣經法，我當修行，攝取佛國清淨莊嚴無量妙土，令我於世速成正覺，拔諸生死勤苦之本。'"

एवमुक्तश्चानन्द स भगवांल्लोकेश्वरराजस्तथागतस्तं भिक्षुमेतद् अवोचत् -- तेन हि त्वं भिक्षो स्वयमेव बुद्धक्षेत्रगुणालंकारव्यूहसंपदं परिगृह्णीषे॥ सो ऽवोचत् -- नाहं भगवन्नुत्सहे॥ अपि तु भगवानेव भाषत्वन्येषां तथागतानां बुद्धक्षेत्रगुणव्यूहालंकारसंपदं, यां श्रुत्वा वयं सर्वाकारां परिपूरयिष्याम इति॥

今译："闻听此言，阿难啊，世尊世间自在王如来对法藏比丘说道：'比丘啊，你可以自己掌握佛土具备的种种功德庄严。'他说道：'世尊啊，我不能。还是请世尊为我解说其他如来佛土具备的种种功德庄严吧！听取之后，我们将实现这一切。'

康译：佛語阿難："時世自在王佛告法藏比丘：'如所修行莊嚴佛土，汝自當知。'比丘白佛：'斯義弘深，非我境界。唯願世尊廣

為敷演諸佛如來淨土之行，我聞此已，當如說修行，成滿所願。’

अथानन्द स लोकेश्वरराजस्तथागतो ऽर्हन्सम्यक्संबुद्धस् तस्य भिक्षोराशयं ज्ञात्वा, परिपूर्णां वर्षकोटीम् एकाशीतिबुद्धकोटीनयुतशतसहस्राणां बुद्धक्षेत्रगुणालंकारव्यूहसंपदं साकारां सोद्देशां सनिर्देशां संप्रकाशितवान् ; अर्थकामो, हितैष्यू , अनुकम्पको, ऽनुकम्पाम् उपादाय, बुद्धनेत्र्यानुपच्छेदाय, सत्त्वेषु महाकरुणां संजनयित्वा॥ परिपूर्णांश्च द्वाचत्वारिंशत्कल्पांस्तस्य भगवत आयुष्प्रमाणमभूत्॥

今译："然后，阿难啊，世间自在王如来、阿罗汉、正等觉了解这位比丘的心愿。这位世尊如来热爱义理，寻求利益，满怀慈悲，对众生心生大慈悲，为了佛法[①]不断绝，宣示、讲解和说明八十一百千千万那由多佛的佛土具备的种种功德庄严，历时整整一千万年。这位世尊如来的寿命长达整整四十二劫。

康译："爾時，世自在王佛知其高明，志願深廣，即為法藏比丘而說經言：'譬如大海，一人斗量，經歷劫數，尚可窮底，得其妙寶。人有至心精進，求道不止，會當剋果[②]，何願不得？'於是，世自在王佛即為廣說二百一十億諸佛剎土，天人之善惡，國土之粗妙，應其心願，悉現與之。

अथ खल्वानन्द स धर्माकरो भिक्षुर्यास्तेषामेकाशीतिबुद्धकोटीनयुतशतसहस्राणां बुद्धक्षेत्रगुणालंकारव्यूहसंपदस्ताश्च सर्वा एकबुद्धक्षेत्रे परिगृह्य, भगवतो लोकेश्वरराजस्य तथागतस्य पादौ शिरसा वन्दित्वा, प्रदक्षिणीकृत्य, तस्य भगवतो ऽन्तिकात्प्राक्रामत्॥

今译："于是，阿难啊，法藏比丘在一个佛土掌握了所有八十一百千千万那由多佛的佛土具备的种种功德庄严。他向世尊世间自在王

① 此处"佛法"的原词是 buddhanetrī，与后面的 anupacchedāya（"不断绝"）相连，其中的 netryā，据 F 本应为 netrya。V 本此处写为 buddhakṣetra（"佛土"）。按这里的语境，V 本的读法也合适。

② "会当克果"指必定会获得成果。

如来俯首行触足礼，右绕三匝后，从世尊身边离去。

उत्तरि च पञ्चकल्पान्बुद्धक्षेत्रगुणालंकारव्यूहसंपदम् , उदारतरांश्च प्रणीततरांश्च, सर्वलोके दशसु दिक्षु अप्रचरितपूर्वां परिगृहीतवान् ; उदारं च प्रणिधानम् अकार्षीत् ॥

今译："此后五劫，他掌握了十方一切世界尚未实行的更美好、更美妙的佛土具备的功德庄严，发起弘大誓愿。

康译："時彼比丘聞佛所說嚴淨國土，皆悉覩見，超[①]發無上殊勝之願。其心寂靜，志無所著[②]，一切世間無能及者，具足五劫[③]，思惟攝取莊嚴佛國清淨之行。"

इति ह्यानन्द या तेन भगवता लोकेश्वरराजेन तथागतेन तेषामेकाशीतिबुद्धक्षेत्रकोटीनयुतशतसहस्राणां संपत्तिः कथिता, ततो ऽतिरेकान्युदारप्रणीताप्रमेयतरां बुद्धक्षेत्रसंपत्तिं परिगृह्य, येन स तथागतस् तेनोपसंक्रम्य, तस्य भगवतः पादौ शिरसा वन्दित्वैतद् अवोचत् -- परिगृहीता मे भगवन्बुद्धक्षेत्रगुणालंकारव्यूहसंपदिति ॥

今译："这样，阿难啊，他掌握了世尊世间自在王如来讲述的八十一百千千万那由多佛土的成就，进而又掌握了更加无比优美和微妙的[④]佛土成就。于是，他走近这位如来，向这位世尊俯首行触足礼，说道：'世尊啊，我已经掌握佛土具备的种种功德庄严。'

康译：阿難白佛："彼佛國土壽量幾何？"佛言："其佛壽命四十二劫。時法藏比丘攝取二百一十億諸佛妙土清淨之行。如是修已，詣彼佛所，稽首禮足，遶佛三匝，合掌而住，白言：'世尊，我已攝

① 此处"超"字，据《中华大藏经》校勘记，《资》、《碛》、《南》、《径》、《清》作"起"。
② "志无所著"指心中没有其他任何贪著。
③ "具足五劫"指用了整整五劫的时间。
④ 此处原文中 atirekānyudāra（"更加广大"），据 F 本应为 atirekātyudāra。

取莊嚴佛土清淨之行。’

एवमुक्ते, आनन्द, स लोकेश्वरराजस् तथागतस्तं भिक्षुमेतदवोचत् -- तेन हि भिक्षो भाषस्व॥ अनुमोदते तथागतः॥ अयं कालो भिक्षो, प्रमोदय पर्षदं, हर्षं जनय, सिंहनादं नद, यं श्रुत्वा बोधिसत्त्वा महासत्त्वा एतर्ह्यनागते चाध्वन्ये-वंरूपाणि बुद्धक्षेत्रसंपत्तिप्रणिधानानि परिगृहीष्यन्ति॥

今译："闻听此言，阿难啊，世间自在王对这位比丘说道：'那么，比丘啊，请说吧！如来赞许①。就在这时，比丘啊，让会众高兴，心生喜悦，请发出狮子吼吧！众菩萨大士闻听后，在现在世和未来世，都会掌握这样的成就佛土的种种誓愿。'

康译："佛告比丘：'汝今可說，宜知是時，發起悅可②一切大眾。菩薩聞已，修行此法，緣致滿足無量大願。'

अथानन्द स धर्माकरो भिक्षुस्तस्यां वेलायां तं भगवन्तमेतदवोचत् -- तेन हि शृणोतु मे भगवान् , ये मम प्रणिधानविशेषाः, यथा मे ऽनुत्तरां सम्यक्संबोधिम-भिसंबुद्धस्ये अचिन्त्यगुणालंकारव्यूहसमन्वागतं तद्बुद्धक्षेत्रं भविष्यति --

今译："于是，阿难啊，法藏比丘就在这时对世尊说道：'那么，世尊请听我的殊胜誓愿：我证得③无上正等菩提后，我的佛土将具备种种不可思议的功德庄严：

康译："比丘白佛：'唯垂聽察，如我所願，當具說之：

१॥ सचेन्मे भगवंस्तस्मिन्बुद्धक्षेत्रे निरयो वा, तिर्यग्योनिर्वा, प्रेतविषयो वासुरो वा कायो भवेत् , मा तावदहमनुत्तरां सम्यक्संबोधिमभिसंबुध्येयम्॥

---

① "如来赞许"意谓如来赞许或赞同你说。"赞许"的原词是 anumodate，词义为随同欢喜（"随喜"）和赞许。"如来"是世尊自称。

② "悦可"一词有赞同的意思，但在此处与"一切大众"连用，指让一切大众欢喜高兴。

③ 此处"证得"的原词是 abhisaṃbuddhasye，据 V 本和 F 本应为 abhisaṃbuddhasya。

今译：一、世尊啊，如果在我的佛土中，有地狱、畜生、饿鬼或阿修罗，那么，我就没有证得无上正等菩提！

康译：設我得佛，國有地獄、餓鬼、畜生者，不取正覺。

२॥ सचेन्मे भगवंस्तत्र बुद्धक्षेत्रे ये सत्त्वाः प्रत्याजाता भवेयुस् , ते पुनस्ततश्च्युत्वा, निरयं वा, तिर्यग्योनिं वा, प्रेतविषयं वासुरं वा कायं प्रपतेयुर् , मा तावदहमनुत्तरां सम्यक्संबोधिमभिसंबुध्येयम्॥

今译：二、世尊啊，如果在我的佛土中，众生出生后，再次死去，或进入地狱，或成为畜生、饿鬼或阿修罗，那么，我就没有证得无上正等菩提！

康译：設我得佛，國中人天[①]壽終之後，復更三惡道者，不取正覺。

३॥ सचेन्मे भगवंस्तत्र बुद्धक्षेत्रे ये सत्त्वाः प्रत्याजातास् , ते च सर्वे नैकवर्णाः स्युर्, यदिदं -- सुवर्णवर्णाः, मा तावदहमनुत्तरां सम्यक्संबोधिम् अभिसम्बुध्येयम्॥

今译：三、世尊啊，如果在我的佛土中，众生出生后，他们不是全都同一色，即金色，那么，我就没有证得无上正等菩提！

康译：設我得佛，國中人天不悉真金色者，不取正覺。

४॥ सचेन्मे भगवंस्तस्मिन्बुद्धक्षेत्रे देवानां च मनुष्यानां च नानात्वं प्रज्ञयेतान्यत्र नामसंकेतसंवृतिव्यवहारमात्रा देवा मनुष्या इति संख्यागणनातो, मा तावदहमनुत्तरां सम्यक्संबोधिमभिसंबुध्येयम्॥

今译：四、世尊啊，如果在我的佛土中，能感知神和人的不同，除非只是按照习惯用语说起神和人，那么，我就没有证得无上正等菩

① “人天”指人和天神。

提！

康译：設我得佛，國中人天形色不同，有好醜者，不取正覺。

設我得佛，國中人天不悉識宿命，下至知百千億那由他諸劫事者，不取正覺。[①]

設我得佛，國中人天不得天眼，下至見百千億那由他諸佛國者，不取正覺。[②]

設我得佛，國中人天不得天耳，下至聞百千億那由他諸佛所說，不悉受持者，不取正覺。[③]

設我得佛，國中人天不得見他心智，下至知百千億那由他諸佛國中眾生心念者，不取正覺。[④]

५॥ सचेन्मे भगवंस्तस्मिन्बुद्धक्षेत्रे ये सत्त्वाः प्रत्याजातास्ते चेत्सर्वे न र्द्धिव-शितापरमपारमिताप्राप्ता भवेयुर् , अन्तश एकचित्तक्षणलवेन बुद्धक्षेत्रकोटीनियुत-शतसहस्रातिक्रमणतयापि, मा तावदहमनुत्तरां सम्यक्संबोधिमभिसंबुध्येयम्॥

今译：五、世尊啊，如果在我的佛土中，众生出生后，全都不能彻底通晓神通[⑤]自在，乃至一念刹那瞬间越过百千千万那由多佛土，那么，我就没有证得无上正等菩提！

康译：設我得佛，國中人天不得神足[⑥]，於一念頃下至不能超過百千億那由他諸佛國者，不取正覺。

設我得佛，國中人天若起想念貪計身者，不取正覺。[⑦]

設我得佛，國中人天不住定聚，必至滅度者，不取正覺。[⑧]

---

① 这个誓愿相当于原文中第六个誓愿。

② 这个誓愿相当于原文中第七个誓愿。

③ 这个誓愿相当于原文中第八个誓愿。

④ 这个誓愿相当于原文中第九个誓愿。

⑤ 此处“神通”的原词是 rddhi，应为 ṛddhi。若与前面的 na 连写，则为 narddhi。

⑥ “神足”（ṛddhipāda）通常指四神足，即通过欲求、心念、精进和观想引发的入定获得神通力。在佛经中，此词常与“神通”（ṛddhi、abhijñā 和 prātihārya）一词通用。

⑦ 这个誓愿相当于原文中第十个誓愿。

⑧ 这个誓愿相当于原文中第十一个誓愿。

設我得佛，光明有能限量，下至不照百千億那由他諸佛國者，不取正覺。[①]

設我得佛，壽命有能限量，下至百千億那由他劫者，不取正覺。[②]

६॥ सचेन्मे भगवंस्तस्मिन्बुद्धक्षेत्रे ये सत्त्वाः प्रत्याजाता भवेयुस्, ते चेत्सर्वे न जातिस्मराः स्युर्, अन्तशः कल्पकोटीनियुतशतसहस्रानुस्मरणतयापि, मा तावदहम् अनुत्तरां सम्यक्संबोधिमभिसंबुध्येयम्॥

今译：六、世尊啊，如果在我的佛土中，众生出生后，全都没有宿命通，乃至能回忆百千千万那由多劫，那么，我就没有证得无上正等菩提！

७॥ सचेन्मे भगवंस्तस्मिन्बुद्धक्षेत्रे ये सत्त्वाः प्रत्याजायेरंस्, ते सर्वे न दिव्यस्य चक्षुषो लाभिनो भवेयुर्, अन्तशो लोकधातुकोटीनयुतशतसहस्रादर्शनतयापि, मा तावदहमनुत्तरां सम्यक्संबोधिमभिसंबुध्येयम्॥

今译：七、世尊啊，如果在我的佛土中，众生出生后，全都没有获得天眼通，乃至能目睹百千千万那由多世界，那么，我就没有证得无上正等菩提！

८॥ सचेन्मे भगवंस्तस्मिन्बुद्धक्षेत्रे ये सत्त्वाः प्रत्याजायेरंस्, ते सर्वे न दिव्यस्य श्रोत्रस्य लाभिनो भवेयुर्, अन्तशो बुद्धक्षेत्रकोटीनयुतशतसहस्रादपि युगपत् सद्धर्मश्रवणतया, मा तावदहमनुत्तरां सम्यक्संबोधिमभिसंबुध्येयम्॥

今译：八、世尊啊，如果在我的佛土中，众生出生后，全都没有获得天耳通，乃至能同时闻听百千千万那由多佛土宣说的正法，那么，我就没有证得无上正等菩提！

---

① 这个誓愿相当于原文中第十三个誓愿。
② 这个誓愿相当于原文中第十五个誓愿。

९॥ सचेन्मे भगवंस्तस्मिन्बुद्धक्षेत्रे ये सत्त्वाः प्रत्याजायेरंस् , ते सर्वे न परचित्तज्ञानकोविदा भवेयुर् , अन्तशो बुद्धक्षेत्रकोटीनयुतशतसहस्रपर्यापन्नानां सत्त्वानां चित्तचरित्रपरिज्ञानतया, मा तावदहमनुत्तरां सम्यक्संबोधिमभिसं-बुध्येयम्॥

今译：九、世尊啊，如果在我的佛土中，众生出生后，全都没有通晓他心通，乃至能了解出生在百千千万那由多佛土的众生的心思，那么，我就没有证得无上正等菩提！

१०॥ सचेन्मे भगवंस्तस्मिन्बुद्धक्षेत्रे ये सत्त्वाः प्रत्याजायेरंस् , तेषां काचि-त्परिग्रहसंज्ञोत्पद्येतान्तशः स्वशरीरे ऽपि, मा तावदहमनुत्तरां सम्यक्संबोधिम् अभिसंबुध्येयम्॥

今译：十、世尊啊，如果在我的佛土中，众生出生后，他们有任何执著的想法，乃至执著自己的身体，那么，我就没有证得无上正等菩提！

११॥ सचेन्मे भगवंस्तस्मिन्बुद्धक्षेत्रे ये सत्त्वाः प्रत्याजायेरंस् , ते सर्वे न नियताः स्युर् , यदिदं -- सम्यक्त्वे यावन्महापरिनिर्वाणाद् , मा तावदनुत्तरां सम्यक्संबोधिमभिसंबुध्येयम्॥

今译：十一、世尊啊，如果在我的佛土中，众生出生后，全都不住于正定[①]，乃至达到大般涅槃[②]，那么，我就没有证得无上正等菩提！

१२॥ सचेन्मे भगवंस्तस्मिन्बुद्धक्षेत्रे ऽनुत्तरां सम्यक्संबोधिमभिसंबुद्धस्य, कश्चिदेव सत्त्वः श्रावकानां गणानामधिगच्छेद् , अन्तशस्त्रिसाहस्रमहासाहस्रपर्या-

① “正定”（niyata）全称“正定聚”或“正性定聚”（samyaktvaniyatarāśi），指众生中必定获得证悟的一类。另有两类称为“邪定聚”和“不定聚”。“邪定聚”（mithyātvaniyatarāśi）指注定要堕入地狱的一类。“不定聚”（aniyatarāśi）指处在正定聚和邪定聚之间，要依据情况而定。

② “大般涅槃”（mahāparinirvāṇa）指完全彻底的解脱。

पन्ना अपि सर्वसत्त्वाः प्रत्येकबुद्धभूताः कल्पकोटीनियुतशतसहस्रमपि गणयन्तो, मा तावदहमनुत्तरां सम्यक्संबोधिमभिसंबुध्येयम्॥

今译：十二、世尊啊，如果在我的佛土中，若有任何众生能计算我证得无上正等菩提后的声闻数量，乃至三千大千世界中所有成为辟支佛的众生，用百千千万那由多劫，而能计算出，那么，我就没有证得无上正等菩提！

康译：設我得佛，國中聲聞有能限量，乃至三千大千世界眾生緣覺，於百千劫悉共計挍[①]，知其數者，不取正覺。

१३॥ सचेन्मे भगवन्ननुत्तरां सम्यक्संबोधिमभिसंबुद्धस्य, तस्मिन्बुद्धक्षेत्रे प्रामाणिकी मे प्रभा भवेद् , अन्तशो बुद्धक्षेत्रकोटीनयुतशतसहस्रप्रमाणेनापि, मा तावदहमनुत्तरां सम्यक्संबोधिमभिसंबुध्येयम्॥

今译：十三、世尊啊，如果我证得无上正等菩提后，我的光芒只限于这个佛土，乃至只限于百千千万那由多佛土，那么，我就没有证得无上正等菩提！

१४॥ सचेन्मे भगवंस्तस्मिन्बुद्धक्षेत्रे ऽनुत्तरां सम्यक्सम्बोधिमभिसंबुद्धस्य बोधिप्राप्तस्य, सत्त्वानां प्रमाणीकृत्यमायुष्प्रमानं भवेद् , अन्यत्र प्रणिधानवशेन, मा तावदहमनुत्तरां सम्यक्संबोधिम् अभिसंबुध्येयम्॥

今译：十四、世尊啊，如果在我的佛土中，我证得无上正等菩提后，众生的寿命有限，除了怀有誓愿者[②]，那么，我就没有证得无上正等菩提！

康译：設我得佛，國中人天壽命無能限量，除其本願，脩短自在[③]。

---

① “计挍”即计算。

② “怀有誓愿者”指发愿救度众生的菩萨。可参阅下面第二十一愿。他们自愿放弃享有无限寿命，而进入生死轮回，实施菩萨行，引导一切众生达到涅槃。

③ “修短自在”指寿命长短依随自己的心愿。

若不爾者，不取正覺。

१५॥ सचेन्मे भगवन्बोधिप्राप्तस्यायुष्प्रमाणं पर्यन्तीकृत्यं भवेद्, अन्तशः कल्पकोटीनयुतशतसहस्रगणनयापि, मा तावदहमनुत्तरां सम्यक्संबोधिमभिसंबुध्येयम्॥

今译：十五、世尊啊，如果我证得无上正等菩提后，我的寿命有限[①]，乃至只限于百千千万那由多劫，那么，我就没有证得无上正等菩提！

१६॥ सचेन्मे भगवन्बोधिप्राप्तस्य तस्मिन्बुद्धक्षेत्रे सत्त्वानामकुशलस्य नामधेयमपि भवेन्, मा तावदहमनुत्तरां सम्यक्संबोधिमभिसंबुध्येयम्॥

今译：十六、世尊啊，如果我证得菩提后，在这个佛土中，众生有被称为不善者，那么，我就没有证得无上正等菩提！

康译：設我得佛，國中人天乃至聞有不善名者，不取正覺。

१७॥ सचेन्मे भगवन्बोधिप्राप्तस्य, नाप्रमेयेषु बुद्धक्षेत्रेष्वप्रमेयासंख्येया बुद्धा भगवतो नामधेयं परिकीर्तयेयुर्, न वर्णं भाषेरन्, न प्रशंसाम् अभ्युदीरयेयुर्, न समुदीरयेयुर्, मा तावदहमनुत्तरां सम्यक्संबोधिमभिसंबुध्येयम्॥

今译：十七、世尊啊，如果我证得菩提后，无量佛土中的无量无数佛世尊不称扬我的名号，不赞美，不称颂，不宣说，不共同宣说，那么，我就没有证得无上正等菩提！

康译：設我得佛，十方世界無量諸佛，不悉諮嗟稱我名者，不取正覺。

設我得佛，十方眾生至心信樂，欲生我國，乃至十念，若不生者，不取正覺。唯除五逆、誹謗正法。[②]

---

① 此处“有限”的原词是 paryantīkṛtyam，V 本和 F 本写为 paryantikṛtam。

② 这个誓愿相当于原文中第十九个誓愿。

१८॥ सचेन्मे भगवन्बोधिप्राप्तस्य, ये सत्त्वा अन्येषु लोकधातुष्वनुत्तरायाः सम्यक्संबोधेश्चित्तमुत्पाद्य, मम नामधेयं श्रुत्वा, प्रसन्नचित्ता मामनुस्मरेयुस् , तेषां चेदहं मरणकालसमये प्रत्युपस्थिते भिक्षुसंघपरिवृतः पुरस्कृतो न पुरतस्तिष्ठेयम् , यदिदं -- चित्ताविक्षेपतायै, मा तावदहमनुत्तरां सम्यक्संबोधिम् अभिसंबुध्येयम्॥

今译：十八、世尊啊，如果我证得菩提后，其他世界的众生发起无上正等菩提[①]心后，闻听我的名号，内心愉悦，忆念我，而如果在他们临终时，我不由众比丘围绕恭敬，出现在他们面前，即让他们心不散乱，那么，我就没有证得无上正等菩提！

康译：設我得佛，十方眾生發菩提心，修諸功德，至心發願，欲生我國，臨壽終時，假令不與大眾圍遶，現其人前者，不取正覺。

१९॥ सचेन्मे भगवन्बोधिप्राप्तस्याप्रमेयासंख्येयेषु बुद्धक्षेत्रेषु ये सत्त्वाः मम नामधेयं श्रुत्वा, तत्र बुद्धक्षेत्रे चित्तं प्रेषयेयुर्, उपपत्तये कुशलमूलानि च परिणामयेयुस् , ते च तत्र बुद्धक्षेत्रे नोपपद्येरन्, अन्तशो दशभिश्चित्तोत्पादपरिवर्तैः, स्थापयित्वानन्तर्यकारिणः सद्धर्मप्रतिक्षेपावरणावृतांश्च सत्त्वान् , मा तावदहमनुत्तरां सम्यक्संबोधिमभिसंबुध्येयम्॥

今译：十九、世尊啊，如果我证得菩提后，无量无数佛土的众生闻听我的名号，一心向往这里的佛土，积累善根用于求得往生，乃至十次发起心愿，而不出生在这里的佛土，除了那些犯有五无间罪[②]、毁谤和阻碍正法者，那么，我就没有证得无上正等菩提！

康译：設我得佛，十方眾生聞我名號，係念我國，殖諸德本，至心迴向[③]，欲生我國，不果遂者，不取正覺。

---

① 此处“无上正等菩提”的原文是 anuttarāyāḥ samyaksaṃbodheḥ，V 本和 F 本写为 anuttarāyāṃ samyaksaṃbodhau。

② “五无间罪”（anantarya）也称为“五逆罪”，即杀父、杀母、杀阿罗汉、伤害佛和破坏僧团团结。

③ “回向”的原词是 pariṇāma，词义为变化或转变。一般指将自己积累的功德施与他人。这里是指将自己积累的功德用于追求无上正等菩提，往生极乐世界。

२०॥ सचेन्मे भगवन्बोधिप्राप्तस्य, तत्र बुद्धक्षेत्रे बोधिसत्त्वाः प्रत्याजायेरन्, ते सर्वे न द्वात्रिंशता महापुरुषलक्षणैः समन्वागता भवेयुर्, मा तावदहमनुत्तरां सम्यक्संबोधिमभिसंबुध्येयम्॥

今译：二十、世尊啊，如果我证得菩提后，众菩萨出生在这里的佛土[①]，而全都不具有三十二大人相[②]，那么，我就没有证得无上正等菩提！

康译：設我得佛，國中人天不悉成滿三十二大人相者，不取正覺。

२१॥ सचेन्मे भगवन्बोधिप्राप्तस्य, तत्र बुद्धक्षेत्रे ये सत्त्वाः प्रत्याजाता भवेयुस्, ते सर्वे नैकजातिबद्धाः स्युरनुत्तरायां सम्यक्संबोधौ, स्थापयित्वा प्रणिधानविशेषांस् तेषामेव बोधिसत्त्वानां महासत्त्वानां, महासंनाहसंनद्धानां, सर्वलोकार्थसंनद्धानां, सर्वलोकार्थाभियुक्तानां, सर्वलोकपरिनिर्वापिताभियुक्तानां, सर्वलोकधातुषु बोधिसत्त्वचर्यां चरितुकामानां, सर्वबुद्धान्सत्कर्तुकामानां, गङ्गानदीवालुकसमान्सत्त्वान् अनुत्तरायां सम्यक्संबोधौ प्रतिष्ठापकानां, भूयश्चोत्तरिचर्याभिमुखानां समन्तभद्रचर्यानियतानां, मा तावदहमनुत्तरां सम्यक्संबोधिमभिसंबुध्येयम्॥

今译：二十一、世尊啊，如果我证得菩提后，众生出生在这里的佛土，全都不成为证得无上正等菩提的一生补处[③]，除了那些发起殊胜誓愿的菩萨大士，他们身披大铠甲[④]，为一切众生的利益而披甲，为一切众生的利益而尽力，尽力让一切众生达到涅槃，乐意在一切世界实施菩萨行，乐意供奉一切佛，让恒河沙数的众生安住无上正等菩提，进而他们趋向至上行，遵循普贤行[⑤]，那么，我就没有证得无上正等菩提！

康译：設我得佛，他方佛土諸菩薩眾來生我國，究竟必至一生補

---

① 此处原文中，在 buddhakṣetre（“佛土”）和 bodhisattvāḥ（“菩萨”）两词之间，V 本和 F 本增添一个 ye，补足原文。

② “三十二大人相”（mahāpuruṣalakṣaṇa）指佛和转轮王的三十二种殊胜形相。

③ “一生补处”（ekajātibaddha，或译“一生所系”）指过完这一生后，下一生成佛。

④ “披大铠甲”（mahāsannāhasannaddha）在这里比喻怀有宏大的誓愿。

⑤ 这里是说有些菩萨暂不成佛，自愿继续在轮回中实施菩萨行，旨在救度一切众生。

處，除其本願自在所化，為眾生故，被弘誓鎧，積累德本，度脫一切，遊諸佛國，修菩薩行，供養十方諸佛如來，開化恒沙無量眾生，使立無上正真之道，超出常倫諸地之行[①]，現前[②]修習普賢之德。若不爾者，不取正覺。

२२॥ सचेन्मे भगवन्बोधिप्राप्तस्य, तद्बुद्धक्षेत्रे ये बोधिसत्त्वाः प्रत्याजाता भवेयुस् , ते सर्व एकपुरोभक्तेनान्यानि बुद्धक्षेत्राणि गत्वा, बहूनि बुद्धशतानि, बहूनि बुद्धसहस्राणि, बहूनि बुद्धशतसहस्राणि, बह्वीर् बुद्धकोटीर् , यावद्बहूनि बुद्धकोटीनियुतशतसहस्राणि, नोपतिष्ठेरन् सर्वसुखोपधानैर् , यदिदं -- बुद्धानुभावेन, मा तावदहमनुत्तरां सम्यक्संबोधिमभिसंबुध्येयम्॥

今译：二十二、世尊啊，如果我证得菩提后，众菩萨出生在这个佛土，而全都不能在一顿早餐时间中，前往其他佛土，用一切舒适的用具即依靠佛陀的威力，供奉数百佛、数千佛、数十万佛、数千万佛，乃至百千千万那由多佛，那么，我就没有证得无上正等菩提！

康译：設我得佛，國中菩薩承佛神力，供養諸佛，一食之頃不能遍至無量無數億那由他諸佛國者，不取正覺。

२३॥ सचेन्मे भगवन्बोधिप्राप्तस्य, तत्र बुद्धक्षेत्रे ये बोधिसत्त्वा यथारूपैराकारैराकांक्षेयुः कुशलमूलान्य् अवलोपितुं , यदिदं -- सुवर्णेन वा, रजतेन वा, मणिमुक्तावैडूर्यशङ्खशिलाप्रवाडस्फटिकमुसालगल्वालोहितमुक्ताश्मगर्भादिभिर्वान्यतमान्यतमैः सर्वरत्नैर् वा, सर्वपुष्पगन्धमाल्यविलेपनचूर्णचीवरच्छत्रध्वजपताकाप्रदीपैर्वा, सर्वनृत्यगीतवाद्यैर्वा, तेषां चेत्तथारूपा आकाराः सहचित्तोत्पादान्न प्रादुर्भवेयुर् , मा तावदहमनुत्तरां सम्यक्संबोधिमभिसंबुध्येयम्॥

今译：二十三、世尊啊，如果我证得菩提后，在这里的佛土，众

① “诸地”指十地，即菩萨修行的十个阶位。这句是说超出通常的诸地之行。
② “现前”指当前或目前。这里可理解为就在当前。

菩萨希望伴随这些形相增长[1]善根，即金、银、摩尼珠、珍珠、琉璃、贝壳、玉石、珊瑚、水晶、玛瑙、赤珠、翡翠等，或者其他一切宝石，一切花、香料、花环、油膏、香粉、衣服、伞盖、旗帜、幢幡和灯等，一切舞蹈、歌曲和乐器等，而不能心中一想就如愿出现，那么，我就没有证得无上正等菩提！

康译：設我得佛，國中菩薩在諸佛前，現其德本[2]，諸所求欲供養之具若不如意，不取正覺。

२४॥ सचेन्मे भगवन्बोधिप्राप्तस्य, तत्र बुद्धक्षेत्रे ये सत्त्वाः प्रत्याजाता भवेयुस्, ते सर्वे न सर्वज्ञतासहगतां धर्मां कथांकथयेयुर्, मा तावदहमनुत्तरां सम्यक्सं-बोधिमभिसंबुध्येयम्॥

今译：二十四、世尊啊，如果我证得菩提后，众生出生在这里的佛土，而全都不能谈论具有一切智的法，那么，我就没有证得无上正等菩提！

康译：設我得佛，國中菩薩不能演說一切智者，不取正覺。

२५॥ सचेन्मे भगवन्बोधिप्राप्तस्य, तत्र बुद्धक्षेत्रे बोधिसत्त्वानामेवं चित्तमुत्पाद्येत, यन्विहैव वयं लोकधातौ स्थित्वाप्रमेयासंख्येयेषु बुद्धक्षेत्रेषु बुद्धान्भगवतः सत्कुर्यामो गुरुकुर्यामो मानयेमः पूजयेमः, यदिदं -- चीवरपिण्ड-पातशयनासनग्लानप्रत्ययभैषज्यपरिष्कारैः पुष्पधूपगन्धमाल्यविलेपनचूर्णचीवर-च्छत्रध्वजपताकाभिर्नानाविधनृत्तगीतवादितरत्नवर्षैरिति, तेषां चेत्ते बुद्धा भगवन्तः सहचित्तोत्पादान् तन्न प्रतिगृह्णीयुर्, यदिदम् -- अनुकम्पामुपादाय, मा तावद-हमनुत्तरां सम्यक्संबोधिमभिसंबुध्येयम्॥

今译：二十五、世尊啊，如果我证得菩提后，在这里的佛土，众菩萨产生这样的心愿：我们住在这个世界，应该用衣服、饮食、床座、

① 此处“增长”的原词是 avalopitum，据 V 本和 F 本应为 avaropayitum（“增长”或“种植”）。

② “现其德本”指展现善根。

治病药物和用具，鲜花、香料、花环、油膏、香粉、衣服、伞盖、旗帜和幢幡，各种舞蹈、歌曲、乐器和宝石雨，供奉、敬重、尊敬和崇拜无量无数佛土中的佛陀，而那些佛世尊不心怀怜悯，接受这些心中一想就出现的礼物，那么，我就没有证得无上正等菩提！

२६॥ सचेन्मे भगवन्बोधिप्राप्तस्य, तद्बुद्धक्षेत्रे ये बोधिसत्त्वाः प्रत्याजाता भवेयुस्, ते सर्वे न नारायणवज्रसंहननात्मभावस्थामप्रतिलब्धा भवेयुर्, मा तावद-हमनुत्तरां सम्यक्संबोधिमभिसंबुध्येयम्॥

今译：二十六、世尊啊，如果我证得菩提后，众菩萨出生在这个佛土，而全都不获得坚如那罗延①的金刚身体和威力，那么，我就没有证得无上正等菩提！

康译：設我得佛，國中菩薩不得金剛那羅延身者，不取正覺。

२७॥ सचेन्मे भगवन्बोधिप्राप्तस्य, तत्र बुद्धक्षेत्रे कश्चित्सत्त्वो ऽलंकारस्य वर्णपर्यन्तमनुगृह्णीयाद्, अन्तशो न दिव्येनापि चक्षुषैवंवर्णमेवंविभूतिरिति बुद्ध-क्षेत्रमिति नानावर्णतां संजानीयान्, मा तावदहम् अनुत्तरां सम्यक्संबोधिमभि-संबुध्येयम्॥

今译：二十七、世尊啊，如果我证得菩提后，在这里的佛土，有任何众生能掌握庄严美色的限度，乃至能用天眼②识别各种美色，说清这个佛土有这样多的美色，这样多的庄严，那么，我就没有证得无上正等菩提！

康译：設我得佛，國中人天，一切萬物，嚴淨光麗，形色殊特，窮微極妙，無能稱量，其諸眾生，乃至逮得天眼，有能明了辨其名數者，不取正覺。

---

① “那罗延”（nārāyaṇa）是婆罗门教中的大神，也称“毗湿奴”（viṣṇu）。

② 此处原文中有一个否定词 na，F 本也是如此。而 V 本没有这个否定词。依据康译“乃至逮得天眼，有能明了辨其名数者”，此处应该没有这个否定词。

२८॥ सचेन्मे भगवन्बोधिप्राप्तस्य, तत्र बुद्धक्षेत्रे यः सर्वपरीत्तकुशलमूलो बोधिसत्त्वः स षोडशयोजनशतोच्छ्रितमुदारवर्णबोधिवृक्षं न संजानीयान् , मा तावदहमनुत्तरां सम्यक्संबोधिमभिसंबुध्येयम्॥

今译：二十八、世尊啊，如果我证得菩提后，在这里的佛土，有菩萨即使只具有少量善根，而不能感知高一千六百由旬、色彩绚丽的菩提树，那么，我就没有证得无上正等菩提！

康译：設我得佛，國中菩薩，乃至少功德者，不能知見其道場樹無量光色、高四百萬里者，不取正覺。

२९॥ सचेन्मे भगवन्बोधिप्राप्तस्य, तत्र बुद्धक्षेत्रे कस्यचित्सत्त्वस्योद्देशो वा स्वाध्यायो वा कर्तव्यः स्यान् , न ते सर्वे प्रतिसंवित्प्राप्ता भवेयुर् , मा तावदहम् अनुत्तरां सम्यक्संबोधिमभिसंबुध्येयम्॥

今译：二十九、世尊啊，如果我证得菩提后，在这里的佛土，任何众生都会宣说和诵习，而他们全都没有获得无碍慧，那么，我就没有证得无上正等菩提！

康译：設我得佛，國中菩薩若受讀經法，諷誦持說，而不得辯才智慧者，不取正覺。

設我得佛，國中菩薩智慧辯才若可限量者，不取正覺。

३०॥ सचेन्मे भगवन्बोधिप्राप्तस्य, नैवंप्रभास्वरं तद्बुद्धक्षेत्रं भवेद्, यत्र समन्तादप्रमेयासंख्येयाचिन्त्यातुल्यापरिमाणानि बुद्धक्षेत्राणि संदृश्येरन् , तद्यथापि नाम सुपरिमृष्ट आदर्शमण्डले मुखमण्डलं, मा तावदहमनुत्तरां सम्यक्संबोधिम् अभिसंबुध्येयम्॥

今译：三十、世尊啊，如果我证得菩提后，这个佛土没有这样的光辉，能照见周边无量无数、不可思议、无比、无限的所有佛土，犹如明净圆镜照见圆脸，那么，我就没有证得无上正等菩提！

康译：設我得佛，國土清淨，皆悉照見十方一切無量、無數、不可思議諸佛世界，猶如明鏡覩其面像。若不爾者，不取正覺。

३१॥ सचेन्मे भगवन्बोधिप्राप्तस्य, तत्र बुद्धक्षेत्रे धरणितलमुपादाय, यावदन्तरीक्षाद् , देवमनुष्यविषयातिक्रान्तस्याभिजातस्य धूपस्य तथागतस्य बोधिसत्त्वस्य पूजा प्रत्यहं सर्वरत्नमयानि नानासुरभिगन्धघटिकाशतसहस्राणि सदा निर्धूपितान्येव न स्युर् , मा तावदहमनुत्तरां सम्यक्संबोधिमभिसंबुध्येयम्॥

今译：三十一、世尊啊，如果我证得菩提后，在这里的佛土，没有数十万各种芳香的香罐，用各种宝石制成，始终熏有香气，盛有胜过从地上至空间的神界和人界出产的香料，天天供奉如来和菩萨①，那么，我就没有证得无上正等菩提！

康译：設我得佛，自地以上至于虚空，宫殿樓觀，池流華樹，國土所有一切萬物，皆以無量雜寶、百千種香而共合成，嚴飾奇妙，超諸人天，其香普薰十方世界，菩薩聞者，皆修佛行。若不爾者，不取正覺。

३२॥ सचेन्मे भगवन्बोधिप्राप्तस्य, तत्र बुद्धक्षेत्रे न सदाभिप्रविष्टान्येव सुगन्धिनानारत्नपुष्पवर्षाणि, सदा प्रवादिताश्च मनोज्ञस्वरा वाद्यमेघा न स्युर् , मा तावदहमनुत्तरां सम्यक्संबोधिमभिसंबुध्येयम्॥

今译：三十二、世尊啊，如果我证得菩提后，在这里的佛土，不经常降下各种芳香的宝石花雨，不经常出现演奏美妙动听音乐的乐音云，那么，我就没有证得无上正等菩提！

३३॥ सचेन्मे भगवन्बोधिप्राप्तस्य, ये सत्त्वा अप्रमेयासंख्येयाचिन्त्यातुल्येषु लोकधातुष्वाभया स्फुटा भवेयुस्, ते सर्वे न देवमनुष्यसमतिक्रान्तेन सुखेन

① 此处“天天供奉如来和菩萨”的原文，V 本和 F 本写为 tathāgatabodhisattvapūjāpratyahasya，即一个长复合词。

समन्वागता भवेयुर्, मा तावदहमनुत्तरां सम्यक्संबोधिमभिसंबुध्येयम्॥

今译：三十三、世尊啊，如果我证得菩提后，我的光芒遍布无量无数、不可思议、无比世界的众生，而他们全都不获得胜过神和人的快乐，那么，我就没有证得无上正等菩提！

康译：設我得佛，十方無量不可思議諸佛世界眾生之類，蒙我光明觸其體者，身心柔軟超過人天。若不爾者，不取正覺。

३४॥ सचेन्मे भगवन्बोधिप्राप्तस्य, समन्ताच्चाप्रमेयासंख्येयाचिन्त्यातुल्यापरिमाणेषु बुद्धक्षेत्रेषु बोधिसत्त्वा मम नामधेयं श्रुत्वा, तच्छ्रवणसहगतेन कुशलमूलेन जातिव्यवृत्ताः सन्तो, न धारणीप्रतिलब्धा भवेयुर्, यावद्बोधिमण्डपर्यन्तमिति, मा तावदहम् अनुत्तरां सम्यक्संबोधिमभिसंबुध्येयम्॥

今译：三十四、世尊啊，如果我证得菩提后，周边无量无数、不可思议、无比、无限的所有佛土中的菩萨闻听我的名号，凭这闻听产生的善根，转生后不能获得陀罗尼，乃至不能到达菩提道场[1]，那么，我就没有证得无上正等菩提！

康译：設我得佛，十方無量不可思議諸佛世界眾生之類，聞我名字，不得菩薩無生法忍[2]、諸深總持[3]者，不取正覺。

३५॥ सचेन्मे भगवन्बोधिप्राप्तस्य, समन्तादप्रमेयासंख्येयाचिन्त्यातुल्यापरिमानेषु बुद्धक्षेत्रेषु याः स्त्रियो मम नामधेयं श्रुत्वा, प्रसादं संजनयेयुर् , बोधिचित्तं चोत्पादयेयुः, स्त्रीभावं च विजुगुप्स्येरन् , जातिव्यतिवृत्ताः समानाः सचेद्द्वितीयं स्त्रीभावं प्रतिलभेरन् , मा तावदहमनुत्तरां सम्यक्संबोधिमभिसंबुध्येयम्॥

今译：三十五、世尊啊，如果我证得菩提后，周边无量无数、不可思议、无比、无限的所有佛土中的妇女闻听我的名号，心生愉悦，

① “到达菩提道场”指修成正觉。
② “无生法忍”指忍受或忍可诸法无生无灭。
③ “深总持”指具有极强的记忆佛法的能力。“总持”也称“陀罗尼”。

发起菩提心，厌弃女身，而转生后又都再次获得女身，那么，我就没有证得无上正等菩提！

康译：設我得佛，十方無量不可思議諸佛世界，其有女人聞我名字，歡喜信樂[①]，發菩提心，厭惡女身，壽終之後復為女像者，不取正覺。

設我得佛，十方無量不可思議諸佛世界諸菩薩眾聞我名字，壽終之後，常修梵行，至成佛道。若不爾者，不取正覺。

३६॥ सचेन्मे भगवन्बोधिप्राप्तस्य, समन्ताद्दशसु दिक्ष्वप्रमेयासंख्येयाचिन्त्यातुल्यापरिमाणेषु बुद्धक्षेत्रेषु ये बोधिसत्त्वा मम नामधेयं श्रुत्वा, प्रणिपत्य पञ्चमण्डलनमस्कारेण वन्दिष्यन्ते, ते बोधिसत्त्वचर्यां चरन्तो, न सदेवकेन लोकेन नमसा सत्कृत्येरन्, मा तावदहमनुत्तरां सम्यक्संबोधिमभिसंबुध्येयम्॥

今译：三十六、世尊啊，如果我证得菩提后，周边十方无量无数、不可思议、无比、无限的所有佛土中的菩萨闻听我的名号，五体投地敬拜[②]，而在实施菩萨行时，不受到包括天神在内的世界礼敬[③]，那么，我就没有证得无上正等菩提！

康译：設我得佛，十方無量不可思議諸佛世界諸天人民聞我名字，五體投地，稽首作禮，歡喜信樂，修菩薩行，諸天世人莫不致敬。若不爾者，不取正覺。

३७॥ सचेन्मे भगवन्बोधिप्राप्तस्य, कस्यचिद्बोधिसत्त्वस्य चीवरधावनशोषणसीवनरजनकर्म कर्तव्यं भवेन्, न नवनवाभिजातचीवररत्नैः प्रावृतमेवात्मानं संजानीयुः, सहचित्तोत्पादात्तथागतस्याज्ञानुज्ञातैर्, मा तावदहमनुत्तरां सम्यक्सं-

---

① “信乐”（prasāda）指产生信仰而心中快乐。

② “五体投地敬拜”（pañcamaṇḍalanamaskāra）也译“五轮作礼”，指用头面、双手和双膝伏地敬拜。在梵语中，脸庞也称“面轮”（mukhamaṇḍala），“膝盖”也称“膝轮”（jānumaṇḍala）。

③ 此处“礼敬”的原文是 namasā satkṛtyeran，V 本和 F 本写为 satkriyeran，后者的动词形式写法正确，即被动语态虚拟语气复数第三人称，同时前面没有 namasā 一词。

बोधिमभिसंबुध्येयम्॥

今译：三十七、世尊啊，如果我证得菩提后，有任何菩萨必须要做浣洗、晾干和缝制衣服以及为衣服染色之事，而不感知自己始终穿有如来赞许的、心中一想就产生的崭新宝衣，那么，我就没有证得无上正等菩提！

康译：設我得佛，國中人天欲得衣服，隨念即至，如佛所讚應法妙服[①]自然在身，若有求[②]裁縫、禱染治、浣濯者，不取正覺。

३८॥ सचेन्मे भगवन्बोधिप्राप्तस्य, तत्र बुद्धक्षेत्रे सहोत्पन्नाः सत्त्वा नैवंविधं सुखं प्रतिलभेरंस्, तद्यथापि नाम निष्परिदाहस्यार्हतो भिक्षोस्तृतीयध्यानसमापन्नस्य, मा तावदहमनुत्तरां सम्यक्संबोधिम् अभिसंबुध्येयम्॥

今译：三十八、世尊啊，如果我证得菩提后，在这里的佛土一同出生的众生不获得这样的快乐，犹如摆脱烦恼、达到第三禅[③]的阿罗汉比丘，那么，我就没有证得无上正等菩提！

康译：設我得佛，國中人天所受快樂不如漏盡[④]比丘者，不取正覺。

३९॥ सचेन्मे भगवन्बोधिप्राप्तस्य, तत्र बुद्धक्षेत्रे ये बोधिसत्त्वाः प्रत्यजातास् , ते यथारूपं बुद्धक्षेत्रगुणालंकारव्यूहमाकांक्षेयुस् , तथारूपं नानारत्नवृक्षेभ्यो न संजानीयुर् , मा तावदहमनुत्तरां सम्यक्संबोधिमभिसंबुध्येयम्॥

今译：三十九、世尊啊，如果我证得菩提后，众菩萨出生在这里的佛土，不能感知[⑤]各种宝树产生如他们所希望的佛土功德庄严，那

---

① “应法妙服”指与法相应的衣服，即袈裟衣。

② 此处“求”字和后面的“祷”字，均指请求。而这两个字，据《中华大藏经》校勘记，《丽》无。另外，“祷染治”，《资》、《碛》、《南》、《径》、《清》作“捣染”。

③ “达到第三禅”指达到四禅定中第三禅定的快乐境界。

④ “漏尽”指烦恼灭尽。

⑤ 此处“感知”的原词是 sañjānīyuḥ。此词 V 本写为 sañjanayeyuḥ（“产生”）。

么，我就没有证得无上正等菩提！

康译：設我得佛，國中菩薩隨意欲見十方無量嚴淨佛土，應時如願，於寶樹中皆悉照見，猶如明鏡覩其面像。若不爾者，不取正覺。

४०॥ सचेन्मे भगवन्बोधिप्राप्तस्य, तं मम नामधेयं श्रुत्वान्यबुद्धक्षेत्रोपपन्ना बोधिसत्त्वा इन्द्रियबलवैकल्पं निर्गच्छेयुर्, मा तावदहमनुत्तरां सम्यक्संबोधिमभिसंबुध्येयम्॥

今译：四十、世尊啊，如果我证得菩提后，出生在其他佛土的菩萨闻听我的名号，而根力仍有欠缺①，那么，我就没有证得无上正等菩提！

康译：設我得佛，他方國土諸菩薩衆聞我名字，至于得佛，諸根缺陋不具足者，不取正覺。

४१॥ सचेन्मे भगवन्बोधिप्राप्तस्य, तद्-अन्यबुद्धक्षेत्रस्था बोधिसत्त्वा मम नामधेयं श्रुत्वा, सहश्रवणान् न सुविभक्तवतीं नाम समाधिं प्रतिलभेरन्, यत्र समाधौ स्थित्वा बोधिसत्त्वा एकक्षणव्यतिहारेणाप्रमेयासंख्येयाचिन्त्यातुल्यापरिमाणान्बुद्धान्भगवतः पश्यन्ति, स चैषां समाधिरन्तरा विप्रनश्येन् , मा तावदहमनुत्तरां सम्यक्संबोधिमभिसंबुध्येयम्॥

今译：四十一、世尊啊，如果我证得菩提后，住于其他佛土的菩萨闻听我的名号，不随之获得名为善分身②的入定，菩萨处于这种入定，能一刹那间目睹无量无数、不可思议、无比、无限的佛世尊；同时，他们的入定中断消失，那么，我就没有证得无上正等菩提！

康译：設我得佛，他方國土諸菩薩衆聞我名字，皆悉逮得清淨解脫三昧③。住是三昧，一發意頃，供養無量不可思議諸佛世尊，而不

① 此处“欠缺”的原词是 vaikalpam，据 V 本和 F 本应为 vaikalyam。

② “善分身”的原词是 suvibhaktavatī，也可译为“善分别”。

③ “清净解脱三昧”指清净无垢，能摆脱一切系缚的禅定。

失定意。若不爾者，不取正覺。

४२॥ सचेन्मे भगवन्बोधिप्राप्तस्य, मम नामधेयं श्रुत्वा, तच्छ्रवणसहगतेन कुशलमूलेन सत्त्वा नाभिजातकुलोपपत्तिं प्रतिलभेरन् , यावद्बोधिमण्डपर्यन्तं, मा तावदहमनुत्तरां सम्यक्संबोधिम् अभिसंबुध्येयम्॥

今译：四十二、世尊啊，如果我证得菩提后，众生闻听我的名号，不能凭闻听获得的善根，出生在高贵的家族，乃至到达菩提道场，那么，我就没有证得无上正等菩提！

康译：設我得佛，他方國土諸菩薩眾聞我名字，壽終之後生尊貴家。若不爾者，不取正覺。

४३॥ सचेन्मे भगवन्बोधिप्राप्तस्य, तदन्येषु बुद्धक्षेत्रेषु ये सत्त्वा मम नामधेयं श्रुत्वा, तच्छ्रवणसहगतेन कुशलमूलेन यावद्बोधिपर्यन्तं न सर्वे बोधिसत्त्वचर्यायां प्रीतिप्रामोद्यकुशलमूलसमवधानगता भवेयुर् , मा तावदहमनुत्तरां सम्यक्संबोधिम-भिसंबुध्येयम्॥

今译：四十三、世尊啊，如果我证得菩提后，其他佛土的众生闻听我的名号，全都不能凭闻听获得的善根，在菩萨行中获得伴随有欢喜愉悦的善根，乃至达到菩提，那么，我就没有证得无上正等菩提！

康译：設我得佛，他方國土諸菩薩眾聞我名字，歡喜踊躍，修菩薩行，具足德本。若不爾者，不取正覺。

४४॥ सचेन्मे भगवन्बोधिप्राप्तस्य, सहनामधेयश्रवणात्तद्-अन्येषु लोकधातुषु बोधिसत्त्वा न समन्तानुगतं नाम समाधिं प्रतिलभेरन्, यत्र स्थित्वा बोधिसत्त्वा एकक्षणव्यतिहारेणाप्रमेयासंख्येयाचिन्त्यापरिमाणान् बुद्धान्भगवतः सत्कुर्वन्ति, स चैषां समाधिरन्तराद् विप्रनश्येद् , यावद्बोधिमण्डपर्यन्तं, मा तावदहम् अनुत्तरां सम्यक्संबोधिमभिसंबुध्येयम्॥

今译：四十四、世尊啊，如果我证得菩提后，其他佛土的菩萨闻听我的名号，不获得名为普遍[1]的入定，菩萨处在这种入定，能一刹那间供奉无量无数、不可思议、无比、无限的佛世尊；同时在达到菩提道场之前，他们的入定中断[2]消失，那么，我就没有证得无上正等菩提！

康译：設我得佛，他方國土諸菩薩衆聞我名字，皆悉逮得普等三昧。住是三昧，至于成佛，常見無量不可思議一切如來。若不爾者，不取正覺。

४५॥ सचेन्मे भगवन्बोधिप्राप्तस्य, तत्र बुद्धक्षेत्रे ये बोधिसत्त्वाः प्रत्याजाता भवेयुस् , ते यथारूपां धर्मदेशनाम् आकांक्षेयुः, श्रोतुं तथारुपां सहचित्तोत्पादान् न श्रृणुयुर् , मा तावदहमनुत्तरां सम्यक्संबोधिम् अभिसंबुध्येयम्॥

今译：四十五、世尊啊，如果我证得菩提后，众菩萨出生在这里的佛土，希望闻听说法，而不能心中一想就如愿闻听说法，那么，我就没有证得无上正等菩提！

康译：設我得佛，國中菩薩，隨其志願所欲聞法，自然得聞。若不爾者，不取正覺。

४६॥ सचेन्मे भगवन्बोधिप्राप्तस्य, तत्र बुद्धक्षेत्रे तद्-अन्येषु बुद्धक्षेत्रेषु ये बोधिसत्त्वा मम नामधेयं श्रृणुयुर्, यस्ते सहनामधेयश्रवणान्नावैवर्त्तिका भवेयुर-नुत्तरायाः सम्यक्संबोधेर्, मा तावदहम् अनुत्तरां सम्यक्संबोधिमभिसंबुध्येयम्॥

今译：四十六、世尊啊，如果我证得菩提后，在这里的佛土，其他佛土的菩萨闻听我的名号，[3]不能凭闻听名号，达到安住无上正等菩提不退转，那么，我就没有证得无上正等菩提！

康译：設我得佛，他方國土諸菩薩衆聞我名字，不即得至不退轉

---

① “普遍”（samantānugata）也译“普等”或“遍至”。
② 此处“中断”（“中间”）的原词是 antarāt，V 本和 F 本写为 antarā。
③ 此处原文中有一个 yaḥ，V 本和 F 本均无。

者，不取正覺。

४७॥ सचेन्मे भगवन्बोधिप्राप्तस्य, तत्र बुद्धक्षेत्रे ये बोधिसत्त्वा मम नामधेयं शृणुयुस् , ते सहनामधेयश्रवणान्न प्रथमद्वितीयतृतीयाः क्षान्तीः प्रतिलभेरन् , नावैवर्त्तिको भवेद्बुद्धधर्मेभ्यो, मा तावदहमनुत्तरां सम्यक्संबोधिमभिसंबुध्येयम्॥

今译：四十七、世尊啊，如果我证得菩提后，在这里的佛土，菩萨闻听我的名号，不能凭闻听名号，获得第一、第二和第三忍[①]，不能达到安住佛法不退转[②]，那么，我就没有证得无上正等菩提！[③]’”

康译：設我得佛，他方國土諸菩薩衆聞我名字，不即得至第一、第二、第三法忍，於諸佛法不能即得不退轉者，不取正覺。’”

अथ खल्वानन्द स धर्माकरो भिक्षुरिमानेवंरूपान् प्रणिधानविशेषान्निर्दिश्य, तस्यां वेलायां बुद्धानुभावेनेमा गाथा अभाषत --

今译：“阿难啊，法藏比丘宣示这些殊胜誓愿后，就在这时，依靠佛陀的威力，诵出这些偈颂：

康译：佛告阿難：“爾時，法藏比丘說此願已，而說頌曰：

सचि मि इमि विशिष्ट नैकरूपा
　　वरप्रणिधान सिया खु बोधिप्राप्ते।
म अहु सिय नरेन्द्र सत्त्वसारो,
　　दशबलधारि अतुल्यदक्षिणीयः (१)

---

① 这里所说“三忍”，或称“三法忍”，通常指音响法忍、柔顺法忍和无生法忍。“音响法忍”指闻听真实之法，不惊恐，不惧怕，而信解受持。“柔顺法忍”指心智柔韧，随顺真实之法。

② 此处“不退转”的原文是 avaivarttiko bhavet，V 本和 F 本写为 avaivarttikā bhaveyuḥ，即使用复数形式。

③ 以上共四十七愿，F 本也是如此。V 本是四十六愿。而按照康译，则是四十八愿。其实，内容是一致的。或者，将四十七愿或 V 本四十六愿中有的愿进行拆解，也能形成四十八愿。

今译：人主啊，如果我证得菩提，
不实现这些殊胜的誓愿[①]，
就不是具十力的众生精英，
不值得接受无比的供奉。（1）

康译：我逮[②]超世願，必至無上道，
斯願不滿足，誓不成等覺。

सचि मि सिय न क्षेत्र एवरूपं
बहु अधनान प्रभूत दिव्यचित्रं।
सुखि न नरकमय दुःखप्राप्तो,
म अहु सिया रतनो नराण राजा॥ (२)

今译：如果在我的这个佛土中，
穷苦人不享有神奇美妙，
不获得幸福而陷入痛苦，
我就不成为人中珍宝王。[③]（2）

康译：我於無量劫，不為大施主，
普濟諸貧苦，誓不成等覺。

सचि मि उपगतस्य बोधिमण्डं,
दशदिशि प्रव्रजि नामधेयु क्षिप्रं।
पृथु बहव अनन्तबुद्धक्षेत्रां,
म अहु सिया बलप्राप्तु लोकनाथ॥ (३)

今译：如果我到达菩提道场之后，

① 此处原文中的 ekarūpā（“一色的”）一词，V 本和 F 本写为 evarūpā（“这样的”或“这些”），读法更好。

② 此处“逮”字，据《中华大藏经》校勘记，《资》、《碛》、《南》、《径》、《清》作“建”。

③ 这颂原文中的 narakamaya 一词，F 本写为 nara kareya，其中的 kareya 可读为混合梵语虚拟语气单数第三人称。这样，这颂的意思相对容易读通，也与康译的基本意义一致。

我的名号不迅速传遍十方，
不传遍广大无边的众佛土，
我就不是具有威力的世主。[①]（3）

康译：我至成佛道，名聲超十方，
究竟靡[②]不聞，誓不成等覺。

सचि खु अहु रमेय कामभोगां,
स्मृतिमतिगतिया विहीनु सन्तः।
अतुलशिव समेयमाण बोधि,
म अहु सिया बलप्राप्तु शास्तु लोके॥ (४)

今译：在证得无比光辉的菩提后，
如果我仍然贪著沉迷爱欲，
而缺乏忆念、慧觉和悟力，
我就不是具有威力的导师。（4）

康译：離欲深正念，淨慧修梵行，
志求無上道，為諸天人師。

विपुलप्रभ अतुल्यनन्त नाथा
दिशि विदिशि स्फुरि सर्वबुद्धक्षेत्रां।
राग प्रशमि प्रशमिय सर्वदोषमोहां,
नरकगतिस्मि प्रशामि धूमकेतुं॥ (५)

今译：世主的广大光辉无比无限，
遍照十方的所有佛陀国土，
平息贪欲和一切痴迷瞋怒[③]，

---

① 这颂原文中缺少一个否定词 na，V 本也是如此。F 本将这颂中的 pravraji 写为 na vraji，则补上这个否定词。

② 此处“靡”字，据《中华大藏经》校勘记，《资》作“所”。

③ 这句原文中的 praśami praśamiya（“平息”），V 本和 F 本均写为 praśami，即没有后面一个 praśamiya。

平息地狱道中的炎炎烈火。（5）

康译：神力演大光，普照無際土，
消除三垢[1]冥，明濟眾厄難。

जानिय सुरुचिरं विशालनेत्रं,
विधुनिय सर्वनराण अन्धकारम्।
अपनिय सुन अक्षणानशेषान्,
उपनिय स्वर्गपथाननन्ततेजा॥ (६)

今译：他长有明亮可爱的大眼，
驱除所有人的愚痴黑暗，
他除尽一切灾难和不幸，
指引光辉无比的天国道。（6）

康译：開彼智慧眼，滅此昏盲闇，
閉塞諸惡道，通達善趣門。

न तपति नभ चन्द्रसूर्य-आभा
मणिगण अग्निप्रभा व देवतानां।
अभिभवति नरेन्द्र-आभ सर्वान्
पुरिमचरि परिशुद्ध आचरित्वा॥ (७)

今译：空中光辉的日月不闪耀，
还有天神似火的珠宝光，
人主的光芒盖过这一切，
已完成前期修行而纯洁。（7）

康译：功祚成滿足，威曜朗十方，

① “三垢”指贪瞋痴。

日月戢重暉[①]，天光[②]隱不現。

पुरुषवरु निधान दुःखितानां,
　　दिशि विदिशासु न अस्ति एवरूपा।
कुशलशतसहस्र सर्व पूर्णा,
　　पर्षगतो नदि बुद्धसिंहनदं॥ (८)

今译：十方没有这样的英杰，
他是一切受苦者的宝藏，
已经圆满完成百千善业，
在集会上发出佛狮子吼。（8）

康译：為眾開法藏，廣施功德寶，
常於大眾中，說法師子吼。

पुरिमजिन स्वयंभु सत्करित्वा,
　　व्रततपकोटि चरित्व अप्रमेयां।
प्रवर वर समेस्ति ज्ञानस्कन्धं,
　　प्रणिधिबलं परिपूर्ण सत्त्वसारो॥ (९)

今译：已供奉过去世自在胜者，
实施无数千万苦行誓愿，
这位人中精英追求[③]智蕴，
这位人中俊杰充满愿力。（9）

康译：供養一切佛，具足眾德本，
願慧悉成滿，得為三界雄。

① “戢重晖”指收敛重重光辉。
② “天光”指天神的光辉。
③ 此处“追求”的原词是 samesti，F 本写为 sameṣi，可读为混合梵语不定过去时单数第三人称。

यथा भगवनसङ्गज्ञानदर्शी,
त्रिविध प्रजानति संस्कृतं नरेन्द्रः।
अहमपि सिय तुल्यदक्षिणीयो,
विदुः प्रवरो नरनायको नराणां॥ (१०)

今译：世尊啊，正如人主具有
无碍慧见，知道三种有为①，
愿我也受到同样的②供奉，
成为优秀智者，人中导师。（10）

康译：如佛無量智，通達靡不遍，
願我功德力，等此最勝尊。

सचि मि अयु नरेन्द्र एवरूपा
प्रणिधि समृध्यति बोधि प्रापुणित्वा।
चलतु अयु सहस्रलोकधातूं
कुसुमु प्रवर्ष नभातु देवसंघान्॥ (११)

今译：人主啊，在我证得菩提后，
如果这样的誓愿获得实现，
愿这大千世界摇晃震动，
众天神从空中撒下花雨。”③（11）

康译：斯願若剋果，大千應感動，
虛空諸天人，當雨珍妙華。”

प्रचलित वसुधा प्रवर्षि पुष्पाः,

① “三种有为”指三种有为法，包括色法、心法和非色非心法，都属于因缘的作为。这里是说知道三种有为，而追求无为。

② 此处“同样的”的原词是 tulya，F 本写为 atulya，则意谓“无比的”。

③ 这颂中的 lokadhātūm（“世界”），V 本写为 dhātu，F 本写为 dhātū，均为混合梵语阴性单数体格；devasaṃghān（“众天神”），F 本写为 devasaṃghā，即混合梵语阳性复数体格。

तूर्यशता गगने थ संप्रणेदुः।
दिव्यरुचिरचन्दनस्य चूर्णा,
अभिकिरि चैव भविष्यि लोकि बुद्ध, इति॥ (१२)

今译：大地摇晃震动，花雨降下，
空中乐器奏响，数以百计，
天国可爱的旃檀香粉飘撒，
发出话音：“佛陀将出世。”（12）

康译：佛語阿難：“法藏比丘說此頌已，應時普地六種震動，天雨妙華以散其上，自然音樂空中讚言：‘決定[①]必成無上正覺。’

एवंरूपयानन्द प्रणिधिसंपदा स धर्माकरो भिक्षुर् बोधिसत्त्वो महासत्त्वः समन्वागतो ऽभूत्॥ एवंरूपया चानन्द प्रणिधिसंपदा अल्पका बोधिसत्त्वाः समन्वागताः॥ अल्पकानां चैवंरूपाणां प्रणिधीनां लोके प्रादुर्भावो भवति, परीत्तानां न पुनः सर्वशो नास्ति॥

今译：“阿难啊，这位法藏比丘，菩萨大士，具有这样充足的誓愿。阿难啊，很少菩萨具有这样充足的誓愿。这样充足的誓愿很少在世上出现。纵然很少，但不是全然没有。

康译：“於是，法藏比丘具足修滿如是大願，誠諦[②]不虛，超出世間，深樂寂滅。

स खलु पुनरानन्द धर्माकरो भिक्षुस्तस्य भगवतो लोकेश्वरराजस्य तथागतस्य पुरतः, सदेवकस्य लोकस्य समारकस्य सब्रह्मकस्य सश्रमण-ब्राह्मणिकायाः प्रजायाः सदेवमानुषासुरायाः पुरत, इमानेवंरूपान्प्रणिधिविशेषान् निर्दिश्य, यथाभूतं प्रतिज्ञाप्रतिपत्तिस्थितो ऽभूत्॥

今译：“还有，阿难啊，这位法藏比丘在世尊世间自在王如来前，

① “决定”指肯定。
② “诚谛”（satya）指真实。

在包括神、人、摩罗和梵天的世界前，在包括沙门、婆罗门、神、人和阿修罗的众生前，宣示这样的殊胜誓愿后，如实实施誓愿。

康译："阿難！法藏比丘於彼佛所，諸天、魔、梵、龍、神八部大眾[①]之中，發斯弘誓。

स इमामेवंरूपां बुद्धक्षेत्रपरिशुद्धिं बुद्धक्षेत्रमाहात्म्यं बुद्धक्षेत्रोदारतां समुदानयन्, बोधिसत्त्वचर्यां चरन् , अप्रमेयासंख्येयाचिन्त्यातुल्यामाप्यापरिमाणानभिलाप्यानि वर्षकोटीनयुताशतसहस्राणि न जातु कामव्यापादविहिंसावितर्का वितर्कितवान् , न जातु कामव्यापादविहिंसासंज्ञा उत्पादितवान्, न जातु रूपशब्दगन्धरसस्प्रष्टव्यसंज्ञा उत्पादितवान्॥

今译："他要这样造就佛土清净，佛土伟大，佛土优美。他奉行菩萨行，在无量无数、不可思议、不可等同、不可衡量、不可计量、不可言状的百千千万那由多年中，不怀有任何爱欲、瞋怒和杀生的邪念[②]，不产生任何爱欲、瞋怒和杀生的想法，不产生任何色、声、香、味和触的想法。

康译："建此願已，一向專志莊嚴妙土，所修佛國開廓廣大，超勝獨妙，建立常然[③]，無衰無變。於不可思議兆載[④]永劫，積殖菩薩無量德行，不生欲覺、瞋覺、害覺，不起欲想、瞋想、害想，不著色、聲、香、味、觸之法。

स दहरो मनोहर एव सुरतो ऽभूत्; सुखसंवासो, ऽधिवासनजातीयः, सुभरः, सुपोषो, ऽल्पेच्छसंतुष्टः, प्रविविक्तो, ऽदुष्टो, ऽमूढो, ऽवङ्को, ऽजिह्मो, ऽशथो, ऽमायावी, सुखिलो, मधुरः, प्रियालापो, नित्याभियुक्तः शुक्लधर्मपर्येष्टौ ; अनिक्षिप्त-

① "八部大众"（也称"天龙八部"）通常指天神、龙（蛇）、夜叉、健达缚、阿修罗（魔）、迦楼罗（金翅鸟）、紧那罗（非人）和摩睺罗伽（大蛇）。

② 此处"邪念"（"思量"）的原词为 vitarkā，V 本和 F 本写为 vitarkān。

③ "常然"指永恒。

④ "兆载"指万亿年。

धुरः, सर्वसत्त्वानाम् अर्थाय महाप्रणिधानं समुदानीतवान् ; बुद्धधर्मसंघाचार्यो-पाध्यायकल्याणमित्रसगौरवो ; नित्यसंनद्धो बोधिसत्त्वचर्यायाम् ; आर्जवो, मार्दवो, ऽकुहको, निलपको, गुणवान् , पूर्वंगमः सर्वसत्त्वकुशलधर्मसमादापनतायै; शून्य-तानिमित्ताप्रणिहितानभिसंस्कारानुत्पादविहारविहारी; निर्माणः स्वारक्षितवाक्य-श्चाभूत्॥ बोधिसत्त्वचर्यां चरन् , स यद्वाक्कर्मोत्सृष्टम् , आत्मपरोभयं व्यावाधाय संवर्तते; तथाविधं त्यक्त्वा यद्वाक्कर्म स्वपरोभये हितसुखसंवर्तकं, तदेवाभिप्र-युक्तवान्॥

今译："他年轻，迷人，柔顺，容易相处，有耐心，容易满足，容易供养，少欲知足，隐居，不作恶，不愚痴，不谄谀，不虚伪，不狡猾[①]，不虚妄，快乐，甜蜜，言谈可爱，始终精进努力，追求白法[②]，不卸下重担，为了一切众生的利益，履行大誓愿。他尊敬佛、法、僧、老师、教师和善友，始终披戴铠甲，奉行菩萨行。他正直，温顺，不欺瞒，不嚼舌，有品德，带领一切众生修行善法，安住空、无相、无愿、无为和无生。他不骄傲，守护自己的言语。他奉行菩萨行，摒弃害己害人的口业，而只说于己于人愉快有益的言语。

康译："忍力成就，不計眾苦，少欲知足，無染恚癡，三昧常寂，智慧無礙。無有虛偽諂曲之心，和顏軟語，先意承問[③]。勇猛精進，志願無惓，專求清白之法，以慧利群生。恭敬三寶[④]，奉事師長，以大莊嚴具足眾行[⑤]，令諸眾生功德成就，住空、無相、無願之法，無作無起，觀法如化[⑥]。遠離麁言、自害害彼、彼此俱害，修習善語，自利利人，彼我兼利。

एवं च संप्रजानो ऽभूत्॥ यद्ग्रामनगरनिगमजनपदराष्ट्रराजधानीष्ववतरन्, न

① 此处"不狡猾"的原词是 aśatha，据 V 本和 F 本应为 aśaṭha。
② "白法"指善法。与之相对的则是"黑法"，即"恶法"。
③ "先意承问"指互相见面时，首先表示问候。
④ "三宝"指佛、法和僧。
⑤ "众行"可以理解为各种菩萨行。
⑥ "观法如化"指看待一切事物如幻如化。

जातु रूपशब्दगन्धरसस्प्रष्टव्यधर्मैण नीतो ऽभूत्॥ अप्रतिहतः स बोधिसत्त्वचर्यां चरन् , स्वयं च दानपारमितायामचरत्; परांश्च तत्रैव समादापितवान्॥ स्वयं च शीलक्षान्तिवीर्यध्यानप्रज्ञापारमितास्वचरत्; परांश्च तत्रैव समादापितवान्॥ तथारूपाणि च कुशलमूलानि समुदानीतवान्॥ यैः समन्वागतो यत्र यत्रोपपद्यते, तत्र तत्रास्यानेकानि निधनकोटीनयुतशतसहस्राणि धरण्याः प्रादुर्भवन्ति॥

今译："他就是这样聪明睿智。他进入村庄、城镇、国土、王国和王都，不受色、声、香、味、触和法牵引。他无所障碍，奉行菩萨行。亲自实行布施波罗蜜，也教他人实行；亲自实行持戒、安忍、精进、禅定和智慧波罗蜜，也教他人实行。他积累这样的善根。他具有这样的善根，无论出生在哪里，那里的大地都会展现数百千千万那由多宝藏。

康译："棄國捐王，絕去財色，自行六波羅蜜，教人令行，無央數劫積功累德。隨其生處，在意所欲[1]，無量寶藏自然發應。

तेन बोधिसत्त्वचर्यां चरता, तावदप्रमेयासंख्येयानि सत्त्वकोटीनियुतशतसहस्राण्यनुत्तरायां सम्यक्संबोधौ प्रतिष्ठापितानि, येषां न सुकरो वाक्कर्मणा पर्यन्तो ऽधिगन्तुम्; तावदप्रमेयासंख्येया बुद्धा भगवन्तः सत्कृता गुरुकृता मानिताः पूजिताश्, चीवरपिण्डपातशयनासनग्लानप्रत्ययभैषज्यपरिष्कारैः सर्वसुखोपधानैः स्पर्शविहारैश्च प्रतिपादिताः ; यावन्तः सत्त्वाः श्रेष्ठिगृहपत्यामात्यक्षत्रियब्राह्मणमहाशालकुलेषु प्रतिष्ठापितास् , तेषां न सुकरो वाक्कर्मनिर्देशेन पर्यन्तो ऽधिगन्तुम्; एवं जाम्बूद्वीपेश्वरत्वे प्रतिष्ठापिताश् , चक्रवर्तित्वे लोकपालत्वे शक्रत्वे सुयामत्वे संतुषितत्वे सुनिर्मितत्वे वशवर्तित्वे देवराजत्वे महाब्राह्मत्वे च प्रतिष्ठापिताः ; तावदप्रमेयासंख्येया बुद्धा भगवन्तः सत्कृता गुरुकृता मानिताः पूजिता, धर्मचक्रप्रवर्तनार्थं चाधिष्ठास्, तेषां न सुकरो वाक्कर्मनिर्देशेन पर्यन्तो ऽधिगन्तुम्॥

今译："他奉行菩萨行，让无量无数百千千万那由多众生安住无上正等菩提，难以用言语算出他们的极限。无量无数佛世尊受到供奉、

[1] "在意所欲"指依随他的心意。

敬重、尊敬和崇拜，获得衣服、饮食、床座、治病药物和用具，一切舒适的用品和愉快的感受。让那样多的众生出生在商主、长者、大臣[①]、刹帝利、婆罗门和富豪家族，难以用言语算出他们的极限。同样，让他们成为瞻部洲王、转轮王、护世天王、帝释天、苏夜摩天、商兜率天、善化天、自在天王[②]和大梵天[③]。无量无数的佛世尊受到供奉、敬重、尊敬和崇拜，接受劝请[④]转动法轮，难以用言语算出他们的极限。

康译："教化安立無數眾生，住於無上正真之道，或為長者、居士、豪姓、尊貴，或為刹利國君[⑤]、轉輪聖帝，或為六欲天主，乃至梵王，常以四事[⑥]供養恭敬一切諸佛。如是功德不可稱說。

स एवंरूपं कुशलं समुदानीयं, यदस्य बोधिसत्त्वचर्यांश् चरतो, ऽप्रमेयासंख्येयाचिन्त्यातुल्यामाप्यापरिमाणानभिलाप्यानि कल्पकोटीनयुतशतसहस्राणि सुरभिदिव्यातिक्रान्तचन्दनगन्धो मुखात्प्रवाति स्म ; सर्वरोमकूपेभ्य उत्पलगन्धो वाति स्म; सर्वलोकाभिरूपश्चाभूत्, प्रासादिको, दर्शनीयः , परमशुभवर्णपुष्कलतया समन्वागतः ॥

今译："他修行[⑦]这样的善业，也就是他在无量无数、不可思议、不可等同、不可衡量、不可计量、不可言状的百千千万那由多劫中，奉行菩萨行[⑧]，从他口中呼出的旃檀香气胜过天国的香气，全身每个毛孔都散发莲花香，令一切世界喜欢。他端庄可爱，具有一切无与伦比的美妙容貌。

---

① 此处"大臣"的原词是 āmātya，据 V 本应为 amātya。

② 这里的护世天王又称"四大天王"；帝释天是忉利天的天王；苏夜摩天是夜摩天的天王；商兜率天（或译"删兜率陀"）是兜率天的天王；善化天是化自在天的天王；自在天王是他化自在天的天王，以上总称"六欲天主"。

③ 此处"大梵天"的原词是 mahābrāhmatve，据 V 本和 F 本应为 mahābrahmatve。

④ 此处"劝请"的原词是 adhiṣṭhāḥ，据 V 本和 F 本应为 adhīṣṭāḥ。

⑤ "刹利国君"即刹帝利国王。

⑥ "四事"指衣服、饮食、卧具和药物。

⑦ 此处"修行"的原词是 samudānīyam，V 本和 F 本写为 samudānayat。

⑧ 此处"菩萨行"的原词是 bodhisattvacaryāḥ，V 本和 F 本写为 bodhisattvacaryām。

康译：“口氣香潔如優鉢羅華[①]，身諸毛孔出栴檀香，其香普熏無量世界。容色端正，相好殊妙。

लक्षणानुव्यञ्जनसमलंकृतेनात्मभावेन तस्य सर्वरत्नालंकाराः, सर्ववस्त्रचीवराभिनिर्हाराः, सर्वपुष्पधूपगन्धमाल्यविलेपनच्छत्रध्वजपताकाभिनिर्हाराः, सर्ववाद्यसंगीत्यभिनिर्हाराश्च सर्वरोमकूपेभ्यः पाणितलाभ्यां च निश्चरन्ति स्म॥ सर्वान्नपानखाद्यभोज्यलेह्यरसाभिनिर्हाराः सर्वोपभोगपरिभोगाभिनिर्हाराश्च पाणितलाभ्यां प्रस्यन्दन्तः प्रादुर्भवन्ति॥ इति हि सर्वपरिष्कारवशितापारमिप्राप्तः स आनन्द धर्माकरो भिक्षुर् अभूत्, पूर्वं बोधिचर्याश्चरन्॥

今译：“他的身体具有一切妙相和随好[②]。从每个毛孔和手掌中产生一切宝石装饰品，产生一切衣服和布料，产生一切鲜花、香料、花环、油膏、伞盖、旗帜和幢幡，产生一切音乐和歌曲。从他的手掌中也流出一切食物、饮料和可嚼、可吃、可啜的美味。阿难啊，因为这位法藏比丘此前奉行菩萨行[③]，已经通晓和掌握一切生活用品。”

康译：“其手常出無盡之寶，衣服、飲食、珍妙華香，諸蓋、幢幡莊嚴之具，如是等事超諸人天，於一切法而得自在。”

एवमुक्ते, आयुष्मानानन्दो भगवन्तमेतदवोचत् -- किं पुनर्भगवन्स धर्माकरो बोधिसत्त्वो महासत्त्वो ऽनुत्तरां सम्यक्संबोधिमभिसंबुध्यातीतः परिनिर्वृत, उताहो ऽनभिसंबुद्धो, ऽथ प्रत्युत्पन्नो ऽभिसंबुद्ध, एतर्हि तिष्ठति ध्रियते यापयति, धर्मं च देशयति॥

今译：闻听此言，尊者阿难对世尊说道：“那么，世尊啊，这位法藏菩萨大士证得无上正等菩提后，已经离去，进入涅槃，或者还没有成为正等觉，或者现在是正等觉，如今还居住、生活、度日和说法

① “优钵罗华”（utpala）指蓝莲花。

② “妙相和随好”指佛身的三十二种妙相和相伴随的其他八十种吉相。

③ 此处“菩萨行”的原词也是 bodhisattvacaryāḥ，同样，V 本和 F 本写为 bodhisattvacaryām。区别在于前者使用阴性复数业格，而后者使用阴性单数业格。

吗？”

康译：阿難白佛：“法藏菩薩為已成佛而取滅度，為未成佛，為今現在？”

भगवान् आह -- न खलु पुनरानन्द स तथागतो ऽतीतो, नानागतः॥ अपि त्वेष स तथागतो ऽनुत्तरां सम्यक्संबोधिम् अभिसंबुद्ध, एतर्हि तिष्ठति ध्रियते यापयति, धर्मं च देशयति॥ पश्चिमायां दिशीतः कोटीनयुतशतसहस्रतमे बुद्धक्षेत्रे सुखावत्यां लोकधातावमिताभो नाम तथागतो ऽर्हन्सम्यक्संबुद्धो, ऽपरिमाणैर्बोधिसत्त्वैः परिवृतः पुरस्कृतो, ऽनन्तैः श्रावकैरनन्त्या बुद्धक्षेत्रसंपदा समन्वागतः॥

今译：世尊说道：“阿难啊，这位如来没有离去，也不是尚未来到。这位如来证得无上正等菩提，如今还居住、生活、度日和说法。在西方，与这里相隔百千千万那由多佛土的极乐世界，名为无量光的如来、阿罗汉、正等觉，无数菩萨围绕，无数声闻恭敬，具有无限圆满佛土。

康译：佛告阿難：“法藏菩薩今已成佛，現在西方，去此十萬億剎，其佛世界名曰安樂。”

阿難又問：“其佛成道已來為經幾時？”佛言：“成佛已來凡歷十劫[①]。其佛國土自然七寶，金、銀、琉璃、珊瑚、琥珀、車璩、瑪瑙合成為地，恢廓曠蕩，不可限極，悉相雜廁，轉相入間[②]，光赫焜耀，微妙奇麗，清淨莊嚴，超踰十方一切世界眾寶中精，其寶猶如第六天寶[③]。又其國土無須彌山及金剛圍一切諸山，亦無大海、小海、溪渠、井谷。佛神力故，欲見則見[④]。亦無地獄、餓鬼、畜生諸難之趣，亦無四時春秋冬夏，不寒不熱，常和調適。”

爾時，阿難白佛言：“世尊，若彼國土無須彌山，其四天王及忉

① “成佛已来凡历十劫”，见于原文后面第 92 页。

② 这里是说各种宝石交错间杂，互相辉映。

③ “第六天宝”指六欲天中第六天，即他化自在天中的宝物。

④ “欲见则见”指想要见到就能见到，或想要见到就能显现。

利天，依何而住？”佛語阿難：“第三炎天[1]，乃至色究竟天，皆依何住？”[2]阿難白佛：“行業果報不可思議。”佛語阿難：“行業果報不可思議，諸佛世界亦不可思議。其諸眾生功德善力，住行業之地[3]，故能爾耳。”阿難白佛：“我不疑此法，但為將來眾生，欲除其疑惑，故問斯義。”[4]

अमिता चास्य प्रभा, यस्या न सुकरं प्रामाणं पर्यन्तो वाधिगन्तुम्; इयन्ति बुद्धक्षेत्राणि, इयन्ति बुद्धक्षेत्रशतानि, इयन्ति बुद्धक्षेत्रसहस्राणि, इयन्ति बुद्धक्षेत्रशतसहस्राणि, इयन्ति बुद्धक्षेत्रकोटी, इयन्ति बुद्धक्षेत्रकोटीशतानि, इयन्ति बुद्धक्षेत्रकोटीसहस्राणि, इयन्ति बुद्धक्षेत्रकोटीशतसहस्राणि, इयन्ति बुद्धक्षेत्रकोटीनयुतशतसहस्रानि स्फुरित्वा तिष्ठन्तीति॥

今译：“他的光芒无量，难以计量出极限。他的光芒遍照如此多的佛土，如此数百佛土，如此数千佛土，如此数十万佛土，如此数千万佛土，如此数百千万佛土，如此数千千万佛土，如此数百千千万佛土，如此数百千千万那由多佛土。

अपि तु खल्वानन्द संक्षिप्तेन पूर्वस्यां दिशि गङ्गानदीवालिकासमानि बुद्धक्षेत्रकोटीनयुतशतसहस्राणि तया तस्य भगवतो ऽमिताभस्य तथागतस्य प्रभया सदा स्फुटानि॥ एवं दक्षिणपश्चिमोत्तरासु दिक्ष्वध ऊर्ध्वमनुविदिक्ष्व् एकैकस्यां दिशि समन्ताद्गङ्गानदीवालिकासमानि बुद्धक्षेत्रकोटीनयुतशतसहस्राणि तस्य भगवतो ऽमिताभस्य तथागतस्य तया प्रभया सदा स्फुटानि, स्थापयित्वा बुद्धान्भगवतः पूर्वप्रणिधानाधिष्ठानेन ये व्योमप्रभयैकद्वित्रिचतुःपञ्चदशविंशतित्रिंशच्चत्वारिंशद्योजनप्रभया, योजनशतप्रभया, योजनसहस्रप्रभया, योजनशतसहस्रप्रभया, यावदनेकयोजनकोटीनयुतशतसहस्रप्रभया, यावल्लोकं स्फरित्वा तिष्ठन्ति॥

---

① “第三炎天”指夜摩天。

② 这里是说四天王和忉利天住在须弥山上，而夜摩天直至色究竟天住在须弥山上方的空中。

③ “住行业之地”可以理解为住在这里，是善行善业的威力或果报。

④ 上一段和这一段中有关内容见于原文后面第 98—100 页。

今译：“阿难啊，简而言之，世尊无量光如来的光芒①永远遍照东方恒河沙数的数百千千万那由多佛土。同样，世尊无量光如来的光芒永远遍照南、西、北、上、下和四维所有方位恒河沙数的数百千千万那由多佛土。除了那些佛世尊，凭借他们以前的誓愿威力，用一寻②光芒，一、二、三、四、五、十、二十、三十、四十由旬③光芒，一百由旬光芒，一千由旬光芒，十万由旬光芒，乃至数百千千万那由多由旬光芒，照耀世界。④

康译：佛告阿難：“無量壽佛威神光明最尊第一，諸佛光明所不能及。或有佛光照百佛世界，或千佛世界。取要言之，乃照東方恒沙佛剎，南、西、北方、四維上下亦復如是。或有佛光照于七尺，或照一由旬，二、三、四、五由旬，如是轉倍，乃至照一佛剎。

नास्त्यानन्दोपमोपन्यासो, येन शक्यं तस्यामिताभस्य तथागतस्य प्रभयाः प्रमाणमुद्गृहितुम्॥ तदनेनानन्द पर्यायेण स तथागतो ऽमिताभ इत्युच्यते ; अमितप्रभो, ऽमितप्रभासो, ऽसमाप्तप्रभो, ऽसङ्गप्रभो, ऽप्रतिहतप्रभो, नित्योत्सृष्टप्रभो, दिव्यमणिप्रभो, ऽप्रतिहतरश्मिराजप्रभो, रञ्जनीयप्रभः, प्रेमणीयप्रभः, प्रामोदनीयप्रभः, प्रह्लादनीयप्रभ, उल्लोकनीयप्रभो, निबन्धनीयप्रभो, ऽचिन्त्यप्रभो, ऽतुल्यप्रभो, ऽभिभूयनरेन्द्रासुरेन्द्रप्रभो, ऽभिभूयचन्द्रसूर्यजिह्मीकरणप्रभो, ऽभिभूयलोकपालशक्रब्रह्मशुद्धावासमहेश्वरसर्वदेवजिह्मीकरणप्रभः, सर्वप्रभापारगत इत्युच्यते॥

今译：“阿难啊，世尊无量光如来的光芒⑤不可比拟，不可计量。阿难啊，由此缘故，这位如来称为无量光，也称为无量光明，无量光照，无边光，无著光，无碍光，永放光，天珠光，无碍光王光，迷人光，可爱光，欢喜光⑥，喜悦光，瞻仰光，不断光，不可思议光，无

① 此处“光芒”的原词是 prabhayāḥ，据 V 本和 F 本应为 prabhāyāḥ。
② “一寻”（vyoma 或 vyāma）相当于七尺。
③ “由旬”（yojana）相当于十四公里。
④ 这里是说其他佛世尊能凭借誓愿威力照耀世界，但都比不上无量光的威力。
⑤ 此处“光芒”的原词是 prabhayāḥ，据 V 本和 F 本应为 prabhāyāḥ。
⑥ 此处“欢喜光”的原词是 prāmodanīyaprabhaḥ，V 本和 F 本均写为 pramodanīyaprabhaḥ。

比光，映蔽国王和阿修罗王光，映蔽日月光，映蔽护世天王、帝释天、梵天、净居天、大自在天和一切天神光，超越一切光。

康译：“是故，無量壽佛號無量光佛，無邊光佛，無礙光佛，無對光佛，炎王光佛，清淨光佛，歡喜光佛，智慧光佛，不斷光佛，難思光佛，無稱光佛，超日月光佛。

सा चास्य प्रभा विमला, विपुला, कायसुखसंजननी, चित्तौद्बिल्यकरणी, देवासुरनागयक्षगन्धर्वगरुडमहोरगकिन्नरमनुष्यामनुष्याणां प्रीतिप्रामोद्यसुखकरणी, कुशलाशयानां कल्यलघुगतिविचक्षणबुद्धिप्रामोद्यकरण्य् अन्येष्वपि अनन्तापर्यन्तेषु बुद्धक्षेत्रेषु॥

今译：“他的光芒纯洁，广大，令人身体快乐，内心喜悦，令天神、阿修罗、蛇、夜叉、健达缚、金翅鸟、大蛇、紧那罗、人和非人愉悦、欢喜和快乐，也令其他无边无沿佛土中一心向善的众生的强健、敏捷和清澈的知觉愉悦。

康译：“其有眾生遇斯光者，三垢消滅，身意柔軟，歡喜踊躍，善心生焉。若在三塗[①]勤苦之處，見此光明，皆得休息，無復苦惱，壽終之後，皆蒙解脫。無量壽佛光明顯赫，照曜十方，諸佛國土莫不聞知。不但我今稱其光明，一切諸佛、聲聞、緣覺、諸菩薩眾，咸共歎譽，亦復如是。若有眾生聞其光明威神功德，日夜稱說，至心不斷，隨意所願，得生其國，為諸菩薩、聲聞大眾所共歎譽，稱其功德，至其然後得佛道時，普為十方諸佛菩薩歎其光明亦如今也。”

अनेन चानन्द पर्यायेण तथागतः परिपूर्णं कल्पं भाषेत, तस्यामिताभस्य तथागतस्य नाम कर्मोपादाय प्रभाम् आरभ्य, न च शक्तो गुणपर्यन्तो ऽधिगन्तुं तस्याः प्रभायाः॥ न च तथागतस्य वैशारद्योपच्छेदो भवेत्॥ तत् कस्य हेतोः॥ उभयमप्येतदानन्दाप्रमेयमसंख्येयम् अचिन्त्यापर्यन्तम् , यदिदं तस्य भगवतो

① “三途”指三恶道，即地狱、畜生和饿鬼。

प्रभागुणविभूतिस् तथागतस्य चानुत्तरं प्रज्ञाप्रतिभानम् ॥

今译："阿难啊，由此缘故，如来[1]称述无量光如来的业绩，从光芒说起，说上整整一劫，也不能说尽他的光芒的功德。而这也无损于如来的无畏[2]。为什么？阿难啊，因为这位世尊的光芒功德威力和如来的无上智慧辩才，两者都无数、无边和不可思议。

康译：佛言："我說無量壽佛光明威神，巍巍殊妙，晝夜一劫尚不能盡。"

तस्य खलु पुनरानन्दामिताभस्य तथागतस्याप्रमेयः श्रावकसंघो, यस्य न सुकरं प्रमाणमुद्गृहीतुम् ; इयत्यः श्रावककोट्य, इयन्ति श्रावककोटीशतानि, इयन्ति श्रावककोटीसहस्राणि, इयन्ति श्रावककोटीशतसहस्राणि, इयन्ति कङ्कराणि, इयन्ति बिंबराणि, इयन्ति नयुतानि, इयन्त्ययुतानि, इयन्ति अक्षोभ्याणि, इयन्त्यो विवाहा, इयन्ति श्रोतांसि, इयन्त्यो जाया, इयन्त्यप्रमेणेयाणि, इयन्त्यसंख्येयानि, इयन्त्य् अगण्यानि, इयन्त्यतुल्याणि, इयन्त्यचिन्त्यानीति ॥

今译："还有，阿难啊，无量光如来的声闻无量无数，难以计算：如此千万声闻，如此百千万声闻，如此千千万声闻，如此百千千万声闻，如此甄迦罗，如此频跋罗，如此那由多，如此阿由多，如此阿閦婆，如此毗婆诃，如此须罗多，如此迦耶[3]，如此无量，如此无数，如此无计，如此无比，如此不可思议。

康译：佛語阿難："無量壽佛壽命長久，不可稱計。汝寧知乎，假使十方世界無量眾生皆得人身，悉令成就聲聞、緣覺，都共集會，禪思一心，竭其智力，於百千萬劫悉共推算，計其壽命長遠劫數，不能窮盡，知其限極[4]。聲聞、菩薩、天、人之眾，壽命長短亦復如是，

① 此处"如来"是释迦世尊自称。

② "无畏"（vaiśāradya）一词的原义是擅长、精通和聪明睿智，在佛经中引申为"自信"和"无畏"。故而，此处下面提到"如来的无上智慧辩才"。"无畏"分成佛的"四无畏"和菩萨的"四无畏"。佛的"四无畏"是一切智无畏、漏尽无畏、障道无畏和出道无畏。

③ 自"甄迦罗"至"迦耶"都是极大的数字名称。

④ 关于无量寿佛寿命无量，见于原文后面第 92 页。

非算數譬喻所能知也。又聲聞、菩薩，其數難量，不可稱說，神智洞達，威力自在，能於掌中持一切世界。”

तद्यथानन्द मौद्गल्यायनो भिक्षुर्ऋद्धिवशिताप्राप्तः स आकांक्षन् त्रिसाहस्रमहासाहस्रलोकधातौ यावन्ति तारारूपाणि तानि सर्वाण्येकरात्रिं दिवेन गणयेद्, एवंरूपानां च र्द्धिमतां कोटीनयुतशतसहस्रं भवेत्, ते वर्षकोटीनयुतशतसहस्रमनन्यकर्मणो ऽमिताभस्य तथागतस्य प्रथमं श्रावकसन्निपातं गणयेयुस्, तैर्गणयद्भिः शततमो ऽपि भागो न गणितो भवेत् ; सहस्रतमो ऽपि, शतसहस्रतमो ऽपि, यावत्कलामप्य्, उपमामप्य् , उपनिशाम् अपि, न गणितो भवेत्॥

今译：“阿难啊，譬如目犍连比丘具有神通自在，只要愿意，他可以在一日一夜，计算出三千大千世界中那样多的各种星星的总数。那么，如果有百千千万那由多具有同样神通的人，让他们用百千千万那由多年，不做其他的事，计算无量光如来初次集会中的声闻，他们也不能算出其中的百分之一，千分之一，乃至十万分之一，也无法比喻，无法比拟。

康译：佛語阿難：“彼佛初會，聲聞衆數不可稱計，菩薩亦然。能如[1]大目揵連，百千萬億無量無數，於阿僧祇[2]那由他劫，乃至滅度，悉共計挍，不能究了多少之數。

तद्यथानन्द महासमुद्राच्चतुरशीतियोजनसहस्राण्य् आवेधेन तिर्यगप्रमेयात् , कश्चिदेव पुरुषः शतधाभिन्नया वालाग्रकोट्यैकमुदकबिन्दुमभ्युत्क्षिपेत् , तत्किं मन्यसे, आनन्द, कतमो बहुतरो, यो वा शतधाभिन्नया वालाग्रकोट्याभ्युत्क्षिप्त एक उदकबिन्दुर् , यो वा महासमुद्रे ऽप्स्कन्धो ऽवशिष्ट इति॥

今译：“阿难啊，又如深广八万四千由旬的无边大海，有人将毛发尖梢分出百分之一，从大海中沾取一滴水，那么，阿难啊，你认为

① “能如”指能力如同。
② “阿僧衹”是 asaṃkhya 或 asaṃkhyeya（“无数”）一词的音译。

用百分之一毛发尖梢沾取的一滴水，与大海剩下的水量相比，哪个更多？”

康译：“譬如大海深廣無量，假使有人析其一毛以為百分，以一分毛沾取一渧，於意云何，其所渧者於彼大海，何所為多？”

आह -- योजनसहस्रमपि तावद् भगवन्महासमुद्रस्य परीत्तं भवेत्॥ किमङ्ग पुनर् , यः शतधाभिन्नया वालाग्रकोट्याभ्युत्क्षिप्त एक उदकबिन्दुः॥

今译：阿难说道：“世尊啊，一千由旬也只是大海的一小部分，更何况用毛发尖梢沾取的一滴水。”

康译：阿難白佛：“彼所渧水比於大海多少之量，非巧歷、算數、言辭、譬類所能知也。”

भगवानाह -- तद्यथा स एक उदकबिन्दुर्; इयन्तः स प्रथमसन्निपातो ऽभूत्, तैर्मौद्गल्यायनसदृशैर् भिक्षुभिर्गणयद्भिस्तेन वर्षकोटीनयुतशतसहस्रेण गणितं भवेद्, यथा महासमुद्रे ऽप्स्कन्धो ऽवशिष्ट, एवमगणितं द्रष्टव्यम्॥ कः पुनर्वादो द्वितीयतृतीयादीनां श्रावकसन्निपातादीनाम्॥ एवमनन्तापर्यन्तस् तस्य भगवतः श्रावकसंघो, यो ऽप्रमेयासंख्येय इत्य् एव संख्यां गच्छन्ति॥

今译：世尊说道：“初次集会如同这一滴水，那些与目犍连同样的比丘用百千千万那由多年计算，那么，如同大海中剩余的水量，只能认为不可计算。何必再说第二和第三次等等集会中的声闻。正是这样，这位世尊的声闻无限无边，只能称为‘无量无数’。

康译：佛語阿難：“如目連等於百千萬億那由他劫，計彼初會聲聞、菩薩，所知數者猶如一渧，其所不知如大海水。

अपरिमितं चानन्द तस्य भगवतो ऽमिताभस्य तथागतस्यायुष्प्रमाणं, यस्य न सुकरं प्रमाणमधिगन्तुम् ; इयन्ति वा कल्पा, इयन्ति वा कल्पशतानि, इयन्ति वा कल्पसहस्राणि, इयन्ति वा कल्पशतसहस्राणि, इयत्यो वा कल्पकोट्य, इयन्ति वा

कल्पकोटीशतानि, इयन्ति वा कल्पकोटीसहस्राणि, इयन्ति वा कल्पकोटीशत-सहस्राणि, इयन्ति वा कल्पकोटीनयुतशतसहस्राणीति॥ अथ तर्ह्यानन्दापरिमितमेव तस्य भगवत आयुष्प्रमाणम् अपर्यन्तम्॥ तेन स तथागतो ऽमितायुरित्युच्यते॥

今译："还有，阿难啊，世尊无量光如来的寿命无量，难以计量：如此多[①]的劫，如此百劫，如此千劫，如此十万劫，如此千万劫，如此百千万劫，如此千千万劫，如此百千千万劫，如此百千千万那由多劫。因此，阿难啊，这位世尊的寿命无量无限。因此，这位如来称为'无量寿'。

यथा चानन्देह लोकधातौ कल्पसंख्या कल्पगणना प्रज्ञप्तिकसंकेतस् , तथा सांप्रतं दशकल्पास्तस्य भगवतो ऽमितायुषस्तथागतस्योत्पन्नस्यानुत्तरां सम्यक्सं-बोधिमभिसंबुद्धस्य॥

今译："阿难啊，按照这个世界计算劫的习惯用语，世尊无量寿如来出世和证得无上正等菩提后，至今已有十劫。

तस्य खलु पुनरानन्द भगवतो ऽमिताभस्य सुखावती नाम लोकधातुर्, ऋद्धा च, स्फीता च, क्षेमा च, सुभिक्षा च, रमणीया च, बहुदेवमनुष्याकीर्णा च॥ तत्र खल्व् अप्यानन्द लोकधातौ न निरयाः सन्ति, न तिर्यग्योनिर्, न प्रेतविषयो, नासुराः काया, नाक्षणोपपत्तयः ; न च तानि रत्नानि लोके प्रचरन्ति, यानि सुखावत्यां लोकधातौ संविद्यन्ते॥

今译："还有，阿难啊，世尊无量光如来的世界名为极乐，富裕，繁荣，安宁，富饶，可爱，充满天神和人。阿难啊，在这个世界，没有地狱，没有畜生，没有饿鬼，没有阿修罗，没有灾难和不幸降临。在极乐世界里，也没有在这个世界里常见的那些宝石。

सा खल्वानन्द सुखावती लोकधातुः सुरभिनानागन्धसमीरिता, नाना-

① 此处"如此多"的原词是 iyanti，F 本写为 iyanto。

पुष्पफलसमृद्धा, रत्नवृक्षसमलंकृता, तथागताभिनिर्मितमनोज्ञस्वरनानाद्विजसंघ-निषेविता ॥

今译："阿难啊，在这个极乐世界里，各种香气弥漫，各种花果茂盛，装饰有各种宝树，还有如来幻化的各种鸟禽出没，鸣声婉转动听。

ते चानन्द रत्नवृक्षा नानावर्णा, अनेकवर्णा, अनेकशतसहस्रवर्णाः -- सन्ति तत्र रत्नवृक्षाः सुवर्णवर्णाः सुवर्णमयाः ; सन्ति रूप्यवर्णा रूप्यमयाः ; सन्ति वैडूर्यवर्णा वैडूर्यमयाः ; सन्ति स्फटिकवर्णाः स्फटिकमयाः ; सन्ति मुसारगल्ववर्णा मुसारगल्वमयाः ; सन्ति लोहितमुक्तावर्णा लोहितमुक्तामयाः ; सन्त्यश्मगर्भवर्णा अश्मगर्भमयाः ॥

今译："阿难啊，这些宝树多姿多彩，呈现数百千种颜色：有金制金色的宝树，有银制银色的，有琉璃制琉璃色的，有水晶制水晶色的，有玛瑙制玛瑙色的，有赤珠制赤珠色的，有翡翠制翡翠色的。

康译："又其國土，七寶諸樹周滿世界。金樹，銀樹，琉璃樹，頗梨樹，珊瑚樹，瑪瑙樹，車𤦲樹。

सन्ति केचिद्द्वयो रत्नवृक्षयोः सुवर्णस्य रूप्यस्य च॥ सन्ति त्रयाणां रत्नानां सुवर्णस्य रूप्यस्य वैडूर्यस्य च॥ सन्ति चतुर्णां सुवर्णस्य रूप्यस्य वैडूर्यस्य स्फटिकस्य च॥ सन्ति पञ्चानां सुवर्णस्य रूप्यस्य वैडूर्यस्य स्फटिकस्य मुसारगल्वस्य च॥ सन्ति षण्णां सुवर्णस्य रूप्यस्य वैडूर्यस्य स्फटिकस्य मुसारगल्वस्य लोहितमुक्तायाश्च॥ सन्ति सप्तानां रत्नानां सुवर्णस्य रूप्यस्य वैडूर्यस्य स्फटिकस्य मुसालगल्वस्य लोहितमुक्ताया, अश्मगर्भस्य च सप्तमस्य॥

今译："也有一些金银双宝的[1]宝树，一些金、银和琉璃三宝的，一些金、银、琉璃和水晶四宝的，一些金、银、琉璃、水晶和玛瑙五

① 此处"双宝的（宝树）"原文是 dvayo ratnavṛkṣayoḥ，V 本和 F 本写为 dvayo ratnayoḥ。

宝的，一些金、银、琉璃、水晶、玛瑙和赤珠六宝的，一些金、银、琉璃、水晶、玛瑙、赤珠和翡翠七宝的。

康译："或有二寶、三寶乃至七寶轉共合成。

तत्रानन्द सौवर्णाणां वृक्षाणां सुवर्णमयानि मूलस्कन्धविटपशाखापत्त्रपुष्पानि फलानि रौप्यमयानि ; रौप्यमयानां वृक्षाणां रूप्यमयान्येव मूलस्कन्धविटपशाखा-पत्त्रपुष्पानि फलानि वैडूर्यमयानि ; वैडूर्यमयानां वृक्षानां वैडूर्यमयानि मूलस्कन्ध-विटपशाखापत्त्रपुष्पाणि फलानि स्फटिकमयानि ; स्फटिकमयानां वृक्षाणां स्फटि-कमयान्येव मूलस्कन्धविटपशाखापत्त्रपुष्पाणि फलानि मुसारगल्वमयानि ; मुसार-गल्वमयानां वृक्षाणां मुसारगल्वमयान्येव मूलस्कन्धविटपशाखापत्त्रपुष्पाणि फलानि लोहितमुक्तामयानि ; लोहितमुक्तामयानां वृक्षाणां लोहितमुक्तामयान्येव मूलस्कन्धविटपशाखापत्त्रपुष्पाणि फलान्यश्मगर्भमयाणि; अश्मगर्भमयाणां वृक्षा-नामश्मगर्भमयाण्येव मूलस्कन्धविटपशाखापत्त्रपुष्पाणि फलानि सुवर्णमयानि॥

今译："阿难啊，在这里，金制的金树，根、干、条、枝、叶和花金制，果银制；银制的银树，根、干、条、枝、叶和花银制，果琉璃制；琉璃制的琉璃树，根、干、条、枝、叶和花琉璃制，果水晶制；水晶制的水晶树，根、干、条、枝、叶和花水晶制，果玛瑙制；玛瑙制的玛瑙树，根、干、条、枝、叶和花玛瑙制，果赤珠制；赤珠制的赤珠树，根、干、条、枝、叶和花赤珠制，果翡翠制；翡翠制的翡翠树，根、干、条、枝、叶和花翡翠制，果金制。

康译："或有金樹，銀葉華果；或有銀樹，金葉華果；或琉璃樹，玻梨為葉，華果亦然；或水精樹，琉璃為葉，華果亦然；或珊瑚樹，瑪瑙為葉，華果亦然；或瑪瑙樹，琉璃為葉，華果亦然；或車璩樹，眾寶為葉，華果亦然。

केषांचिदानन्द वृक्षाणां सुवर्णमयानि मूलानि, रौप्यमयाः स्कन्धा, वैडूर्यमया विटपाः, स्फटिकमयाः शाखा, मुसारगल्वमयानि पत्त्राणि, लोहितमुक्तामयानि

पुष्पाण्य्, अश्मगर्भमयाणि फलानि ; केषांचिदानन्द वृक्षाणां रूप्यमयानि मूलानि, वैडूर्यमयाः स्कन्धाः, स्फटिकमया विटपा, मुसारगल्वमयाः शाखा, लोहितमुक्तामयानि पत्त्राण्य्, अश्मगर्भमयाणि पुष्पाणि, सुवर्णमयानि फलानि ; केषांचिद् आनन्द वृक्षाणां वैडूर्यमयानि मूलानि, स्फटिकमयाः स्कन्धा, मुसारगल्वमया विटपा, लोहितमुक्तामयाः शाखा, अश्मगर्भमयाणि पत्त्राणि, सुवर्णमयानि पुष्पाणि, रौप्यमयानि फलानि ; केषांचिदानन्द वृक्षाणां स्फटिकमयानि मूलानि, मुसारगल्वमयाः स्कन्धा, लोहितमुक्तामया विटपा, अश्मगर्भमयाः शाखाः, सुवर्णमयानि पत्त्राणि, रौप्यमयानि पुष्पाणि, वैडूर्यमयानि फलानि ;

今译："阿难啊，有些树金根、银干、琉璃条、水晶枝、玛瑙叶、赤珠花和翡翠果。阿难啊，有些树银根、琉璃干、水晶条、玛瑙枝、赤珠叶、翡翠花和金果。阿难啊，有些树琉璃根、水晶干、玛瑙条、赤珠枝、翡翠叶、金花和银果。阿难啊，有些树水晶根、玛瑙干、赤珠条、翡翠枝、金叶、银花和琉璃果。

康译："或有寶樹，紫金為本[①]，白銀為莖，琉璃為枝，水精為條，珊瑚為葉，瑪瑙為華，車璩為實；或有寶樹，白銀為本，琉璃為莖，水精為枝，珊瑚為條，瑪瑙為葉，車璩為華，紫金為實；或有寶樹，琉璃為本，水精為莖，珊瑚為枝，瑪瑙為條，車璩為葉，紫金為華，白銀為實；或有寶樹，水精為本，珊瑚為莖，瑪瑙為枝，車璩為條，紫金為葉，白銀為華，琉璃為實；或有寶樹，珊瑚為本，瑪瑙為莖，車璩為枝，紫金為條，白銀為葉，琉璃為華，水精為實。

केषांचिद् आनन्द वृक्षानां मुसारगल्वमयानि मूलानि, लोहितमुक्तामयाः स्कन्धा, अश्मगर्भमया विटपाः, सुवर्णमयाः शाखा, रौप्यमयानि पत्त्राणि, वैडूर्यमयानि पुष्पाणि, स्फटिकमयानि फलानि ; केषांचिदानन्द वृक्षाणां लोहित-मुक्तामयानि मूलान्य्, अश्मगर्भमयाः स्कन्धाः, सुवर्णमया विटपा, रौप्यमया शाखा, वैडूर्यमयाणि पत्त्राणि, स्फटिकमयानि पुष्पाणि, मुसारगल्वमयानि फलानि ;

① "本"指树根。

केषांचिद् आनन्द वृक्षाणामश्मगर्भमयानि मूलानि, सुवर्णमयाः स्कन्धा, रौप्यमया विटपा, वैडूर्यमयाः शाखाः, स्फटिकमयानि पत्त्रानि, मुसारगल्वमयानि पुष्पाणि, लोहितमुक्तामयानि फलानि ; केषांचिदानन्द वृक्षाणां सप्तरत्नमयानि मूलानि, सप्तरत्नमयाः स्कन्धाः, सप्तरत्नमया विटपाः, सप्तरत्नमयाः शाखाः, सप्तरत्नमयानि पत्त्राणि, सप्तरत्नमयानि पुष्पानि, सप्तरत्नमयानि फलानि॥

今译："阿难啊，有些树玛瑙根、赤珠干、翡翠条、金枝、银叶、琉璃花和水晶果。阿难啊，有些树赤珠根、翡翠干、金条、银枝、琉璃叶、水晶花和玛瑙果。阿难啊，有些树翡翠根、金干、银条、琉璃枝、水晶叶、玛瑙花和赤珠果。阿难啊，有些树七宝根、七宝干、七宝条、七宝枝、七宝叶、七宝花和七宝果。

康译："或有寶樹，瑪瑙為本，車璩為莖，紫金為枝，白銀為條，琉璃為葉，水精為華，珊瑚為實；或有寶樹，車璩為本，紫金為莖，白銀為枝，琉璃為條，水精為葉，珊瑚為華，瑪瑙為實。

सर्वेषां चानन्द तेषां वृक्षाणां मूलस्कन्धविटपशाखापत्त्रपुष्पफलानि मृदूनि सुखसंस्पर्शानि सुगन्धीनि ; वातेन प्रेरितानां च तेषां वल्गुमनोज्ञनिर्घोषो निश्चरत्य् , असेचनको ऽप्रतिकूलः श्रवणाय॥

今译："阿难啊，所有这些树的根、干、条、枝、叶、花和果柔软，触感舒服，芳香，遇到风儿吹拂，就会发出甜蜜可爱的声响，悦耳迷人，百听不厌。

康译："行行相值，莖莖相望，枝枝相準，葉葉相向，華華相順，實實相當，榮色光曜不可勝視，清風時發，出五音聲[①]，微妙宮商自然相和。

एवंरूपैरानन्द सप्तरत्नमयैर्वृक्षैः संततं तद् बुद्धक्षेत्रं समन्ताच्च कदलीस्तम्भैः

① "五音声"是借用中国古代音律名，指五种音调或音阶：宫、商、角、徵和羽。

सप्तरत्नमयै रत्नतालपङ्क्तिभिश्चानुपरिक्षिप्तं, सर्वतश्च हेमजालप्रतिच्छन्नं, समन्ततश्च सप्तरत्नमयैः पद्मैः संच्छन्नं॥ सन्ति तत्र पद्मान्यर्धयोजनप्रमाणानि, सन्ति योजनप्रमाणानि, सन्ति द्वित्रिचतुःपञ्चयोजनप्रमाणानि, सन्ति यावद्दशयोजनप्रमाणानि॥

今译：“阿难啊，这个佛土永远遍布这样的七宝树，围绕有七宝芭蕉秆，成排成排的七宝多罗树，到处覆盖有金网和七宝莲花。其中有半由旬大的莲花，还有一由旬大的，二、三、四和五由旬大的，乃至十由旬大的。

सर्वतश्च रत्नपद्मात् षट्त्रिंशद्रश्मिकोटीसहस्राणि निश्चरन्ति॥ सर्वतश्च रश्मिमुखात्षट्त्रिंशद्बुद्धकोटीसहस्राणि निश्चरन्ति; सुवर्णवर्णैः कायैर्द्वात्रिंशन्महापुरुषलक्षणधरैर् , यानि पूर्वस्यां दिश्यप्रमेयासंख्येयासु लोकधातुषु गत्वा, सत्त्वेभ्यो धर्मं देशयन्ति॥ एवं दक्षिणपश्चिमोत्तरासु दिक्ष्वध ऊर्ध्वमनुविदिक्षु चानावरणे लोकेऽप्रमेयासंख्येयांल्लोकधातून्गत्वा, सत्त्वेभ्यो धर्मं देशयन्ति॥

今译：“所有这些宝莲花都放射三万六千千万道光芒。所有这些光芒中都出现三万六千千万佛，个个具有金身和三十二大人相，前往东方无量无数世界，为众生说法。同样，也前往南方、西方、北方、上方、下方和四维无量无数世界[①]，为众生说法。

康译：“又無量壽佛，其道場樹高四百萬里，其本周圍五千由旬，枝葉四布二十萬里，一切眾寶自然合成。以月光摩尼、持海輪寶眾寶之王而莊嚴之，周匝條間垂寶瓔珞，百千萬色，種種異變，無量光炎，照曜無極，珍妙寶網羅覆其上，一切莊嚴隨應而現。微風徐動，吹諸樹葉，出妙法音，普流十方一切佛國，其聞音者得深法忍，住不退轉，至成佛道，不遭苦患。目覩其色，耳聞其音，鼻知其香，舌嘗其味，身觸其光，心以法緣，一切皆得甚深法忍，住不退轉，至成佛道，六根清徹，無諸惱患。阿難！若彼國人天，見此樹者得三法忍：一者音

① 此处原文中还有 ca anāvaraṇe loke，V 本写为 gatāvaraṇe loke，均可读为“无所障碍的世界”（阳性单数依格）。这个短语用在这里似乎多余，F 本略去。

響忍，二者柔順忍，三者無生法忍。此皆無量壽佛威神力故，本願力故，滿足願故，明了願故，堅固願故，究竟願故。”[①]

तस्मिन्खलु पुनरानन्द बुद्धक्षेत्रे सर्वशः कालपर्वता न सन्ति, सर्वतो रत्नपर्वताः॥ सर्वशः सुमेरवः पर्वतराजानः, सर्वशश्चक्रवाडमहाचक्रवाडाः पर्वतराजानो, महासमुद्राश्च न सन्ति॥ समन्ताच्च तद् बुद्धक्षेत्रं समं रमणीयं पाणितलजातं नानाविधरत्नसंनिचितभूमिभागम्॥

今译：“还有，阿难啊，这个佛土没有任何黑山，没有任何宝山，没有任何山王须弥山，没有任何山王轮围山和大轮围山，也没有任何大海。这个佛土处处平坦，可爱，如同手掌，地面镶嵌各种宝石。”

एवमुक्त आयुष्मानानन्दो भगवन्तमेतदवोचत्; ये पुनस्ते भगवंश्चातुर्महाराज-कायिका देवाः सुमेरुपार्श्वनिवासिनस्त्रायस्त्रिंशा वा सुमेरुमूर्ध्नि निवासिनस्, ते कुत्र प्रतिष्ठिताः॥

今译：闻听此言，尊者阿难对世尊说道：“那么，世尊啊，住在须弥山的四大天王和住在须弥山顶的三十三天住在哪儿呢？”

भगवानाह -- तत्किं मन्यसे, आनन्द, ये त इह सुमेरोः पर्वतराजस्योपरि यामा देवास्, तुषिता देवा, निर्माणरतयो देवाः, परनिर्मितवशवर्तिनो देवा, ब्रह्मकायिका देवा, ब्रह्मपुरोहिता देवा, महाब्रह्मणो देवा, यावदकनिष्ठा देवाः, कुत्र ते प्रतिष्ठिता इति॥

今译：世尊说道：“阿难啊，那你认为住在须弥山上方的夜摩天、兜率天、化自在天、他化自在天、梵众天、梵辅天、大梵天，乃至阿迦尼吒天，他们住在哪儿呢？”

---

① “本愿力”指以前立下的誓愿的力量。以下几个短语形容誓愿圆满、明了、坚固和至高无上。这一段内容见于原文后面第 129、130 页。

आह -- अचिन्त्यो भगवन्कर्मांणां विपाकः, कर्माभिसंस्कारः॥

今译：阿难说道："世尊啊，业果和业行不可思议"。

भगवानाह -- लब्धस्त्वयानन्देहाचिन्त्यः कर्माणां विपाकः, कर्माभिसंस्कारो ; न पुनर्बुद्धानां भगवताम् अचिन्त्यं बुद्धाधिष्ठानम्॥ कृतपुण्यानां च सत्त्वानाम् अवरोपितकुशलमूलानां तत्राचिन्त्या पुण्या विभूतिः॥

今译：世尊说道："阿难啊，你觉得业果和业行不可思议。而佛世尊的佛威力并非不可思议。种植善根、积累功德的众生的福德威力不可思议[1]。"

आह -- न मे ऽत्र भगवन्काचित्कांक्षा वा, विमतिर्वा, विचिकित्सा वा॥ अपि तु खल्वहमनागतानां सत्त्वानां कांक्षाविमतिविचिकित्सां निर्घाताय तथागतमेतमर्थं परिपृच्छामि॥

今译：阿难说道："世尊啊，我对此并不怀疑，也无疑惑或犹疑。我只是为破除未来众生的怀疑、疑惑或犹疑，而询问如来这个问题。"

भगवानाह -- साधु साध्वानन्दैवं ते करणीयम्॥ तस्यां खल्वानन्द सुखावत्यां लोकधातौ नानाप्रकारा नद्यः प्रवहन्ति॥ सन्ति तत्र महानद्यो योजनविस्ताराः॥ सन्ति यावद्विंशतित्रिंशतिचत्वारिंशत्पञ्चाशद्, यावद्योजनशत-सहस्रविस्ताराः, द्वादशयोजनावेधाः ; सर्वाश्च नद्यः सुखवाहिन्यो, नानासुरभिगन्ध-वारिवाहिन्यो, नानारत्नलुडितपुष्पसंघातवाहिन्यो, नानामधुरस्वरनिर्घोषाः॥

今译：世尊说道："很好，很好，阿难啊，你应该这样做。阿难啊，在这个极乐世界里，有各种各样河流，其中有一由旬宽的大河，乃至二十、三十、四十和五十由旬宽，乃至十万由旬宽，十二由旬深。所有这些河流水流欢快，飘逸各种芳香，充满装点各种宝石的花丛，

① 这句原文中的 tatra（"这里"）一词，V 本写为 tava（"你的"）。若按 V 本，这句可译为"……对于你不可思议"。

发出各种甜蜜声响。

तासां चानन्द कोटीशतसहस्राङ्गसंप्रयुक्तस्य दिव्यसङ्गीतिसंमूर्च्छितस्य तूर्यस्य कुशलैः संप्रवादितस्य, तावन्मनोज्ञनिर्घोषो निश्चरति॥ यथारूपस्तासां महानदीनां निर्घोषो निश्चरति, गम्भीर, आज्ञेयो, विज्ञेयो, ऽनेलः कर्णसुखो हृदयंगमः, प्रेमणीयो, वल्गुमनोज्ञो, ऽसेचनको ऽप्रतिकूलः, श्रवणीयो, ऽचिन्त्य-शान्तमनात्मेति सुखश्रवणीयो, यस्तेषां सत्त्वानां श्रोत्रेन्द्रियानां भासम् आगच्छन्ति॥

今译：“阿难啊，这些大河发出的声响，如同熟练的乐师演奏由百千千万种部件组成的乐器，奏出迷人的天国乐曲。这样可爱的声响深沉，可感可知，纯净，悦耳，动人心扉，可爱，美妙迷人，顺耳，百听不厌，‘无常[①]、寂静和无我’之声悦耳，传入众生耳中。

康译：佛告阿難：“世間帝王有百千音樂，自轉輪聖王，乃至第六天上伎樂音聲，展轉相勝千億萬倍。第六天上萬種樂音，不如無量壽國諸七寶樹一種音聲千億倍也。亦有自然萬種伎樂，又其樂聲無非法音，清暢哀亮，微妙和雅，十方世界音聲之中最為第一。又講堂、精舍、宮殿、樓觀皆七寶莊嚴，自然化成，復以真珠、明月、摩尼眾寶以為交露[②]，覆蓋其上。

तासां खलु पुनरानन्द महानदीनामुभयतस् तीराणि नानागन्धवृक्षैः संततानि, येभ्यो नानाशाखापत्त्रपुष्पमञ्जर्यो ऽवलंबन्ते॥ तत्र ये सत्त्वास्तेसु नदीतीरेष्व् आकांक्षन्ति, दिव्यां निरामिषां रतिक्रीडां चानुभवितुं, तेषां तत्र नदीष्ववतीर्णानां आकांक्षतां गुल्फमात्रं वारि संतिष्ठन्ते ; आकांक्षतां जानुमात्रं कटीमात्रं कक्षमात्रम् , आकांक्षतां कण्ठमात्रं वारि संतिष्ठन्ते ; दिव्याश्च रतयः प्रादुर्भवन्ति॥ तत्र ये सत्त्वा आकांक्षन्ति -- शीतं वारि भवत्विति, तेषां शीतं भवति ; य आकांक्षन्त्य् -- उष्णं

① 此处“无常”的原词是 acintya（“不可思议”）。V 本写为 anityam（“无常”）。
② “交露”指交错。

भवत्विति, तेषामुष्णं भवति ; य आकांक्षन्ति -- शीतोष्णं भवत्विति, तेषां शीतोष्णमेव तद्वारि भवत्यनुसुखम्॥

今译：“还有，阿难啊，在这些大河的两岸，绵延各种香树，各种枝叶花簇下垂。这里的众生在这些河的岸边，想要体验天国超凡脱俗的欲乐游戏，进入这里的河中，水便按照他们的愿望停留在脚踝，或者按照他们的愿望停留在膝部、臀部、胁部或颈部，天国的欲乐展现。在这里，众生希望水凉，水就变凉；希望水热，水就变热；希望水又凉又热，水就变得又凉又热，随他们的喜欢。

康译：“內外左右有諸浴池，或十由旬，或二十、三十乃至百千由旬，縱廣深淺各皆一等[1]，八功德水[2]湛然盈滿，清淨香潔，味如甘露。黃金池者，底白銀沙；白銀池者，底黃金沙；水精池者，底琉璃沙；琉璃池者，底水精沙；珊瑚池者，底琥珀沙；琥珀池者，底珊瑚沙；車璩池者，底瑪瑙沙；瑪瑙池者，底車璩沙；白玉池者，底紫金沙；紫金池者，底白玉沙。或二寶、三寶乃至七寶轉共合成。其池岸上有栴檀樹，華葉垂布，香氣普熏，天[3]優鉢羅華，鉢曇摩華，拘物頭華，分陀利華[4]，雜色光茂，彌覆水上。彼諸菩薩及聲聞眾，若入寶池，意欲令水沒足，水即沒足；欲令至膝，即至于膝；欲令至腰，水即至腰；欲令至頸，水即至頸；欲令灌身，自然灌身；欲令還復，水輒還復。調和冷煖，自然隨意，開神悅體，蕩除心垢，清明澄潔，淨若無形，寶沙映徹，無深不照，微瀾迴流，轉相灌注，安詳徐逝，不遲不疾。

ताश्च महानद्यो दिव्यतमालपत्त्रागरुकालानुसारितगरोरगसारचन्दनवरगन्ध-वासितवारिपरिपूर्णाः प्रवहन्ति; दिव्योत्पलपद्मकुमुदपुण्डरीकसौगन्धिकादिपुष्प-

① “各皆一等”指各自相同。

② “八功德水”指池中水有八种功德：澄净、清冷、甘美、轻软、润泽、安和、除饥渴和长养诸根。

③ 此处“天”指天国。

④ 这是四种莲花名，分别是蓝莲花、红莲花、黄莲花和白莲花。

संच्छन्ना, हंससारसचक्रवाककारण्डवशुकसारिकाकोकिलकुणालकलविङ्कमयूरादिमनोज्ञस्वरतथागताभिनिर्मितपक्षिसंघनिषेवितपुलिना, धातुराष्ट्रोपशोभिताः, सूपतीर्था, विकर्दमाः, सुवर्णवालिकासंस्तीर्णाः॥ तत्र यदा ते सत्त्वा आकांक्षन्ति -- ईदृशा अस्माकमभिप्रायाः परिपूर्यन्तामिति, तदा तेषां तादृशा एवाभिप्राया धर्म्याः परिपूर्यन्ते॥

今译："这些大河水流充沛，散发天国多摩罗树叶、沉水香、安息香、多伽罗香和乌洛迦娑罗旃檀香的芳香，覆盖天国青莲花、红莲花、黄莲花、白莲花和香莲花，河边沙滩上有如来幻化的鸟禽成群出没，天鹅、仙鹤、轮鸟、迦兰陀鸟、鹦鹉、鸲鹆、杜鹃、鸠那罗鸟、迦陵频伽鸟和孔雀鸣声婉转动听[①]，还装饰有黑嘴鹅[②]，河沿平正，不沾污泥，遍布金沙。这里的众生心中希望实现什么样的心愿，他们的正当心愿就会那样实现。

यश् चासावानन्द तस्य वारिणो निर्घोषस्तावद्मनोज्ञो निश्चरति, येन सर्वावत्तद्बुद्धक्षेत्रमभिज्ञाप्यते॥ तत्र ये सत्त्वा नदीतीरेषु स्थिता आकांक्षन्ति -- मास्माकमयं शब्दः श्रोत्रेन्द्रियाभासमागच्छन्निति, तेषां स दिव्यस्यापि श्रोत्रेन्द्रियस्याभासं नागच्छति॥ यश्च यश्च यथारूपं शब्दमाकांक्षन्ति श्रोतुं , स तथारूपमेवं मनोज्ञं शब्दं श‍ृणोति ;

今译："阿难啊，水流传出的声响这样可爱，整个佛土都能感知。这里的众生站在河岸边，如果他们愿意这种声响不传入[③]耳中，就不会传入他们即使具有天耳通的耳中。如果他们愿意听到这样的声响，他们就会听到这样可爱的声响。

① 此处"鸣声婉转动听"的原文是 manojñasvara，V 本和 F 本写为 manojñasvarāḥ，即不与后面的词组相连。

② 此处"黑嘴鹅"的原词是 dhāturāṣṭra。其中，dhātu 的词义为"元素"或"矿藏"，rāṣṭra 的词义为"王国"、"国土"或"地区"，这两个词的组合意义不明。而 V 本和 F 本写为 dhārtarāṣṭra。此词通常指史诗人物持国（dhṛtarāṣṭra）之子难敌（duryodhana），但也指称一种黑脚和黑嘴的鹅，用在这里也合适。

③ 此处"传入"的原词是 āgacchan，据 V 本和 F 本应为 āgacchatu。

康译："波揚無量，自然妙聲，隨其所應，莫不聞者。

तद्यथा ; बुद्धशब्दं , धर्मशब्दम् , संघशब्दं , पारमिताशब्दं , भूमिशब्दं , बलशब्दं , वैशारद्यशब्दम् , आवेणिकबुद्धधर्मशब्दम् , अभिज्ञाशब्दम् , प्रतिसंविच्छब्दं शून्यतानिमित्ताप्रणिहितानभिसंस्काराजातानुत्पादाभावनिरोधशब्दं , शान्तप्रशान्तोपशान्तशब्दं , महामैत्रीमहाकरुणामहामुदितामहोपेक्षाशब्दम् , अनुत्पत्तिकधर्मक्षान्त्यभिषेकभूमिप्रतिलम्भशब्दं च शृणोति ॥

今译："听到诸如佛声，法声，僧声，波罗蜜声，十地①声，十力声，无畏声，不共佛法②声，神通声，无碍慧声，空、无相、无愿、无为、不生、无生、无有和寂灭声，安静、平静和寂静声，大慈、大悲、大喜和大舍③声，证得无生法忍和灌顶地④声。

康译："或聞佛聲，或聞法聲，或聞僧聲，或寂靜聲，空、無我聲，大慈悲聲，波羅蜜聲，或十力、無畏、不共法聲，諸通慧聲⑤，無所作聲⑥，不起滅聲⑦，無生忍聲，乃至甘露灌頂衆妙法聲。

त एवंरूपांश्छब्दांश्छ्रुत्वोदारप्रीतिप्रामोद्यं प्रतिलभन्ते, विवेकसहगतं, विरागसहगतं, शान्तसहगतं, निरोधसहगतं, धर्मसहगतं, बोधिपरिनिष्पत्तिकुशलमूलसहगतं च ॥

今译："听到这些声响，他们满怀愉悦和欢喜，伴随僻静，伴随离欲，伴随平静，伴随寂灭，伴随法，伴随通向菩提的善根。

康译："如是等聲，稱其所聞，歡喜無量，隨順清淨、離欲、寂

---

① "十地"（daśabhūmi）指菩萨修行的十个阶位。

② "不共佛法"（āveṇikabuddhadharma）指佛具有的十八种特征或特质。

③ 慈、悲、喜和舍也称"四无量心"。

④ "灌顶地"（abhiṣekabhūmi）是十地修行的第十个阶位。菩萨修行达到这个阶位，诸佛以智水灌注他的头顶，表示授予他"法王"的称号。

⑤ "通慧声"指神通和无碍慧声。

⑥ "无所作声"指无为声。

⑦ "不起灭声"指不生不灭声。

滅、真實之義，隨順三寶、力、無所畏、不共之法，隨順通慧，菩薩、聲聞所行之道。

सर्वशश्चानन्द सुखावत्यां लोकधातावकुशलशब्दो नास्ति ; सर्वशो नीवरण-शब्दो नास्ति ; सर्वशो ऽपायदुर्गतिविनिपातशब्दो नास्ति ; सर्वशो दुःखशब्दो नास्ति ; अदुःखासुखवेदनाशब्दो ऽपि तावदानन्द तत्र नास्ति ; कुतः पुनर् दुःखं दुःखशब्दो वा भविष्यति॥

今译：“阿难啊，在极乐世界里，全然没有不善声，全然没有障碍声，全然没有三恶道声，全然没有苦声，阿难啊，乃至没有非苦非乐受声，又哪里会有苦或苦声？

康译：“無有三塗苦難之名，但有自然快樂之音。

तदनेनानन्द पर्यायेण सा लोकधातुः सुखावत्य् उच्यते संक्षिप्तेन, न पुनर्विस्तरेण॥ कल्पो ऽपि परिक्षयं गच्छेत् , सुखावत्यां लोकधातौ सुखकारणेषु परिकीर्तयमानेषु ; न त्वेव शक्यं तेषां सुखकारणानां पर्यन्तो ऽधिगन्तुम्॥

今译：“阿难啊，由此缘故，这个世界简称‘极乐’，无须再增添词语。即使劫有尽头，而称赞极乐世界的快乐原因，也到达不了快乐原因的尽头。

康译：“是故，其國名曰極樂。

तस्यां खलु पुनरानन्द सुखावत्यां लोकधातौ ये सत्त्वाः प्रत्याजाताः प्रत्याजनिष्यन्ते वा, सर्वे त एवंरूपेण वर्णेन, बलेन, स्थाम्नारोहपरिणाहेनाधिपत्येन, पुण्यसंचयेनाभिज्ञाभिर्वस्त्राभरणोद्यानविमानकूटागारपरिभोगैर् , एवंरूपशब्दगन्ध-रसस्पर्शापरिभोगैर् , एवंरूपैश्च सर्वोपभोगपरिभोगैः समन्वागताः ; तद् यथापि नाम देवाः परनिर्मितवशवर्तिनः॥

今译：“还有，阿难啊，出生或将要出生在这个极乐世界的众生，他们全都具有这样的美色、力量、威力、高度、宽度、控制力，依靠积累的功德和各种神通，享用这样的衣服、装饰品、花园、宫殿和楼阁，这样的色、声、香、味和触。享有这一切，如同那些他化自在天。

康译：“阿難！彼佛國土諸往生者，具足如是清淨色身，諸妙音聲，神通功德，所處宮殿、衣服、飲食、眾妙華香、莊嚴之具，猶第六天自然之物。

न खलु पुनरानन्द सुखावत्यां लोकधातौ सत्त्वा औदारिकं कवडीकाराहारमाहरन्ति॥ अपि तु खलु पुनर् यथारूपमेवाहारमाकांक्षन्ति, तथारूपमाहृतमेव संजानन्ति॥ प्रीणितकायाश्च भवन्ति, प्रीणितगात्राः॥ न तेषां भूयः काये प्रक्षेपः करणीयः॥ ते प्रीणितकायास् तथारूपानि गन्धजातान्याकांक्षन्ति, तादृशैरेव गन्धजातैर्दिव्यैस्तद्बुद्धक्षेत्रं सर्वमेव निर्धूपितं भवति॥ तत्र यस्तं गन्धं नाघ्रातुकामो भवति, तस्य सर्वशो गन्धसंज्ञावासनापि न समुदाचरति॥

今译：“还有，阿难啊，在极乐世界里，众生不食用粗糙的食物。他们想要什么样的食物，就会感知摄取那样的食物。他们的身体和四肢愉悦，食物不必进入他们的身体。他们的身体愉悦，想要什么样的香气，这个佛土就会熏染那样的天国香气。如果有人不愿意闻这种香气，那么，他的香觉就完全不出现。

康译：“若欲食時，七寶應器①自然在前，金、銀、琉璃、車璩、瑪瑙、珊瑚、虎珀、明月真珠，如是眾鉢隨意而至，百味飲食自然盈滿。雖有此食，實無食者，但見色聞香，意以為食，自然飽足，身心柔軟，無所味著，事已化去，時至復現②。彼佛國土清淨安隱微妙快樂，次於無為泥洹之道。

एवं ये यथारूपाणि गन्धमाल्यविलेपनचूर्णचीवरच्छत्रध्वजपताकातूर्याण्या-

① “应器”指食器，即钵。

② 这里是说食用完毕，这些食物便消逝，需要食用时，这些食物又出现。

कांक्षन्ति, तेषां तथारूपैरेवं तैः सर्वं तद्बुद्धक्षेत्रं परिस्फुटं भवति॥ ते यादृशानि चीवराण्याकांक्षन्ति नानावर्णान्यनेकशतसहस्रवर्णानि, तेषां तादृशैरेव चीवररत्नैः समं तद्बुद्धक्षेत्रं परिस्फुटं भवति ; प्रावृतमेव चात्मानं संजानन्ति॥

今译："同样，如果他们想要香料、花环、油膏、香粉、衣服、伞盖、旗帜和幢幡，这个佛土就会展现这一切。如果他们想要各种颜色的衣服，数十万种颜色的衣服，这个佛土就会展现这一切①，他们就会感知自己穿有这种宝衣。

ते यथारूपाण्याभरणान्याकांक्षन्ति, तद्यथा -- शीर्षाभरणानि वा, कर्णा-भरणानि वा, ग्रीवहस्तपादाभरणानि वा, यदिदं -- मकुटानि, कुण्डलानि, कटकां, केयूरां, वत्सहारां, रूचकहारां, कर्णिका, मुद्रिकाः, सुवर्णसूत्राणि मेखलाः, सुवर्ण-जालानि, सर्वरत्नकंकणीजालानि, ते तथारूपैर् आभरणैरनेकरत्नशतसहस्रप्रत्युप्तैः स्फुटं तद्बुद्धक्षेत्रं पश्यन्ति स्म॥ यदिदम् -- आभरणवृक्षवस्त्रैस्तैश्चाभरणैरलंकृत-मात्मानं संजानन्ति॥

今译："如果他们想要装饰品，诸如头饰、耳饰、颈饰、手饰和脚饰，即顶冠、耳环、腕环、臂钏、筏蹉璎珞、卢遮迦璎珞、耳珰、指环、金线、腰带、金网和一切宝石铃铛②网，他们就会看到这个佛土展现镶嵌数十万宝石的装饰品。他们会感知自己装饰有系于③装饰品树上的这些装饰品。

ते यादृशं विमानमाकांक्षन्ति, यद्वर्णलिङ्गसंस्थानं, यावदारोहपरिणाहो, नानारत्नमयनियूहशतसहस्रसमलंकृतं, नानादिव्यदूष्यसंस्तीर्णं, विचित्रोपधानवि-न्यस्तरत्नपर्यङ्कं, तादृशमेव विमानं तेषां पुरतः प्रादुर्भवति॥ ते तेषु मनोभिनिर्वृतेषु

---

① 此处"这一切"的原词是 samam，据 V 本和 F 本应为 sarvam。
② 此处"铃铛"的原词是 kaṅkaṇī，V 本写为 kiṅkiṇī。
③ 此处"系于"的原词是 vastraiḥ（"衣服"），而 V 本和 F 本写为 avasaktaiḥ（"系于"），读法更好。

विमानेषु सप्ताप्सरःसहस्रपरिवृताः पुरस्कृता विहरन्ति, क्रीडन्ति रमन्ते परिचारयन्ति॥

今译：“如果他们想要宫殿，有那样的色彩、特征和形状，那样的高度和宽度①，装饰有数十万用各种宝石制成的门扉，覆盖有各种天国绸布，有配备各种美妙枕具的宝石床座，这样的宫殿就会出现在他们面前。他们住在这些依随他们的心愿出现②的宫殿中游戏、娱乐和散步，七千天女围绕恭敬。

न च तत्र लोकधातौ देवानां मनुष्याणां वा नानात्वम् अस्ति, अन्यत्र संवृतिव्यवहारेण देवा मनुष्या वेति संख्यां गच्छति॥ तद्यथानन्द, राज्ञश्चक्रवर्तिनः पुरतो मनुष्यहीनो मनुष्यषण्डको न भासते, न तपति, न विरोचते, न भवति विशारदो, न प्रभास्वर, एवमेव देवानां परनिर्मितवशवर्तिनां पुरतः शक्रो देवेन्द्रो न भासते, न तपति, न विरोचते, यदिदम् -- उद्यानविमानवस्त्राभरणैर्, आधिपत्येन वार्घ्या वा, प्रातिहार्येण वैश्वर्येण वा ; न तु खलु पुनर्धर्माभिसमयेन धर्मपरिभोगेन वा॥ तत्रानन्द यथा देवाः परनिर्मितवशवर्तिन एवं सुखावत्यां लोकधातौ मनुष्या द्रष्टव्याः॥

今译：“在这个世界里，没有神和人的区别，除了按照世俗习惯用语称说③神和人。阿难啊，犹如在转轮王面前，贱人和阉人④不发光，不发热，不闪耀，无胆气，无光彩，同样，帝释天王在他化自在天面前，不发光，不发热，不闪耀，即有关花园、宫殿、衣服和装饰品，或者掌控力、神通、神变和自在力，还有诸法现观和诸法受用⑤。阿

① 此处“宽度”的原词是 pariṇāhaḥ，据 V 本和 F 本应为 pariṇāham。

② 此处“出现”的原词 nirvṛteṣu，据 V 本和 F 本应为 nirvṛtteṣu。

③ 此处原文中的 gacchati，V 本和 F 本写为 gacchanti。

④ “阉人”的原词是 ṣaṇḍaka，据 F 本应为 paṇḍaka。

⑤ 此处原文中有一个否定词 na，F 本也是如此，而 V 本无。这里依从 V 本，译为“还有诸法现观和诸法受用”。“诸法现观”（dharmābhisamaya）指顿时观照和明了诸法。“诸法受用”（dharmaparibhoga）指受用法乐。若按原文，则应译为“而无关诸法现观和诸法受用”。这里表达的意思是人在极乐世界的生活，种种方面如同他化自在天。而按康译，还要胜过他化自在天。

难啊，应该认为人在极乐世界里就像他化自在天。

康译：“其諸聲聞、菩薩、人、天，智慧高明，神通洞達，咸同一類，形無異狀，但因順餘方[①]故，有人天之名，顏貌端正，超世希有，容色微妙，非天非人，皆受自然虛無之身，無極之體。”

佛告阿難：“譬如世間貧窮乞人在帝王邊，形貌容狀寧可類乎？”阿難白佛：“假令此人在帝王邊，羸陋醜惡無以為喻，百千萬億不可計倍。所以然者，貧窮乞人底極廝下，衣不蔽形，食趣支命，飢寒困苦，人理殆盡，皆坐[②]前世不殖德本，積財不施，富有益慳，但欲唐得[③]，貪求無厭，不信修善，犯惡山積。如是壽終，財寶消散，苦身積聚，為之憂惱，於己無益，徒為他有，無善可怙，無德可恃，是故死墮惡趣，受此長苦。罪畢得出，生為下賤，愚鄙斯極，亦[④]同人類。所以世間帝王人中獨尊，皆由宿世積德所致，慈惠博施，仁愛兼濟，履信[⑤]修善，無所違諍，是以壽終，福應得昇善道，上生天上，享茲福樂。積善餘慶[⑥]，今得為人，遇生王家，自然尊貴，儀容端正，眾所敬事，妙衣珍膳隨心服御，宿福所追，故能致此。”

佛告阿難：“汝言是也，計如帝王，雖人中尊貴，形色端正，比之轉輪聖王，甚為鄙陋，猶彼乞人在帝王邊。轉輪聖王威相殊妙，天下第一，比忉利天王，又復醜惡，不得相喻萬億倍也。假令天帝比第六天王，百千億倍不相類也。設第六天王比無量壽佛國菩薩、聲聞，光顏容色不相及逮，百千萬億不可計倍。”

佛告阿難：“無量壽國其諸天人，衣服、飲食、華香、瓔珞、諸蓋、幢幡、微妙音聲，所居舍宅、宮殿、樓閣，稱其形色高下大小，

---

① “顺余方”指随顺其他地方。

② “坐”指“因为”。

③ “但欲唐得”指只想不劳而获。

④ 此处“亦”字，据《中华大藏经》校勘记，《资》、《碛》、《南》、《径》、《清》作“示”。“示同人类”指只是显得如同人类。

⑤ “履信”指守信。

⑥ “余庆”指余福。

或一寶、二寶乃至無量眾寶，隨意所欲，應念即至[①]。又以眾寶妙衣遍布其地，一切人天踐之[②]而行。無量寶網彌覆佛上，皆以金縷、真珠、百千雜寶、奇妙珍異莊嚴絞飾，周匝四面，垂以寶鈴，光色晃曜，盡極嚴麗。自然德風徐起微動，其風調和，不寒不暑，溫涼柔軟，不遲不疾，吹諸羅網及眾寶樹，演發無量微妙法音，流布萬種溫雅德香。其有聞者，塵勞垢習自然不起。風觸其身，皆得快樂，譬如比丘得滅盡三昧[③]。

तस्यां खलु पुनरानन्द सुखावत्यां लोकधातौ पूर्वाह्णकालसमये प्रत्युपस्थिते, समन्ताच्चतुर्दिशमाकुलसमाकुला वायवो वान्ति, येनात्र रत्नवृक्षांश्चित्रान् , दर्शनीयान् , नानावर्णान् , अनेकवर्णान् , नानासुरभिदिव्यगन्धपरिवासितान् क्षोभयन्ति, संक्षोभयन्ति, ईरयन्ति, समीरयन्ति ; यतो बहूनि पुष्पशतानि तस्यां रत्नमय्यां पृथिव्यां प्रपतन्ति मनोज्ञगन्धानि दर्शनीयानि॥ तैश्च पुष्पैस् तद्बुद्धक्षेत्रं समन्तात्सप्तपौरुषं संस्कृतं रूपं भवति॥ तद्यथापि नाम कश्चिदेव पुरुषः कुशलः पृथिव्यां पुष्पसंस्तरं संस्तृणुयाद्, उभाभ्यां पाणिभां समं रचयेत्सुचित्रं दर्शनीयम्, एवमेतद् बुद्धक्षेत्रं तैः पुष्पैर्नानागन्धवर्णैः समन्तात् सप्तपौरुषं स्फुटं भवति॥

今译："还有，阿难啊，在这个极乐世界里，上午时分，周围四方风儿竞相吹拂，[④]摇晃、晃动、吹动这些美妙、可爱、色彩缤纷、散发各种天国香气的宝树，将大量可爱的、芳香迷人的花朵吹落在宝石地面上。这些花朵遍布整个佛土，堆积有七人高。如同有个能干的人在大地上铺设花床，用双手[⑤]铺得平平整整，美妙可爱，这个佛土上堆积的各种芳香和颜色的花朵全都呈现七人高。

तानि च पुष्पजातानि मृदूनि काचलिन्दिकसुखसंस्पर्शान्य् औपम्यमात्रेण

① “应念即至”指只要一想，就会出现。
② “践之”指踩在上面。
③ “灭尽三昧”（nirodhasamāpatti）也译“灭尽定”。
④ 此处原文中的 yenātra，F 本写为 ye tān。
⑤ 此处“双手”的原词是 pāṇibhām，据 V 本和 F 本应为 pāṇibhyām。

यानि निक्षिप्ते पादे चतुरङ्गुलमेव नमन्त्य् , उत्क्षिप्ते पादे चतुरङ्गुलम् एवानमन्ति॥ निर्गते पुनः पूर्वाह्णकालसमये, तानि पुष्पानि निरवसेषमन्तर्धीयन्ते॥

今译："这些花朵柔软，触感舒服，唯有迦邻陀衣[①]可比。足踩其上，下陷[②]四指；抬起足后，又上升[③]四指。上午逝去时，这些花朵全部[④]消失。

康译："又風吹散華，遍滿佛土，隨色次第，而不雜亂，柔軟光澤，馨香芬烈。足履其上，陷下四寸；隨舉足已，還復如故。華用已訖，地輒開裂，以次化沒，清淨無遺。

अथ तद्-बुद्धक्षेत्रं विविक्तं, रम्यं, शुभं भवत्य्, अपरिक्लिष्टैस्तैः पूर्वपुष्पैः॥ ततः पुनर् अपि समन्ताच्चतुर्दिशं वायवो वान्ति, ये पूर्ववदभिनवानि पुष्पाण्यभिप्रकिरन्ति॥ यथा पूर्वाह्ण एव मध्याह्ने, ऽपराह्ने कालसमये, संध्यायां, रात्र्याः प्रथमे यामे, मध्यमे पश्चिमे च यामे॥ तैश्च वातैर्वायद्भिर् नानागन्धपरिवासितैस्ते सत्त्वाः स्पृष्टाः सन्त, एवं सुखसमर्पिता भवन्ति स्म, तद्यथापि नाम निरोधसमापन्नो भिक्षुः॥

今译："这时，这个佛土寂静，可爱，优美。不受上午的花朵扰乱。然后，周围四方的风儿又吹拂，像原先那样遍撒新花。如同上午，中午、下午、黄昏、初夜、中夜和后夜时分也是这样。众生接触这些散发各种香气的风，感到舒适愉悦，犹如比丘达到灭尽定。

康译："隨其時節，風吹散華，如是六反[⑤]。又眾寶蓮華周滿世界。一一寶華，百千億葉，其葉光明，無量種色，青色青光，白色白光，玄黃、朱紫光色亦然，煒燁煥爛，明曜日月。一一華中出三十六百千億光，一一光中，出三十六百千億佛，身色紫金，相好殊特。一

① "迦邻陀衣"（kācalindika）是用迦邻陀鸟的羽毛制作的衣服。
② 此处"下陷"的原文是 eva namanti，V 本和 F 本写为 avanamanti。
③ 此处"上升"的原文是 eva ānamanti，V 本和 F 本写为 eva unnamanti。
④ 此处"全部"的原词是 niravaseṣam（"无余"），据 V 本和 F 本应为 niravaśeṣam。
⑤ "六反"指白天三次，夜晚三次。

一諸佛又放百千光明，普為十方說微妙法。如是諸佛，各各安立無量衆生於佛正道。”[1]

तस्मिंश्चानन्द बुद्धक्षेत्रे सर्वशो ऽग्निचन्द्रसूर्यग्रहनक्षत्रतारारूपानां तमोऽन्धकारस्य च नामधेयप्रज्ञप्तिरपि नास्ति॥ सर्वशो रात्रिदिवप्रज्ञप्तिरपि नास्त्य्, अन्यत्र तथागतव्यवहारात्॥ सर्वशश्चागारपरिग्रहसंज्ञा नास्ति॥

今译：“阿难啊，在这个佛土，全然没有火、月、日、行星、星宿、星星和黑暗的名称分别，也没有夜晚和白天的名称分别，除了在如来的言说中。也没有家宅财产的想法。

तस्यां खलु पुनरानन्द सुखावत्यां लोकधातौ काले दिव्यगन्धोदकमेघा अभिप्रवर्षन्ति॥ दिव्यानि सर्ववर्णिकानि कुसुमानि, दिव्यानि सप्तरत्नानि, दिव्यं चन्दनचूर्णं, दिव्याश्च्छत्रध्वजपताका अभिप्रवर्षन्ति॥ दिव्यानि विमानानि, दिव्यानि वितानानि ध्रियन्ते, दिव्यानि रत्नच्छत्राणि सचामराण्याकाशे ध्रियन्ते॥ दिव्यानि वाद्यानि प्रवाद्यन्ते॥ दिव्याश्चाप्सरसो नृत्यन्ति स्म॥

今译：“还有，阿难啊，在这个极乐世界里，蕴含天国香水的云会及时下雨，降下天国一切颜色的鲜花、天国七宝、天国旃檀香粉、天国伞盖、旗帜和幢幡。有天国宫殿，天国帐篷，空中有天国华盖和拂尘。天国乐器演奏，天女跳舞。

तस्मिन्खलु पुनरानन्द बुद्धक्षेत्रे ये सत्त्वा उपपन्ना उत्पद्यन्त उपपत्स्यन्ते, सर्वे ते नियताः सम्यक्त्वे यावन्निर्वाणात्॥ तत्कस्य हेतोः॥ नास्ति तत्र द्वयो राश्योर्व्यवस्थानं प्रज्ञप्तिर्वा, यदिदम् -- अनियत्यस्य वा मिथ्यात्वनियतस्य वा॥ तदनेनाप्यानन्द पर्यायेण सा लोकधातुः सुखावतीत्युच्यते संक्षिप्तेन, न विस्तरेण॥ कल्पो ऽप्यानन्द परिक्षयेत्, सुखावत्यां लोकधातौ सुखकारणेषु परिकीर्तयमानेषु; न च तेषां सुखकारणानां शक्यं पर्यन्तो ऽधिगन्तुम्॥

---

[1] 这一段中有关内容见于原文前面第 97 页。

今译："还有，阿难啊，在这个佛土，已出生、正出生和将出生的众生全都常住正定聚，直至涅槃。为什么？因为这里没有其他两聚的位置和名称，即不定[①]聚和邪定聚。阿难啊，由此缘故，这个世界简称'极乐'，无须再增添词语。阿难啊，即使劫有尽头，而称赞极乐世界的快乐原因，也到达不了快乐原因的尽头。"

康译：佛告阿難："其有眾生生彼國者，皆悉住於正定之聚。所以者何？彼佛國中無諸邪聚及不定之聚。

अथ खलु भगवांस्तस्यां वेलायामिमा गाथा अभाषत --

今译：于是，世尊就在这时诵出这些偈颂：

सर्वे पि सत्त्वाः सुगता भवेयुः,
विशुद्धज्ञानाः परमार्थकोविदा।
ते कल्पकोटीमथ वापि उत्तरिम् ,
सुखावतीवर्ण प्रकाशयेयुः॥(१)

今译：一切众生全都成为善逝，
智慧纯洁，通晓第一义，
历经千万劫或更多劫，
称扬极乐世界的美妙。（1）

क्षये कल्पकोटीय व्रजेयु ताश्च,
सुखावतीये न च वर्ण अन्तः।
क्षयं न गच्छेत्प्रतिभा तेषां
प्रकाशयन्तान थ वर्णमाला॥(२)

今译：千万劫会流逝消失殆尽，

① 此处"不定"的原词是 aniyatya，据 V 本应为 aniyata。

而极乐世界的美妙无尽头，
愿他们的辩才不会消失，
称扬极乐世界的种种美妙。（2）

ये लोकधातूं परमाणुसदृशां
च्छिन्देय भिन्देय रजांश्च कुर्यात्,
अतो बहू उत्तरि लोकधातू
पूरेत्व दानं रतनेहि दद्यात्॥ (३)

今译：如果这些世界如同极微，
将它们全都碾成粉尘，
将粉尘般多或更多的世界，
全都铺满宝石，作为布施。（3）

न ता कलां पि उपमा पि तस्य
पुण्यस्य भोन्ती पृथुलोकधातवः।
यल्लोकधातूय सुखावतीये
श्रुत्वैव नाम भवतीह पुण्यं (४)

今译：布施广大世界获得的功德，
与闻听极乐世界的名号而
获得的这种功德，实在不能
比拟于万一，也不能比拟。（4）

ततो बहू पुण्य भवेत तेषां,
ये श्रद्धणेय जिनवचनसंज्ञा।
श्रद्धा हि मूलं जगतस्य प्राप्तये,
तस्माद्धि श्रुत्वा विमतिं विनोदयेद्, इति॥ (५)

今译：因此，信仰[①]胜者言说名号[①]，

① 此处“信仰”的原词是 śraddhaṇeya，V 本和 F 本写为 śraddhate。

他们就会获得大量的功德，
因为信仰是众生成就之根，
闻听之后能消除一切疑惑。（5）

एवमप्रमेयगुणवर्णा आनन्द सुखावती लोकधातुः॥ तस्य खलु पुनरानन्द भगवतो ऽमिताभस्य तथागतस्य दशसु दिक्ष्वेकैकस्यां दिशि गङ्गानदीवालुकासमेषु बुद्धक्षेत्रेषु गङ्गानदीवालुकासमा बुद्धा भगवन्तो नामधेयं परिकीर्तयन्ते, वर्णं भाषन्ते, यशः प्रकाशयन्ति, गुणमुदीरयन्ति॥ तत्कस्य हेतोः॥ ये केचित्सत्त्वास्तस्य ऽमिताभस्य तथागतस्य नामधेयं शृण्वन्ति, श्रुत्वा चान्तश एकचित्तोत्पादमप्यध्याशयेन प्रसादसहगतमुत्पादयन्ति, सर्वे ते ऽवैवर्त्तिकतायां संतिष्ठन्ते ऽनुत्तरायाः सम्यक्संबोधेः॥

今译："阿难啊，极乐世界具有这样的无量功德和美妙。还有，阿难啊，在十方每一方位，有恒河沙数佛土，恒河沙数佛世尊，他们全都称扬世尊无量光如来的名号，称说他的美妙，宣扬他的名声，赞颂他的功德。为什么？一些众生闻听无量光如来的名号，闻听后，便顿时发起心愿②，伴随喜悦，至诚信受，全都安住无上正等菩提不退转。

康译："十方恒沙諸佛如來，皆共讚歎無量壽佛威神功德不可思議。諸有衆生聞其名號，信心歡喜，乃至一念，至心迴向，願生彼國，即得往生，住不退轉，唯除五逆、誹謗正法。"

ये चानन्द केचित्सत्त्वास्तं तथागतं पुनः पुनर् आकारतो मनसीकरिष्यन्ति, बहुपरिमितं च कुशलमूलम् अवरोपयिष्यन्ति, बोधाय चित्तं परिणाम्य तत्र च लोकधाताव् उपपत्तये प्रणिधास्यन्ति, तेषां सो ऽमिताभस् तथागतो ऽर्हन्सम्यक्संबुद्धो मरणकालसमये प्रत्युपस्थिते ऽनेकभिक्षुगणपरिवृतः पुरस्कृतः

① 此处"胜者言说名号"的原文是 jinavacanasaṃjñā，V 本和 F 本写为 jinavacanaṃ saprajñāḥ，那么，这句的意思是"具有智慧，信仰胜者言说"。

② 此处原文中，在 utpādoyanti 之前，据 V 本和 F 本，有 cittam 一词。

स्थास्यति॥ ततस् ते तं भगवन्तं दृष्ट्वा प्रसन्नचित्ताः सन्ति, तत्रैव सुखावत्यां लोकधातावुपपद्यते॥

今译："阿难啊，一些众生一再专心思念[①]这位如来的形相，种植大量善根，心向菩提[②]，发愿往生这个世界。在他们临终时，无量光如来、阿罗汉、正等觉站立面前，众比丘围绕恭敬。他们见到这位如来，心中安宁，随即往生极乐世界。

康译：佛告阿難："十方世界諸天人民，其有至心願生彼國，凡有三輩。其上輩者捨家棄欲而作沙門，發菩提心，一向專念無量壽佛，修諸功德，願生彼國。此等衆生臨壽終時，無量壽佛與諸大衆現其人前，即隨彼佛往生其國，便於七寶華中自然化生，住不退轉，智慧勇猛，神通自在。

य आनन्दाकांक्षत, कुलपुत्रो वा कुलदुहिता वा, किमित्यहं दृष्ट एव धर्मे तममिताभं तथागतं पश्येयमिति, तेनानुत्तरायां सम्यक्संबोधौ चित्तमुत्पाद्याध्याशयपतितया संतत्या तस्मिन्बुद्धक्षेत्रे चित्तं संप्रेष्योपपत्तये कुशलमूलानि च परिणामयितव्यानि॥

今译："阿难啊，若有善男子或善女人心想[③]：'我怎样能在现世见到无量光如来？'那么，就应该发起无上正等菩提心，始终深心向往这个佛土，回向善根，求得往生。

康译："是故，阿難！其有衆生，欲於今世見無量壽佛，應發無上菩提之心，修行功德，願生彼國。"

ये पुनस्तं तथागतं न भूयो मनसीकरिष्यन्ति, न च बहुपरिमितं कुशलमूलमभीक्ष्णमवरोपयिष्यन्ति, तत्र च बुद्धक्षेत्रे चित्तं संप्रेषयिष्यन्ति, तेषां तादृशेनैव

① 此处"思念"的原词是 manasīkariṣyanti，一般写为 manasikariṣyanti，即前面的 manasi 是依格。在混合梵语中，这两种写法通用。

② 此处"菩提"的原词是 bodhāya，V 本写为 bodhaye。

③ 此处"心想"("希望")的原词是 ākāṃkṣata，据 V 本和 F 本应为 ākāṃkṣeta。

सो ऽमिताभस्तथागतो ऽर्हन्सम्यक्संबुद्धो वर्णसंस्थानारोहपरिणाहेन भिक्षुसंघ-परिवारेण, तादृश एव बुद्धनिर्मितो मरणकाले पुरतः स्थास्यति, ते तेनैव तथगतदर्शनप्रसादालम्बनेन समाधिनाप्रमुषितया स्मृत्या च्युतास् , तत्रैव बुद्धक्षेत्रे प्रत्याजनिष्यन्ति॥

今译："而如果不专心思念这位如来，不持久种植大量善根，心中也不向往这个佛土，在他们临终时，无量光如来、阿罗汉、正等觉也会化身站立面前。这位化身佛具有同样的高度、宽度和美色的形体，众比丘围绕。他们看到如来而保持清净安宁，进入禅定，念念不忘，死后便往生这个佛土。

康译：佛語阿難："其中輩者，十方世界諸天人民，其有至心願生彼國，雖不能行作沙門大修功德，當發無上菩提之心，一向專念無量壽佛，多少[1]修善，奉持齋戒，起立塔像，飯食沙門[2]，懸繒然燈，散華燒香，以此迴向，願生彼國。其人臨終，無量壽佛化現其身，光明相好，具如真佛，與諸大眾現其人前，即隨化佛往生其國，住不退轉，功德智慧次如上輩者也。"

ये पुनरानन्द सत्त्वास्तं तथागतं दशचित्तोत्पादां समनुस्मरिष्यन्ति ; स्पृहांश्च तस्मिन्बुद्धक्षेत्र उत्पादयिष्यन्ति ; गम्भीरेषु च धर्मेषु भाष्यमाणेषु तुष्टिं प्रतिलप्स्यन्ते, न विपत्स्यन्ते, न विषादमापत्स्यन्ते, न संसीदमापत्स्यन्ते ; ऽन्तश एकचित्तोत्पादे-नापि तं तथागतं मनसिकरिष्यन्ति, स्पृहां चोत्पादयिष्यन्ति तस्मिन्बुद्धक्षेत्रे, ते ऽपि स्वप्नान्तरगतास्तममिताभं तथागतं द्रक्ष्यन्ति ; सुखावत्यां लोकधातावुपपत्स्यन्ते; ऽवैवर्त्तिकाश् च भविष्यन्त्यनुत्तरायाः सम्यक्संबोधेः॥

今译："还有，阿难啊，众生心中忆念这位如来十次，就会渴望这个佛土，闻听深邃的法感到满意。他们不会受挫，不会绝望，不会消沉，乃至专心思念这位如来一次，就会渴望这个佛土。他们也会在

① "多少"指或多或少。
② "饭食沙门"指向沙门施舍饭食。

梦中看见无量光如来。他们会往生这个极乐世界，安住无上正等菩提不退转。

康译：佛語阿難："其下輩者，十方世界諸天人民，其有至心欲生彼國，假使不能作諸功德，當發無上菩提之心，一向專意，乃至十念，念無量壽佛，願生其國。若聞深法，歡喜信樂，不生疑惑，乃至一念念於彼佛，以至誠心願生其國。此人臨終，夢見彼佛，亦得往生，功德智慧次如中輩者也。"

इमं खल्वानन्दार्थवसं संपश्यन्तस्, ते तथागता दशसु दिक्ष्वप्रमेयासंख्येयासु लोकधातुषु तस्यामिताभस्य तथागतस्य नामधेयं परिकीर्तयन्तो, वर्णान् घोषयन्तः, प्रशंसामभ्युदीरयन्ति॥ तस्मिन्खलु पुनरानन्द बुद्धक्षेत्रे दशभ्यो दिग्भ्य एकैकस्यां दिशि गङ्गानदीवालुकोपमा बोधिसत्त्वास्तममिताभं तथागतमुपसंक्रामन्ति दर्शनाय, वन्दनाय, पर्युपासनाय, परिप्रश्नीकरणाय ; तं च बोधिसत्त्वगणं तांश् च बुद्धक्षेत्र-गुणालंकारव्यूहसंपदविशेषान्द्रष्टुम्॥

今译："阿难啊，正是看到这个缘由①，十方无量无数世界的如来称扬这位无量光如来的名号，赞美他，赞颂他。还有，阿难啊，十方所有方位恒河沙数的菩萨前往这个佛土拜见、礼敬、侍奉、请教无量光如来，同时观看这里的众菩萨和完美殊胜的佛土功德庄严。"

康译：佛告阿難："無量壽佛威神無極，十方世界無量無邊不可思議諸佛如來，莫不稱歎於彼。東方恒沙佛國無量無數諸菩薩眾，皆悉往詣無量壽佛所恭敬供養，及諸菩薩、聲聞大眾，聽受經法，宣布道化。南、西、北方、四維上下亦復如是。"

अथ खलु भगवांस्तस्यां वेलायामिममेवार्थं भूयस्या मात्रया परिदीपयन्निमा गाथा अभाषत --

---

① 此处"缘由"的原词是 arthavasa，V 本和 F 本写为 arthavaśa（此词巴利语的写法是 atthavasa）。

今译：就在这时，世尊为了更加充分说明此事，诵出这些偈颂：

康译：爾時，世尊而說頌曰：

यथैव गङ्गाय नदीय वालिका,
बुद्धान क्षेत्रा पुरिमेन तात्तकाः।
यतो हि ते आगमि बुद्ध वन्दितुम्
संबोधिसत्त्वा अमितायु नायकं॥(१)

今译：东方佛土如此多，
数量如同恒河沙，
众菩萨前来礼敬
无量寿佛陀导师。（1）

康译：東方諸佛國，其數如恒沙，
彼土諸菩薩，往覲無量覺。

बहुपुष्पपुटान्गृहीत्वा
नानावर्ण सुरभी मनोरमान्।
ओकिरन्ति नरनायकोत्तमम्
अमित-आयु नरदेवपूजितम्॥(२)

今译：他们手捧大量鲜花，
五彩缤纷，芳香迷人，
撒向人中至高导师，
神和人崇拜的无量寿。（2）

तथ दक्षिणपश्चिमोत्तरासु
बुद्धान क्षेत्रा दिशतासु तत्तकाः।
यतो यतो आगमि बुद्ध वन्दितुम्

संबोधिसत्त्वा अमितायु नायकं॥ (३)

今译：南方、西方和北方，
十方佛土同样多，
众菩萨前来礼敬
无量寿佛陀导师。（3）

康译：南西北四維，上下亦復然，
彼土菩薩眾，往覲無量覺。

बहुगन्धपुटान्गृहीत्वा
नानावर्ण सुरभी मनोरमान्।
ओकिरन्ति नरनायकोत्तमं
अमित-आयु नरदेवपूजितम्॥ (४)

今译：他们手捧大量香料，
五彩缤纷，芳香迷人，
撒向人中至高导师，
神和人崇拜的无量寿。（4）

康译：一切諸菩薩，各齎天妙華，
寶香無價衣，供養無量覺。

पूजित्व च ते बहुबोधिसत्त्वान्,
वन्दित्व पादाममितप्रभस्य।
प्रदक्षिणीकृत्य वदन्ति चैवं --
अहो ऽद्भुतं शोभति बुद्धक्षेत्रं॥ (५)

今译：众菩萨[1]满怀崇敬，
顶礼膜拜无量光，

① 此处“众菩萨”的原词是 bodhisattvān，据 V 本和 F 本，应为 bodhisattvā（即混合梵语阳性复数体格）。

右绕致敬，说道：
“佛土辉煌真奇妙！”（5）

康译：咸然奏天樂，暢發和雅音，
歌歎最勝尊，供養無量覺。
究達神通慧，遊入深法門，
具足功德藏，妙智無等倫，
慧日照世間，消除生死雲，
恭敬遶三匝，稽首無上尊。

ते पुष्पपुटाहि समोकिरन्ति
उदग्रचित्ता अतुलाय प्रीतये।
वाचं प्रभाषन्ति पुनस्तु -- नायके,
अस्मापि क्षेत्रं सिय एवरूपं॥ (६)

今译：他们一齐撒下鲜花[1]，
兴奋激动，无比喜悦，
说道：“导师啊，但愿
我们的国土也这样。”（6）

康译：見彼嚴淨土，微妙難思議，
因發無量心，願我國亦然。

तैः पुष्पपुटा इति क्षिप्त तत्र
च्छत्रं तदा संस्थिहि योजनाशतां।
स्वलंकृतं शोभति चित्रदण्डं,
च्छादेति बुद्धस्य समन्तकायं॥ (७)

今译：他们撒下一捧捧鲜花，

① 此处“鲜花”（“一捧捧鲜花”）的原词是 puṣpapuṭāhi，F 本写为 puṣpapuṭehi（即混合梵语阳性复数具格）。

形成伞盖，百由旬长，
绚丽的伞柄闪耀光芒，
覆盖[1]佛陀的整个身体。（7）

ते बोधिसत्त्वास्तथ सत्करित्वा,
कथा कथेन्ती इति तत्र तुष्टः।
सुलब्ध लाभाः खलु तेहि सत्त्वैः,
येही श्रुतं नाम नरोत्तमस्य॥(८)

今译：众菩萨这样供奉之后，
高兴地交谈："这里的
众生闻听至上者名号，
获得容易获得的收获。（8）

अस्मेहि पी लाभ सुलब्ध पूर्वा
यदागतस्य इम बुद्धक्षेत्रं।
पश्याथ स्वप्नोपम क्षेत्र कीदृशं,
यत्कल्पितं कल्पसहस्र शास्तुना॥(९)

今译："我们来到这个佛土，
也获得容易的收获，
请看这个佛土美如梦，
导师用数千劫造就。（9）

पश्यथ, बुद्धो वरपुण्यराशिः,
परीवृतु शोभति बोधिसत्त्वैः।
अमिताभस्य आभा अमितं च तेजः,
अमिता च आयुर्, अमितश्च संघः॥(१०)

① 此处"覆盖"的原词是 cchādeti，V 本和 F 本写为 chādeti。

今译：“请看佛陀积累殊胜功德，
众菩萨围绕，光彩熠熠，
无量光光芒和威力无量，
寿命无量，僧众也无量。”（10）

स्मितं करोन्ती अमितायु नाथः
षड्त्रिंशत्कोटीनयुतानि अर्चिषां।
ये निश्चरित्वा मुखमण्डलाभः
स्फुरन्ति क्षेत्राणि सहस्रकोटीः॥(११)

今译：无量寿救主展露笑容，
圆轮般面部[①]放出光芒，
三亿六千万那由多，
遍照千千万的佛土。（11）

康译：應時無量尊，動容發欣笑，
口出無數光，遍照十方國。

ताः सर्व अर्चीः पुनरेत्य तत्र,
मूर्ध्नि च अस्तंगमि नायकस्य।
देवमनुष्या जनयन्ति प्रीतिम्,
अर्चिस्तदा अस्तमिता विदित्वा॥(१२)

今译：所有的光芒又返回，
回到导师的头顶上，
神和人看到这些光芒
又返回，心生喜悦。（12）

康译：迴光圍遶身，三匝從頂入，

① 此处“圆轮般面部”的原词是 mukhamaṇḍalābhaḥ，据 V 本和 F 本应为 mukhamaṇḍalātaḥ（即混合梵语中性单数从格）。

一切天人眾，踊躍皆歡喜。

उत्तिष्ठते बुद्धसुतो महायशा
नाम्नाथ सो हि अवलोकितेश्वरः।
को हेतुरत्र भगवन्, को प्रत्ययः,
येन स्मितं कुर्वसि लोकनाथ॥(१३)

今译：名为观自在的菩萨
声誉卓著，起身说道：
“什么原因，什么缘由，
救世主啊，你微笑？（13）

康译：大士觀世音[①]，整服稽首問，
白佛何緣笑，唯然願說意。

तं व्याकरोही परमार्थकोविदा
हितानुकम्पी बहुसत्त्वमोचकः।
श्रुत्वा ति वाचं परमां मनोरमां,
उदग्रचित्ता भविष्यन्ति सत्त्वाः॥(१४)

今译：“你心怀慈悲，解脱众生，
通晓第一义，请你解释！
闻听你的绝妙可爱的
话语，众生会满心欢喜。（14）

ये बोधिसत्त्वा बहुलोकधातुषु
सुखावतीं प्रस्थित बुद्धपश्यना।
ते श्रुत्व प्रीतिं विपुलां जनेत्वा,
क्षिप्रं इमं क्षेत्र विलोकयेयुः॥(१५)

① “观世音”（avalokitasvara）即“观自在”（avalokiteśvara）。

今译：“众多世界菩萨来到
著名的极乐世界观佛，
闻听后会心生大欢喜，
迅速明了这个佛土。（15）

आगत्य च क्षेत्रमिदं उदारं,
ऋद्धीबलं प्रापुणि क्षिप्रमेव।
दिव्यं च चक्षुस्, तथ श्रोत्र दिव्यं,
जातिस्मरः परमतकोविदाश्च॥(१६)

今译：“来到这个美妙佛土，
他们迅速获得神通力，
获得天眼通，天耳通，
宿命通，以及他心通。”（16）

अमितायु बुद्धस्तद् व्याकरोति --
मम ह्ययं प्रणिधिरभूषि पूर्व।
कथं पि सत्त्वाः श्रुणियान नामं,
व्रजेयु क्षेत्रं मम नित्यमेव॥(१७)

今译：此时，无量寿佛解释说：
“这是我以前立下的誓愿，
众生只要闻听我的名号，
就会迅速来到我的佛土。（17）

康译：其佛本願力，聞名欲往生，
皆悉到彼國，自致不退轉。

स मे अय प्रणिधि प्रपूर्ण शोभना,
सत्त्वाश्च एन्ति बहुलोकधातुतः।

आगत्य क्षिप्रं मम ते ऽन्तिकस्मिन्
अविवर्त्तिका भोन्तिह एकजातिया॥(१८)

今译："我的美好誓愿已实现，
众多世界的这些众生，
迅速来到了我的身边，
来到后，终生不退转。（18）

तस्माद्य इच्छतिह बोधिसत्त्वः --
ममापि क्षेत्रं सिय एवरूपं।
अहं पि सत्त्वा बहु मोचयेयं,
नामेन घोषेन थ दर्शनेन॥(१९)

今译："因此，若有菩萨希望：
'但愿我的国土也这样，
通过名号、声音和拜见，
我也能让众生获得解脱。'（19）

स शीघ्रशीघ्रं त्वरमाणरूपः,
सुखावतीं गच्छतु लोकधातुं।
गत्वा च पूर्वममितप्रभस्य,
पूजेतु बुद्धान सहस्रकोटी॥(२०)

今译："那就让他迅速
前往极乐世界，
来到无量光前，
敬拜千千万佛！（20）

बुद्धान कोटीं बहु पूजयित्वा,
ऋद्धीबलेन बहु क्षेत्र गत्वा।

कृत्वान पूजां सुगतान सन्तिके,
भक्ताग्रमेष्यन्ति सुखावती त, इति॥(२१)

今译：“敬拜千千万佛之后，
凭神通力前往众多佛土，
在众佛陀身边礼敬供拜，
在早餐时回到极乐世界。”（21）

康译：梵聲猶雷震，八音[1]暢妙響，
當授菩薩記，今說仁[2]諦聽：
十方來正士，吾悉知彼願，
志求嚴淨土，受決[3]當作佛。
覺了一切法，猶如夢幻響[4]，
滿足諸妙願，必成如是刹[5]。
知法如電影[6]，究竟[7]菩薩道，
具諸功德本，受決當作佛。
通達諸法門，一切空無我，
專求淨佛土，必成如是刹。[8]
諸佛告菩薩，令覲安養佛[9]，
聞法樂受行，疾得清淨處，
至彼嚴淨土，便速得神通，
必於無量尊，受記成等覺。
菩薩興志願，願己國無異，

① “八音”指八种清净美妙的声音。
② “仁”是尊称，即“仁者”。
③ “受决”即“受记”，指接受授记。
④ “犹如梦幻响”指如幻、如梦、如回音。
⑤ “必成如是刹”指必然会成就这样的佛土。
⑥ “如电影”指如电光，如幻影。
⑦ “究竟”指通晓。
⑧ 自“当授菩萨记”至此，是无量寿佛回答观世音（也译“观自在”）菩萨的话。
⑨ “安养佛”是无量寿佛的别称。

普念度一切，名顯達十方。
奉事億如來，飛化遍諸刹，
恭敬歡喜去，還到安養國[①]。
若人無善本，不得聞此經[②]，
清淨有戒者，乃獲聞正法。
曾更[③]見世尊，則能信此事，
謙敬聞奉行，踊躍大歡喜。
憍慢弊懈怠，難以信此法，
宿世見諸佛，樂聽如是教。
聲聞或菩薩，莫能究聖心[④]，
譬如從生盲，欲行開導人。
如來智慧海，深廣無崖底，
二乘非所測，唯佛獨明了。
假使一切人，具足[⑤]皆得道，
淨慧如本空[⑥]，億劫思佛智，
窮力極講說，盡壽猶不知，
佛慧無邊際，如是致清淨。
壽命甚難得，佛世亦難值，
人有信慧難，若聞精進求，
聞法能不忘，見敬[⑦]得大慶[⑧]，
則我善親友，是故當發意。

---

① “安养国”是极乐世界的别称。“安养”指安心养身，与“安乐”词义相通。“极乐世界”也译“安乐世界”和“安养国”。这里是说在极乐世界的菩萨能一瞬间化身前往亿万佛土，供养诸佛如来后，又返回极乐世界。

② 从“若人无善本，不得闻此经”至这一部分偈颂的末尾“令当成佛道，广济生死流”，相当于原文后面的一组偈颂（第 171—174 页）。

③ “曾更”相当于“曾经”。

④ “圣心”指佛心或佛智。按照原文，是说声闻和缘觉（即“二乘”）不能知晓佛智。

⑤ 此处“具足”指修行圆满。

⑥ “净慧如本空”可能指智慧清净如同虚空。

⑦ “见敬”指敬拜。

⑧ “大庆”指大福。

設滿世界火，必過要聞法[①]，
會當成佛道，廣濟生死流。

तस्य खलु पुनरानन्द भगवतो ऽमितायुषस्तथागतस्यार्हतः सम्यक्संबुद्धस्य बोधिवृक्षः षोडसयोजनशतान्य् उच्चैत्वेनाष्टौ योजनशतान्यभिप्रलम्बितशाखापत्त्र-पलाशः पञ्चयोजनशतमूलारोहपरिणाहः, सदापत्त्रः सदापुष्पः सदाफलो, नाना-वर्णो ऽनेकशतसहस्रवर्णो, नानापत्त्रो नानापुष्पो नानाफलो, नानाविचित्ररूपेन समलंकृतश् , चन्द्रभासमणिरत्नपरिस्फुटः, शक्राभिलग्नमणिरत्नविचित्रितश् , चि-न्तामणिरत्नकीर्णः, सागरवरमणिरत्नसुविचित्रितो, दिव्यसमतिक्रान्तः,

今译："还有，阿难啊，世尊无量寿如来、阿罗汉、正等觉的菩提树高一千六百[②]由旬，枝叶伸展八百由旬，树根纵横五百由旬，始终有叶，始终有花，始终有果，各种颜色，数百千种颜色，各种叶，各种花，各种果，装饰有各种美妙的装饰品[③]，摩尼珠宝闪耀似月光，帝释天佩戴的各种优美的摩尼珠宝，各种如意珠宝，海中的各种殊胜摩尼珠宝，胜过天国。

सुवर्णसूत्राभिप्रलम्बितो, रूचकहारो रत्नहारो वज्राहारः कटकहारो लोहित-मुक्ताहारो नीलमुक्ताहारः, सिंहलतामेखलाकलापरत्नसूत्रसर्वरत्नकञ्चुकशताभिवि-चित्रितः सुवर्णजालमुक्ताजालसर्वरत्नजालकङ्कणीजालावनतो, मकरस्वस्तिक-नन्द्यावर्त्यर्धचन्द्रसमलंकृतः, किङ्किणीमणिसौवर्णसर्वरत्नालंकारविभूषितो, यथा-शयसत्त्वविज्ञप्तिसमलंकृतश्च ॥

今译："悬挂金线、金项链，宝石项链，金刚石项链，金手镯，赤珠瓔珞，蓝珠瓔珞，数以百计优美的狮子蔓藤腰带、宝线和宝衣，金网、珍珠网、一切宝石网和铃铛网，点缀有摩竭鱼、卍字、难陀越

① "必过要闻法"指一定要越过世界火而闻听法。
② 此处"一千六百"的原词是 ṣoḍasayojanaśatāni，其中的 ṣoḍasa，据 F 本应为 ṣoḍaśa。
③ 此处原文是 nānāvicitrarūpena samalaṃkṛtaḥ（"装饰有各种妙色"），V 本和 F 本写为 nānāvicitrabhūṣaṇasamalaṃkṛtaḥ（"装饰有各种美妙的装饰品"）。

多和半月标志，装饰有铃铛、摩尼珠、金子和一切宝石，符合众生的一切心愿。

तस्य खलु पुनरानन्द बोधिवृक्षस्य वातसमीरितस्य यः शब्दघोषो निश्चरति, सो ऽपरिमाणान् लोकधातूनभिविज्ञापयति॥ तत्रानन्द येषां सत्त्वानां बोधिवृक्ष-शब्दः श्रोत्रावभासमागच्छति, तेषां श्रोत्ररोगो न प्रतिकांक्षितव्यो, यावद्बोधि-पर्यन्तम्॥ येषां चाप्रमेयासंख्येयाचिन्त्यामाप्यापरिमाणानभिलाप्यानां सत्त्वानां बोधिवृक्षश् चक्षुषाभासमागच्छति, तेषां चक्षूरोगो न प्रतिकांक्षितव्यो, यावद्बोधि-पर्यन्तम्॥ ये खलु पुनरानन्द सत्त्वास्ततो बोधिवृक्षाद्गन्धं जिघ्रन्ति, तेषां यावद् बोधिपर्यन्तं न जातु घ्राणरोगः प्रतिकांक्षितव्यः॥ ये सत्त्वास्ततो बोधिवृक्षात्फला-न्यास्वादयन्ति, तेषां यावद् बोधिपर्यन्तं न जातु जिह्वारोगः प्रतिकांक्षितव्यः॥ ये सत्त्वास्तस्य बोधिवृक्षस्याभया स्फुटा भवन्ति, तेषां यावद्बोधिमण्डपर्यन्तं न जातु कायरोगः प्रतिकांक्षितव्यः॥

今译："还有，阿难啊，这菩提树遇到风吹，就会发出声响，传遍无量世界。阿难啊，那里的众生闻听菩提树的声响后，他们就不会再害怕耳朵得病，直至达到菩提；无量无数、不可思议、不可衡量、不可计量、不可言状的众生看到菩提树后，他们就不会再害怕眼睛得病，直至达到菩提。还有，阿难啊，众生闻到菩提树的香气后，他们就不会再害怕鼻子得病，直至达到菩提；众生品尝菩提树的果子后，他们就不会再害怕舌头得病，直至达到菩提；众生受到菩提树的光芒照耀后，他们就不会再害怕身体得病，直至到达菩提道场。

ये खलु पुनरानन्द सत्त्वास्तं बोधिवृक्षं धर्मतो निध्यायन्ति, तेषां तत्रोपादाय यावद् बोधिपर्यन्तं न जातु चित्तविक्षेपः प्रतिकांक्षितव्यः॥ सर्वे च ते सत्त्वाः सहदर्शनात्तस्य बोधिवृक्षस्यावैवर्त्तिकाः संतिष्ठन्ते ; यदुतानुत्तरायाः सम्यक्संबोधे-स्तिस्रश्च क्षान्तीः प्रतिलभन्ते, यदिदं -- घोषानुगामनुलोमिकां अनुत्पत्तिकधर्म-क्षान्तिं च ; तस्यैवामितायुषस्तथागतस्य पूर्वप्रणिधानाधिष्ठानेन, पूर्वजिनकृता-धिकारतया, पूर्वप्रणिधानपरिचर्ययोश्च सुसमाप्तया, सुभावितयानूनाविकलतया॥

今译："还有，阿难啊，众生依法深思菩提树，从此[1]就不会害怕心中出现烦乱，直至达到菩提。所有众生看到菩提树后，都会安住无上正等菩提不退转，获得三法忍，即音响法忍、柔顺法忍和无生法忍，依靠这位无量寿如来以前的誓愿护持，依靠以前侍奉过去世胜者，依靠履行以前的誓愿[2]，认真修行，圆满无缺完成。

तत्र खलु पुनरानन्द ये बोधिसत्त्वाः प्रत्याजाताः प्रत्याजायन्ते प्रत्याजनिष्यन्ते वा, सर्वे त एकजातिप्रतिबद्धास् तत एवानुत्तरां सम्यक्संबोधिमभिसंभोत्स्यन्ते ; स्थापयित्वा प्रणिधानवशेन ये ते बोधिसत्त्वा महासिंहनादनादिता, उदारसंनाहसंनद्धाः, सर्वसत्त्वपरिनिर्वाणाभियुक्ताश् च॥

今译："还有，阿难啊，所有已出生、在出生或将出生的菩萨都将成为一生补处，证得无上正等菩提。除了那些怀有誓愿的菩萨，他们发出狮子吼，披戴大铠甲，追求一切众生般涅槃。

康译：佛告阿難："彼國菩薩皆當究竟[3]一生補處，除其本願，為眾生故，以弘誓功德而自莊嚴，普欲度脫一切眾生。

तस्मिन्खलु पुनरानन्द बुद्धक्षेत्रे ये श्रावकास् ते व्योमप्रभा, ये बोधिसत्त्वास्ते योजनकोटीशतसहस्रप्रभाः ; स्थापयित्वा द्वौ बोधिसत्त्वौ, ययोः प्रभया सा लोकधातुः सततसमितं नित्यावभासस्फुटा॥

今译："还有，阿难啊，在这个佛土，声闻光照一寻，菩萨光照百千千万由旬。除了两位菩萨，他俩的光芒连续不断，永远遍照世界。"

康译："阿難！彼佛國中，諸聲聞眾身光一尋，菩薩光明照百由旬。有二菩薩最尊第一，威神光明普照三千大千世界。"

---

① 此处"从此"的原词是 tatra，V 本和 F 本写为 tataḥ。

② 此处"履行以前的誓愿"的原文是 pūrvapraṇidhāna paricaryayoḥ，其中的 paricaryayoḥ，V 本和 F 本写为 paricaryayā。

③ "究竟"指最终成就。

अथ खल्वायुष्मानानन्दो भगवन्तमेतदवोचत् -- किं नामधेयौ भगवन् तौ सत्पुरुषौ बोधिसत्त्वौ महासत्त्वौ॥

今译：这时，尊者阿难对世尊说道："世尊啊，这两位贤圣菩萨大士的名号是什么？"

康译：阿難白佛："彼二菩薩其號云何？"

भगवानाह -- एकस्तयोरानन्दावलोकितेश्वर बोधिसत्त्वो महासत्त्वो, द्वितीयः स्थामप्राप्तो नाम॥ इत एवानन्द बुद्धक्षेत्राच्च्युत्वा तत्रोपपन्नौ॥

今译：世尊说道："阿难啊，一位菩萨大士名为观自在①，另一位名为大势至②。阿难啊，他俩从佛土去世后，出生在这里。

康译：佛言："一名觀世音，二名大勢至。是二菩薩，於此國土修菩薩行，命終轉化，生彼佛國。

तत्र चानन्द बुद्धक्षेत्रे ये बोधिसत्त्वाः प्रत्याजाताः, सर्वे ते द्वात्रिंशता महापुरुषलक्षणैः समन्वागताः, परिपूर्णगात्रा, ध्यानाभिज्ञाकोविदाः, प्रज्ञाप्रभेद-कोविदाः, कुशलास्, तीक्ष्णेन्द्रियाः, सुसंवृतेन्द्रिया, आज्ञातेन्द्रिया, अदीना-चलेन्द्रियाः, प्रतिलब्धक्षान्तिका अनन्तापर्यन्तगुणाः॥

今译："阿难啊，众菩萨出生在这个佛土，全都具有三十二大人相，肢体圆满，通晓禅定神通，通晓各种智慧③，诸根锐利，守护诸根，了解诸根，诸根不低劣和不躁动，获得法忍，功德无穷无尽。

康译："阿難！其有衆生生彼國者，皆悉具足三十二相，智慧成滿，深入諸法，究暢要妙，神通無礙，諸根明利。其鈍根者成就二忍，其利根者得阿僧祇無生法忍。

---

① 此处"观自在"的原词是 avalokeśvara，据 V 本和 F 本应为 avalokeśvaraḥ。

② 此处"大势至"（或译"得大势"）的原词是 sthāmaprāpto，据 V 本和 F 本应为 mahāsthāmaprāpto。

③ 此处原文是 prajñāprabhedakovidāḥ kuśalāḥ（"通晓各种智慧，机敏能干"），V 本和 F 本写为 prajñāprabhedakuśalāḥ（"通晓各种智慧"）。

तस्मिन्खलु पुनरानन्द बुद्धक्षेत्रे ये बोधिसत्त्वाः प्रत्याजाताः, सर्वे तेऽविरहिता बुद्धदर्शनेन धर्मश्रवणेनाविनिपातधर्माणो, यावद्बोधिपर्यन्तं॥ सर्वे च ते तत्रोपादाय न जात्वजातिस्मरा भविष्यन्ति, स्थापयित्वा तथारूपेषु कल्पसंक्षोभेषु ये पूर्वस्थानप्रणिहिताः पञ्चसु कषायेषु वर्तमानेषु, यदा बुद्धानां भगवतां लोके प्रादुर्भावो भवति, तद्यथापि नाम ममैतर्हि॥

今译："还有，阿难啊，众菩萨出生在这个佛土，全都不会失去见到佛和闻听法的机会，品质不会堕落，直至达到菩提。从此①，他们也不会失去宿命通。除了在这样的浊劫，他们志愿前往以前的出生地。那时，五浊出现，佛世尊会出世，就像我现在这样。

康译："又彼菩薩，乃至成佛，不更惡趣②，神通自在，常識宿命，除生他方五濁惡世，示現同彼如我國③也。"

तस्मिन्खलु पुनरानन्द बुद्धक्षेत्रे ये बोधिसत्त्वाः प्रत्याजाताः, सर्वे त एकपुरोभक्तेनान्यलोकधातूं गत्वानेकानि बुद्धकोटीनयुतशतसहस्राण्युपतिष्ठन्ति, यावच् चाकांक्षन्ति बुद्धानुभावेन ते यथा चित्तमुत्पादयन्त्य् -- एवंरूपैः पुष्पदीप-धूपगन्धमाल्यविलेपनचूर्णचीवरच्छत्रध्वजपताकावैजयन्तीतूर्यसंगीतिवाद्यैः पूजां कुर्याम इति, तेषां सहचित्तोत्पादात्तथारूपाण्येव सर्वपूजाविधानानि पाणौ प्रादुर्भवन्ति॥ ते तैः पुष्पैर्यावद् वाद्यैस्तेषु बुद्धेषु भगवत्सु पूजां कुर्वन्तो बहु-परिमाणासंख्येयं कुशलमूलमुपचिन्वन्ति॥

今译："还有，阿难啊，众菩萨出生在这个佛土，全都能在一顿早餐时间中前往其他世界，侍奉数百千千万那由多佛，乃至依靠佛的威力，一切都会依照他们的心愿产生：想要用这样的鲜花、灯、香料、花环、油膏、香粉、衣服、伞盖、旗帜、幢幡、胜利旗、乐器、歌曲和音乐供奉，所有这一切供品就会伴随他们的心念出现手中。他们用

① 此处"从此"的原词是 tatra，V 本和 F 本写为 tataḥ。

② "不更恶趣"指不再进入恶道。

③ "我国"指世尊本人现在所处的五浊恶世国土。这里是说，在彼处示现如同在"我国"。

鲜花乃至音乐供奉这些佛世尊，由此积累无量无数善根。

康译：佛語阿難："彼國菩薩承佛威神，一食之頃往詣十方無量世界，恭敬供養諸佛世尊，隨心所念，華、香、伎樂、繒蓋、幢幡，無數無量供養之具，自然化生，應念即至，珍妙殊特，非世所有。

सचेत्पुनर् आकांक्षन्त्य् -- एवंरूपाः पुष्पपुटाः पाणौ प्रादुर्भवन्ति, तेषां सहचित्तोत्पादान्नानावर्णा अनेकवर्णा नानागन्धा दिव्याः पुष्पपुटाः पाणौ प्रादुर्भवन्ति॥ ते तैस्तथारूपैः पुष्पपुटैः तान्बुद्धान्भगवतो ऽवकिरन्ति स्म, अभ्यवकिरन्त्य् , अभिप्रकिरन्ति॥ तेषां च यः सर्वपरीत्तः पुष्पपुट उत्सृष्टो, दश-योजनविस्तारं पुष्पच्छत्रं प्रादुर्भवन्ति॥

今译："还有，如果他们想要这样的一捧捧鲜花出现[①]在手中，那么，各种颜色、各种香气的一捧捧天国鲜花就会伴随他们的心念出现在手中。他们将这样的一捧捧鲜花连续撒向佛世尊。他们抛撒一捧捧少量的鲜花，而在空中展现的鲜花伞盖延伸十由旬。

康译："轉以奉散諸佛、菩薩、聲聞大眾，在虛空中化成華蓋，光色晃耀，香氣普熏，其華周圓四百里者。

उपर्यन्तरीक्षे द्वितीये चानुत्सृष्टे, न प्रथमो धरण्यां प्रपतति॥ सन्ति तत्र पुष्पपुटा य उत्सृष्टाः सन्तो विंशतियोजनविस्ताराणि पुष्पच्छत्राण्युपर्यन्तरीक्षे प्रादुर्भवन्ति॥ सन्ति त्रिंशत्चत्वारिंशत्पञ्चाशत्, सन्ति योजनशतसहस्रविस्ताराणि पुष्पच्छत्राण्युपर्यन्तरीक्षे प्रादुर्भवन्ति॥

今译："第二次向空中抛撒时[②]，第一次抛撒的鲜花不坠落地面。随着抛撒一捧捧鲜花，空中展现的鲜花伞盖延伸二十由旬。继而，空中展现的鲜花伞盖延伸三十、四十、五十乃至十万由旬。

① 此处"出现"的原词是 prādurbhavanti，V 本和 F 本写为 prādurbhavantu。

② 此处原文是 cānutsṛṣṭe，即 ca anutsṛṣṭe（"不抛撒"），V 本和 F 本也是如此。若写为 ca anūtsṛṣte，可读为"接着抛撒"。存疑。

康译："如是轉倍，乃覆三千大千世界，隨其前後，以次化沒。

तत्र य उदारं प्रीतिप्रामोद्यं संजनयन्त्य; उदारं च चित्तौद्बिल्यं प्रतिलभ्यन्ते ; ते बह्वपरिमितम् असंख्येयं च कुशलमूलमवरोप्य, बहूनि बुद्धकोटीनयुतशतसहस्राण्युपस्थायैकपूर्वाह्णेन पुनर् अपि सुखावत्यां लोकधातौ प्रतिष्ठन्ते, तस्यैवामितायुषस् तथागतस्य पूर्वप्रणिधानाधिष्ठानपरिग्रहेण, पूर्वदत्तधर्मश्रवणेन, पूर्वजिनावरोपितकुशलमूलतया, पूर्वप्रणिधानसमृद्धिपरिपूर्यानूनया सुविभक्ताभावितया॥

今译："在那里，他们心生大欢喜，心生大愉悦，种植无量无数善根。侍奉数百千千万那由多佛后，就在这个上午，又返回极乐世界。这是依靠无量寿如来以前的誓愿护持，依靠以前闻听法，依靠以前供奉胜者种植的善根，依靠以前的誓愿成就圆满，依靠善分身[①]。

康译："其諸菩薩僉然[②]欣悅，於虛空中共奏天樂，以微妙音歌歎佛德，聽受經法，歡喜無量。供養佛已，未食之前，忽然輕舉，還其本國。"

तस्मिन्खलु पुनरानन्द बुद्धक्षेत्रे ये बोधिसत्त्वाः प्रत्याजाताः, सर्वे ते सर्वज्ञतासहगतामेव धर्मकथां कथयन्ति॥ न च तत्र बुद्धक्षेत्रे सत्त्वानां काचित् परिग्रहसंज्ञास्ति, सर्वं तद्-बुद्धक्षेत्रं समनुचंक्रममाणा, अनुविचरन्तो न रतिं नारतिमुत्पादयन्ति॥ प्रक्रामन्तस्ताश्चानुपेक्षा एवं प्रक्रामन्ति, न सापेक्षाः सर्वशस् चैषामेवं चित्तम्नास्ति॥

今译："还有，阿难啊，众菩萨出生在这个佛土，全都能谈论法，伴随有一切智。在这个佛土，任何众生都没有执著的想法。他们[③]漫步或周游整个佛土，心情无喜无忧。向前跨步就这样跨步，无所谓有

① 此处"善分身"的原词是 suvibhaktā，据 V 本和 F 本应为 suvibhakta。
② "佥然"指全部。
③ 此处"他们"的原词是 sarvam，V 本和 F 本写为 te sarve。

期待或无期待①，他们完全没有这样的心。

康译：佛語阿難：“無量壽佛為諸聲聞、菩薩大眾頒宣法時，都悉集會七寶講堂，廣宣道教，演暢妙法，莫不歡喜，心解得道。即時四方自然風起，普吹寶樹，出五音聲，雨無量妙華，隨風周遍，自然供養，如是不絕。一切諸天皆齎天上百千華香，萬種伎樂，供養其佛及諸菩薩、聲聞大眾，普散華香，奏諸音樂，前後來往，更相開避②。當斯之時，熙然快樂，不可勝言。”

佛告阿難：“生彼佛國諸菩薩等所可講說，常宣正法，隨順智慧，無違無失，於其國土所有萬物，無我所心③，無染著心，去來進止，情無所係，隨意自在，無所適莫④。

तत्र खलु पुनरानन्द सुखावत्यां लोकधातौ ये सत्त्वाः प्रत्याजाता, नास्ति तेषामन्यातकसंज्ञा, नास्ति स्वकसंज्ञा, नास्ति ममसंज्ञा, नास्ति विग्रहो, नास्ति विवादो, नास्ति विरोधो, नास्ति असमचित्तः ; समचित्तास्ते, हितचित्ता, मैत्रचित्ता, मृदुचित्ताः, स्निग्धचित्ताः, कर्मण्यचित्ताः, प्रसन्नचित्ताः, स्थिरचित्ता, विनीवरण-चित्ता, अक्षुभितचित्ता, अलुडितचित्ताः, प्रज्ञापारमिताचर्याचरणचित्ताश्, चित्ता-धारबुद्धिप्रविष्टाः, सागरसमाः प्रज्ञया, मेरुसमा बुद्ध्यानेकगुणसंनिचया, बोध्यङ्ग-संगीत्या विक्रीडिता, बुद्धसंगीत्याभियुक्ता ;

今译：“还有，阿难啊，众生出生在这个极乐世界，没有所谓‘他人’⑤或‘自己’的想法，没有所谓‘属于我的’想法，没有争吵，没有争论，没有对立，没有不平等心⑥。他们有平等心，利益心，慈悲心，柔软心，挚爱心，勤勉心，平静心，坚定心，无障碍心，无散乱心，无杂乱心，一心奉行智慧波罗蜜，进入持心知觉，智慧如同大

① 此处“无期待”的原词是 anupekṣā，据 V 本和 F 本应为 anapekṣā。
② “更相开避”指互相避让。
③ “无我所心”指没有“属于我的”这种想法。
④ “无所适莫”指无所不适。
⑤ 此处“他人”(“属于他人的”)的原词是 anyātaka，是混合梵语用词，V 本写为 anyatamaka。
⑥ 此处“没有不平等心”，V 本和 F 本无此句。

海，知觉如同须弥山，积累众多功德，游戏七觉支赞颂，修行佛赞颂。

康译：“無彼無我，無競無訟，於諸眾生得大慈悲饒益之心，柔軟調伏，無忿恨心，離蓋清淨①，無厭怠心，等心，勝心，深心，定心，愛法、樂法、喜法之心，滅諸煩惱，離惡趣心，究竟一切菩薩所行，具足成就無量功德，得深禪定，諸通明慧②，遊志七覺③，修心佛法。

मांसचक्षुः प्रतिचिन्वन्ति॥ दिव्यं चक्षुरभिनिर्हरन्ति॥ प्रज्ञाचक्षुर्गतिंगताः, धर्मचक्षुःपारंगताः ; बुद्धचक्षुर्निष्पादयन्तो, देशयन्तो, द्योतयन्तो, विस्तारेण प्रकाशयन्तो ; ऽसङ्गज्ञानमभिनिर्हरन्तस्, त्रैधातुकसमतयाभियुक्ता, दान्तचित्ताः, शान्तचित्ताः, सर्वधर्मानुपलब्धिसमन्वागताः, समुदयनिरुक्तिकुशला, धर्मनिरुक्तिसमन्वागता, हाराहारकुशला, नयानयस्थानकुशला ; लोकिकीषु कथास्वनपेक्षा विहरन्ति॥ लोकोत्तराभिः कथाभिः सारं प्रत्ययन्ति॥

今译：“他们用肉眼观察，也运用天眼，通晓慧眼，精通法眼，成就佛眼。他们宣示，说明，详细解释，运用无碍智，追求三界平等，心调伏，心平静，获知一切法无所得。他们善于解释苦的缘起，善于解释法，善于取舍，明了合理处和不合理处。他们不关注世间言谈，而通过出世间言谈证得真实精华。

康译：“肉眼清徹，靡不分了；天眼通達，無量無限；法眼觀察，究竟諸道；慧眼見真，能度彼岸；佛眼具足，覺了法性。以無礙智為人演說，等觀三界④，空無所有，志求佛法，具諸辯才，除滅眾生煩

① “离盖清净”指摆脱障碍而清净。

② “通明慧”指六神通、三明和三慧。“三明”即六神通中的宿命通、天眼通和漏尽通。“三慧”指闻慧、思慧和修慧。

③ “七觉”指七觉支。

④ “等观三界”指平等看待三界。

惱之患。從如來生[①]，解法如如[②]，善知習滅[③]，音聲方便[④]，不欣世語，樂在正論，修諸善本，志崇佛道。

सर्वधर्मपर्यैष्टिकुसलाः, सर्वधर्मप्रकृतिव्युपसमज्ञानविहारिनो, ऽनुपलम्भ-गोचरा, निष्किञ्चना, निरुपादाना, निश्चिन्ता, निरुपायासा, अनुपादाय सुविमुक्ता, अनङ्गणा, अपर्यन्तस्थायिनो, ऽभिज्ञास्वमूलस्थायिनो, ऽसङ्गचित्ता, अनवलीना, गम्भीरेषु धर्मैष्वभियुक्ता न संसीदन्ति॥

今译：“他们善于[⑤]探求一切法，了知一切法性寂灭[⑥]，所行处也无所得，空无所有，无所取，无所思，无苦恼，无执著，善解脱，无染著，安住无边际[⑦]，安住神通本根，心无碍，不懈怠，修习甚深法，不消沉。

康译：“知一切法皆悉寂滅，生身煩惱二餘[⑧]俱盡，聞甚深法，心不疑懼，常能修行。

दुरनुबोधबुद्धज्ञानप्रवेशोद्गता, एकायतनमार्गानुप्राप्ता, निर्विचिकित्सास्, तीर्ण-कथंकथा, अपरप्रत्ययज्ञाना, अनधिमानिनः ; सुमेरुसमा ज्ञाने ऽभ्युद्गताः ; सागर-समा बुद्ध्याक्षोभ्या ; चन्द्रसूर्यप्रभातिक्रान्ताः प्रज्ञया, पाण्डरसुशुक्लशुभचित्तया च ; उत्तप्तहेमवर्णसदृशावभासनिर्भासगुणप्रधानतया च ; वसुंधरासदृशाः सर्वसत्त्व-शुभाशुभक्षपनतया ; अप्सदृशाः सर्वक्लेशमलनिधावनप्रवाहनतया ; अग्निराज-सदृशाः सर्वधर्ममन्यनाक्लेशनिर्दहनतया; वायुसदृशाः सर्वलोकासङ्गनतया; आकाशसदृशाः सर्वधर्मनैर्वैधिकतया, सर्वशो निष्किंचनतया च॥

---

① “从如来生”指从佛法中化生。

② “解法如如”指如实理解诸法，即万法皆空。

③ “习灭”指灭除恶习。

④ “音声方便”指善于运用语言。

⑤ 此处“善于”的原词是 kusalāḥ，据 V 本和 F 本应为 kuśalāḥ。

⑥ 此处“寂灭”的原词是 vyupasama，据 V 本和 F 本应为 vyupaśama。

⑦ 此处“安住无边际”的原词是 aparyantasthāyino，而 V 本写为 aparyasthāyino，读法不同。其中的 paryasthāyino 近似于 pariyutthāna（“缠缚”或“烦恼”），加上否定词头 a 和词尾 in，则可读为“无烦恼的”，因为康译中有“生身烦恼二余俱尽”的表述。

⑧ “二余”指生身的痛苦和烦恼两种残余。

今译："他们努力把握难知难觉的佛智，遵循一乘道①，断除怀疑，摆脱疑问，不由他缘认知，不骄慢。识见高广似须弥山，知觉不乱似大海，智慧光芒②超过日月，内心清净洁白，殊胜功德光芒似熔炼的真金，安忍一切众生善恶似大地，清洗和冲走一切烦恼污垢似水，焚烧一切法的妄想和烦恼似火王，不执著一切世界似风，遍及一切法而终究无所有似空。

康译："其大悲者，深遠微妙，靡不覆載③。究竟一乘，至于彼岸。決斷疑網，慧由心出，於佛教法該羅④無外。智慧如大海，三昧如山王，慧光明淨超踰日月，清白之法具足圓滿。猶如雪山，照諸功德，等一淨故；猶如大地，淨穢好惡，無異心⑤故；猶如淨水，洗除塵勞諸垢染故；猶如火王，燒滅一切煩惱薪故；猶如大風，行諸世界無障閡故；猶如虛空，於一切有無所著故；

पद्मसदृशाः सर्वलोकानुपलिप्तया ; कालानुसारिमहामेघसदृशा धर्माभिगर्जनतया ; महावृष्टिसदृशा धर्मसलिलाभिवर्षणतया ; ऋषभसदृशा महागणाभिभवनतया ; महानागसदृशाः परमसुदान्तचित्ततया ; भद्राश्वाजानेयसदृशाः सुविनीततया ; सिंहमृगराजसदृशा विक्रमवैशारद्यासंत्रस्ततया ; न्यग्रोधद्रुमराजसदृशाः सर्वसत्त्वपरित्राणतया ; सुमेरुपर्वतराजसदृशाः सर्वपरवाद्यकम्पनतया ; गगनसदृशा अपरिमाणमैत्रीभावनतया ; महाब्रह्मसमाः सर्वकुशलमूलधर्माधिपत्यपूर्वंगमनतया ; पक्षिसदृशाः संनिचयस्थानतया ; गरुडद्विजराजसदृशाः परप्रवादिविध्वंसनतया ; उदुम्बरपुष्पसदृशा दुर्लभोत्पत्त्यर्थितया ; नागवत्सुसमाहिता, अविक्षिप्ता, अजिह्मेन्द्रिया ; विनिश्चयकुशलाः, क्षान्तिसौरभ्यबहुला ; अनीर्ष्यकाः परसंपत्त्यप्रार्थतया॥

① "一乘道"指佛道。

② 此处"智慧光芒"的原词是 prajñayā，据 V 本和 F 本应为 prajñābhayā。

③ "覆载"指遍布或遍及。

④ "该罗"指包罗或涵盖。

⑤ "无异心"指一视同仁，全都能容忍。

今译：“不沾染一切世界似莲花，说法雷声似随时出现的乌云，降下法水似大雨，征服大众似雄牛，心善调伏似大象，训练有素似骏马，勇猛无畏无惧似兽王狮子，庇护一切众生似树王榕树，一切外道论说摇撼不动似须弥山王，慈悲无量似天空，一切善根法自在先导似大梵天，无所积蓄[①]似鸟，摧毁外道论说似金翅鸟王，难得希有展现似优昙花，镇定自若、诸根端正不散乱似大象。善于抉择，忍辱柔顺，毫无妒忌心，不贪图他人成就。

康译：“猶如蓮華，於諸世間無染污故；猶如大乘[②]，運載群萌出生死故；猶如重雲，震大法雷，覺未覺故；猶如大雨，雨甘露法，潤眾生故；如金剛山，眾魔外道不能動故；如梵天王，於諸善法最上首故；如尼拘類樹[③]，普覆一切故；如優曇鉢華，希有難遇故；如金翅鳥，威伏外道故；如眾遊禽，無所藏積故；猶如牛王，無能勝故；猶如象王，善調伏故；如師子王，無所畏故；曠若虛空，大慈等[④]故；摧滅嫉心，不望勝[⑤]故。

विशारदा धर्मकथास्व्; अतृप्ता धर्मपर्येष्टौ ; वैडूर्यसदृशाः शीलेन ; रत्नाकराः श्रुतेन ; मञ्जुस्वरा महाधर्मदुन्दुभिघोषेन ; महाधर्मभेरीं पराघ्नन्तो ; महाधर्मशङ्ख-मापूरयन्तो ; महाधर्मध्वजामुच्छ्रापयन्तो ; महाधर्मोल्कां प्रज्वालयन्तः ; प्रज्ञा-विलोकिनो, ऽसंमूढा, निर्दोषाः, शान्ताखिलाः, शुद्धा, निरामगन्धा, अलुब्धाः, संविभागरता, मुक्तत्यागाः, प्रसृतपाणयो, दानसंविभागरता धर्मामिषाभ्याम्, दाने ऽमत्सरिणो, ऽसंसृष्टा, अनुत्त्रस्तमानसा, विरक्ता, धीरा, वीरा, धौरेया, धृतिमन्तो, ह्रीमन्तो, ऽसादृश्या, निरर्गडा, प्राप्ताभिज्ञाः, सुरताः सुखसंवासा, अर्थकरा, लोकप्रद्योता, नायका, नन्दीरागानुनयप्रतिघाः, प्रहीणाः, शुद्धाः, शोकापगता, निर्मलास् , त्रिमलप्रहीणा, विक्रीडिताभिज्ञा, हेतुबलिकाः, प्रणिधानबलिका, अजिह्मा, अकुटिलाः ॥

① 此处“无所积蓄”的原词是 saṃnicaya，据 V 本和 F 本应为 asaṃnicaya。

② “大乘”指大车。

③ “尼拘类树”（nyagrodha，或译“尼拘陀树”）是榕树。

④ “大慈等”指大慈大悲，平等对待一切。

⑤ “不望胜”指不企望胜过他人。

今译："说法无畏，求法无厌。戒行似琉璃，所闻似宝藏，大法鼓声美妙。捶响大法鼓，吹响大法螺，树起大法幢[①]，点燃大法炬，闪耀智慧光。无愚痴，无瞋怒，平息忿恨[②]，纯洁，无恶臭，无贪欲，乐于布施，伸手慷慨布施，法施和财施皆不吝啬。不混杂，心无恐惧，无染著，坚定，英勇，担负重任，坚强，知廉耻，无与伦比[③]，无遮限，得神通，柔顺，容易相处，做益事，世界之灯，导师，灭除贪爱喜乐，断除一切而纯洁，无忧愁，无污垢，涤除三垢，游戏神通，具有因力[④]，具有愿力[⑤]，刚直不阿。

康译："專樂求法，心無厭足，常欲廣說，志無疲倦。擊法鼓，建法幢，曜慧日，除癡闇，修六和敬[⑥]，常行法施，志勇精進，心不退弱，為世燈明，最勝福田，常為師導，等無憎愛，唯樂正道，無餘欣慼[⑦]，拔諸欲刺[⑧]，以安群生，功德殊勝，莫不尊敬，滅三垢障，遊諸神通。因力，緣力[⑨]，意力[⑩]，願力，方便之力，常力[⑪]，善力，定力，慧力，多聞之力，施、戒、忍辱、精進、禪定、智慧之力，正念、止觀[⑫]、諸通明力，如法調伏諸眾生力，如是等力一切具足。身色相好，功德辯才，具足莊嚴，無與等者。

ये ते बहुबुद्धकोटीनयुतशतसहस्रावरोपितकुशलमूला, उत्पाटितमानशल्या,

---

① 此处"大法幢"的原词是 mahādharmadhvajām，据 V 本和 F 本应为 mahādharmadhvajam。

② 此处"平息忿恨"的原词 śāntākhilāḥ，据 V 本和 F 本应为 śāntakhilāḥ。

③ 此处"无与伦比"的原词是 asādṛśyāḥ，V 本写为 suvyūḍhasattvāḥ，词义不明。而据 F 本校注，有一抄本写为 suvyūḍhaśalyāḥ，则可读为"拔除箭"或"拔除刺"，与康译中的"拔诸欲刺"对应。

④ "因力"指前生修行，今生依其因力，而发菩提心。

⑤ "愿力"指所立誓愿产生的力量。

⑥ "六和敬"指在僧众内以及在菩萨和众生之间，在身、口、意、戒、见和利六个方面，互敬互爱，和睦相处。

⑦ "无余欣戚"指无喜无忧。

⑧ "欲刺"指贪欲之刺。

⑨ "缘力"指他力，即接受他人教诲，而发菩提心。

⑩ "意力"指思惟力。

⑪ "常力"指坚持不懈的毅力。

⑫ "止观"（samathavidarśanā）指思想寂静和正确观想。

अपगतरागद्वेषमोहाः, शुद्धाः, शुद्धाधिमुक्ता, जिनवरप्रशस्ता, लोकपण्डिता, उत्तप्तज्ञानसमुद्गता, जिनस्तुतास्, चित्तौद्बिल्यसमन्वागताः, शूरा, दृढा, असमा, अखिला, अतुला, अरजसः, सहिता, उदारा, ऋषभा, ह्रीमन्तो, धृतिमन्तः, स्मृतिमन्तो, मतिमन्तो, गतिमन्तः, प्रज्ञाशस्त्रप्रहरणाः, पुण्यवन्तो, द्युतिमन्तो, व्यपगतखिलमलप्रहीणा, अभियुक्ताः सातत्येषु धर्मेषु॥

今译：“他们供奉数百千千万那由多佛，种植善根。拔除骄慢箭，远离贪瞋痴，清净，热爱清净，为胜者所称赞，成为世间智者，充满明净智，为胜者所赞颂。心中愉悦，英勇，顽强，无可等同，圆满无缺[1]，无与伦比，无尘垢，有益处，高尚，雄牛，知廉耻，坚强，有念力，有慧力，有悟力，执持智慧剑，有功德，有光辉，远离错误，摒弃污垢，修习永恒正法。

康译：“恭敬供養無量諸佛，常為諸佛所共稱歎，究竟菩薩諸波羅蜜，修空、無相、無願三昧，不生不滅諸三昧門，遠離聲聞、緣覺之地。

ईदृशा आनन्द तस्मिन्बुद्धक्षेत्रे बोधिसत्त्वा महासत्त्वाः संक्षिप्तेन॥ विस्तरेण पुनः सचेत्कल्पकोटीनयुतशतसहस्रस्थितिकेनाप्य् आयुष्प्रमाणेन तथागतो निर्दिशेद् , न त्वेव शक्यं तेषां सत्पुरुषाणां गुणपर्यन्तो ऽधिगन्तुम्॥ न च तथागतस्य वैशारद्योपच्छेदो भवेत्॥ तत्कस्य हेतोः॥ उभयम् अप्येतदानन्दा-चिन्त्यमतुल्यम् , यदिदम् -- तेषां च बोधिसत्त्वानां गुणास्तथागतस्य चानुत्तरं प्रज्ञाप्रतिभानम्॥

今译：“阿难啊，以上只是简略说明这个佛土里的菩萨大士。如果详细说明，即使如来寿命长达百千千万那由多劫，也不能说尽这些圣贤的功德。而这也无损于如来的无畏。为什么？阿难啊，因为这些菩萨的功德和如来的无上智慧辩才，两者都不可思议，无与伦比。

① 此处“圆满无缺”的原词是 akhilāḥ，也可读为“无错误”、“无障碍”或“无污垢”。其中的 khila 一词，本义为“荒地”或“荒野”，在佛经中也用于比喻贪、瞋和痴三毒。

康译："阿難！彼諸菩薩成就如是無量功德，我但為汝略言之耳。若廣說者，百千萬劫不能窮盡。"

佛告彌勒[1]菩薩諸天人等："無量壽國聲聞、菩薩功德智慧不可稱說，又其國土微妙、安樂、清淨若此，何不力為善，念道之自然[2]，著於無上下[3]，洞達無邊際[4]，宜各勤精進，努力自求之，必得超絕去[5]，往生安養國。橫截五惡趣[6]，惡趣自然閉，昇道無窮極[7]，易往而無人[8]。其國不逆違，自然之所牽[9]，何不棄世事，勤行求道德，可獲極長生，壽樂無有極。然世人薄俗[10]，共諍不急之事[11]，於此劇惡極苦之中，勤身營務，以自給濟。無尊無卑，無貧無富[12]，少長男女共憂錢財，有無[13]同然，憂思適等[14]，屏營[15]愁苦，累念積慮，為心走使[16]，無有安時。有田憂田，有宅憂宅，牛馬、六畜、奴婢、錢財、衣食、什物，復共憂之，重思累息，憂念愁怖，橫為非常[17]水火、盜賊、怨家、債主、焚漂[18]劫奪，消散磨滅，憂毒忪忪[19]，無有解時。結憤心中，不離

---

① "弥勒"（maitreya）是一生补处菩萨，即未来佛。

② "念道之自然"可能指思考道法的本性或本然。或者可理解为下面的叙述中所说无量寿佛国"无为自然"。

③ "著于无上下"指不分别上下，一切平等。

④ "洞达无边际"指智慧通达，无边无际。

⑤ "超绝"指超越和断绝生死轮回。

⑥ "五恶趣"指五道轮回。通常"恶趣"指地狱、饿鬼和畜生，即"三恶趣"。这里是与往生极乐世界相比，五道皆成为"恶趣"。

⑦ "升道无穷极"指升入极乐世界，寿乐无穷极。

⑧ "易往而无人"指容易往生，却很少有人问津。

⑨ "其国不逆违，自然之所牵"指极乐世界不违逆，容易往生，而世人受世事牵累，故而往生者稀少。

⑩ "薄俗"指浅薄平庸。

⑪ "不急之事"指不紧要的俗事。

⑫ "无尊无卑，无贫无富"指无论尊卑贫富。

⑬ "有无"指有钱财或无钱财。

⑭ "适等"指恰好或完全相同。

⑮ "屏营"指惶恐。

⑯ "为心走使"指受贪欲之心驱使。

⑰ "非常"指意外。

⑱ "焚漂"指火烧水淹。

⑲ "忪忪"指惊恐不安。

憂惱，心堅意固，適無縱捨[①]，或坐[②]摧碎，身亡命終，棄捐之去，莫誰隨者。尊貴豪富亦有斯患，憂懼萬端，勤苦若此，結眾寒熱，與痛共俱。貧窮下劣，困乏常無，無田亦憂欲有田，無宅亦憂欲有宅，無牛馬、六畜、奴婢、錢財、衣食、什物亦憂欲有之，適[③]有一復少一，有是少是，思有齊等[④]，適欲具有[⑤]，便復糜散。如是憂苦，當復求索，不能時得，思想無益，身心俱勞，坐起不安，憂念相隨，勤苦若此，亦結眾寒熱，與痛共俱，或時坐之[⑥]，終身夭命。不肯為善，行道進德，壽終身死，當獨遠去，有所趣向，善惡之道莫能知者。世間人民、父子、兄弟、夫婦、家室、中外[⑦]、親屬，當相敬愛，無相憎嫉，有無相通[⑧]，無得貪惜，言色常和，莫相違戾。或時心諍，有所恚怒，今世恨意，微相憎嫉，後世轉劇，至成大怨。所以者何？世間之事更相患害，雖不即時應急相破[⑨]，然含毒畜怒，結憤精神，自然剋識[⑩]，不得相離，皆當對生，更相報復[⑪]。人在世間愛欲之中，獨生獨死，獨去獨來，當行至趣苦樂之地，身自當之，無有代者。善惡變化，殃福異處，宿豫嚴待[⑫]，當獨趣入，遠到他所，莫能見者。善惡自然，追行所生，窈窈冥冥，別離久長，道路不同，會見無期，甚難甚難復得相值。何不棄眾事，各曼[⑬]強健時，努力勤修善，精進願度世，可得極長生，如何不求道，安所須待[⑭]，欲何樂乎？如是世人，不信作善得善，為道得道，不信人死更生，惠施得福，善惡之事都不信之，

① “适无纵舍”指倘若没有舍弃或失去。
② “或坐”指或者由此。
③ “适”指倘若。
④ “齐等”指齐全。
⑤ “适欲具有”指即使满足欲望，全部获得。
⑥ “坐之”指由此。
⑦ “中外”指家内家外，即亲疏。
⑧ “有无相通”指互相帮助，互通有无。
⑨ “虽不即时应急相破”指虽然不会立即遭到报应。
⑩ “克识”指铭刻在心。
⑪ “皆当对生，更相报复”指冤冤相报。
⑫ “宿豫严待”指宿业严肃地等待着。
⑬ 此处“曼”字，据《中华大藏经》校勘记，《资》、《碛》、《南》、《径》、《清》作“遇”。
⑭ “安所须待”指安于所应期待的。

謂之不然，終無有是，但坐此故[①]。且自見之，更相瞻視[②]，先後同然，轉相承受。父餘教令[③]，先人祖父素不為善，不識道德，身愚神闇，心塞意閉，死生之趣，善惡之道，自不能見，無有語者[④]，吉凶禍福，競各作之，無一怪也[⑤]。生死常道，轉相嗣立[⑥]，或父哭子，或子哭父，兄弟、夫婦更相哭泣。顛倒上下，無常根本，皆當過去，不可常保，教語開導，信之者少，是以生死流轉，無有休止。如此之人，矇冥抵突[⑦]，不信經法，心無遠慮，各欲快意，癡惑於愛欲，不達於道德，迷沒於瞋怒，貪狼[⑧]於財色，坐之不得道，當更惡趣苦，生死無窮已，哀哉甚可傷。或時室家、父子、兄弟、夫婦一死一生，更相哀愍，恩愛思慕，憂念結縛，心意痛著，迭相顧戀，窮日卒歲，無有解已。教語道德，心不開明，思想恩好，不離情欲，惽矇閉塞，愚惑所覆，不能深思熟計，心自端政[⑨]，專精行道，決斷世事，便旋至竟，年壽終盡，不能得道，無可奈何。總猥憒擾[⑩]，皆貪愛欲，惑道者眾，悟之者寡。世間忽忽，無可聊賴[⑪]。尊卑、上下、貧富、貴賤，勤苦忽務，各懷殺毒，惡氣窈冥[⑫]，為妄興事，違逆天地，不從人心。自然非惡[⑬]，先隨與之，恣聽所為，待其罪極，其壽未盡，便頓奪之，下入惡道，累世懃苦[⑭]，展轉其中，數千億劫，無有出期，痛不可言，甚可哀愍。”

佛告彌勒菩薩諸天人等：“我今語汝世間之事，人用是故，坐不

---

① “但坐此故”指只是由于不信的缘故。
② “且自见之，更相瞻视”指自己这样看待，又互相效仿。
③ “父余教令”指父亲留下教导。
④ “无有语者”指没有告诫者。
⑤ “无一怪也”指没有什么可奇怪的。
⑥ “嗣立”指延续。
⑦ “抵突”指触犯或抵触。
⑧ “贪狼”指贪心似狼。
⑨ “端政”指端正。
⑩ “总猥愦扰”指众人昏愦而混乱。
⑪ “无可聊赖”指不可依托。
⑫ “窈冥”指幽暗深远。
⑬ “自然非恶”指天地并不怀有恶意。
⑭ “懟苦”指怨恨和痛苦。

得道[①]，當熟思計，遠離眾惡，擇其善者，勤而行之。愛欲榮華不可常保，皆當別離，無可樂者。曼[②]佛在世，當勤精進，其有至願生安樂國者，可得智慧明達，功德殊勝，勿得隨心所欲，虧負經戒，在人後也[③]。儻有疑意，不解經者，可具問佛，當為說之。”彌勒菩薩長跪白言：“佛威神尊重，所說快善，聽佛經者貫心思之，世人實爾[④]，如佛所言。今佛慈愍，顯示大道，耳目開明，長得度脫。聞佛所說，莫不歡喜，諸天人民、蠕動[⑤]之類皆蒙慈恩，解脫憂苦。佛語教誡甚深甚善，智慧明見八方上下，去來今事莫不究暢。今我眾等所以蒙得度脫，皆佛前世求道之時謙苦所致，恩德普覆，福祿巍巍，光明徹照，達空無極，開入泥洹[⑥]，教授典攬[⑦]，威制消化[⑧]，感動十方，無窮無極。佛為法王，尊超眾聖，普為一切天人之師，隨心所願，皆令得道。今得值佛，復聞無量壽聲[⑨]，靡不歡喜，心得開明。”

佛告彌勒：“汝言是也，若有慈敬於佛者，實為大善。天下久久，乃復有佛。今我於此世作佛，演說經法，宣布道教，斷諸疑網，拔愛欲之本，杜眾惡之源，遊步三界，無所拘閡。典攬智慧，眾道之要，執持綱維，昭然分明，開示五趣，度未度者，決正[⑩]生死泥洹之道。彌勒當知！汝從無數劫來修菩薩行，欲度眾生，其已久遠。從汝得道至于泥洹，不可稱數。汝及十方諸天人民、一切四眾[⑪]，永劫已來展轉五道，憂畏勤苦，不可具言，乃至今世生死不絕，與佛相值，聽受

① “人用是故，坐不得道”指人由于这个缘故而不得道。

② “曼”字见前面第 143 页注。

③ “在人后也”指落后于人。

④ “世人实尔”指世人确实就是这样。

⑤ “蠕动”指蠕动的小虫。在汉译佛经中，此词常与“蜎飞”（指飞行的小虫）连用。“蜎飞蠕动”对应的梵语原词中有 kṣudramṛga，词义是弱小动物。

⑥ “开入泥洹”指开示正道，令众生达到涅槃。

⑦ “典揽”指经典。

⑧ “威制消化”指以威德制伏和转化众生。“消化”对应的梵语原词是 jarayati 或 pariṇāma，词义为“老化”、“老熟”、“变化”或“转化”。

⑨ “无量寿声”指无量寿的名号。

⑩ “决正”指确定。

⑪ “四众”指比丘、比丘尼、优婆塞和优婆夷。

經法，又復得聞無量壽佛，快哉甚善！吾助爾喜。汝今亦可自厭生死、老病、痛苦、惡露、不淨無可樂者，宜自決斷，端身正行，益作諸善，修己潔體，洗除心垢，言行忠信，表裏相應，人能自度，轉相拯濟，精明求願，積累善本，雖一世勤苦，須臾之間[①]，後生無量壽佛國，快樂無極，長與道德合明，永拔生死根本，無復貪恚、愚癡、苦惱之患，欲壽一劫、百劫、千億萬劫，自在隨意，皆可得之，無為自然，次於泥洹之道[②]。汝等宜各精進，求心所願，無得疑惑中悔，自為過咎，生彼邊地七寶宮殿，五百歲中受諸厄也[③]。”彌勒白佛：“受佛重誨，專精修學，如教奉行，不敢有疑。”

佛告彌勒：“汝等能於此世，端心正意，不作眾惡，甚為至德，十方世界最無倫匹。所以者何？諸佛國土天人之類，自然作善，不大為惡，易可開化。今我於此世間作佛，處於五惡、五痛、五燒之中，為最劇苦，教化群生，令捨五惡，令去五痛，令離五燒，降化其意，令持五善，獲其福德，度世長壽、泥洹之道。”

佛言：“何等為五惡？何等五痛？何等五燒？何等消化五惡，令持五善，獲其福德，度世長壽，泥洹之道？其一惡者，諸天人民、蠕動之類，欲為眾惡，莫不皆然。強者伏弱，轉相剋賊[④]，殘害殺戮，迭相吞噬，不知修善，惡逆無道，後受殃罰，自然趣向，神明記識[⑤]，犯者不赦，故有貧窮、下賤、乞丐、孤獨、聾盲、瘖啞、愚癡、憋惡，至有尫狂不逮[⑥]之屬。又有尊貴豪富、高才明達，皆由宿世慈孝，修善積德所致。世有常道，王法牢獄，不肯畏慎[⑦]，為惡入罪，受其殃罰，求望解脫，難得免出。世間有此目前現事，壽終後世尤深尤劇，

① “须臾之间”指虽然一世勤苦，也只是须臾之间的事。
② “次于泥洹之道”指仅次于入涅槃。
③ 关于“生彼边地七宝宫殿，五百岁中受诸厄也”，在后面有具体论述。
④ “转相克贼”指互相伤害。
⑤ “神明记识”指神明记录在案。
⑥ “尫”指胸背弯曲。“狂”指疯狂。“不逮”指缺陷。
⑦ “不肯畏慎”指不知畏惧和谨慎。

入其幽冥，轉生受身，譬如王法，痛苦極刑，故有自然三塗無量苦惱，轉貿其身，改形易道①，所受壽命或長或短，魂神精識自然趣之，當獨值向，相從共生②，更相報復，無有止已。殃惡未盡，不得相離，展轉其中，無有出期，難得解脱，痛不可言。天地之間自然有是，雖不即時卒暴，應至善惡之道，會當歸之③。是為一大惡，一痛一燒，勤苦如是，譬如大火焚燒人身。人能於中一心制意，端身正行，獨作諸善，不為眾惡者，身獨度脱，獲其福德，度世上天、泥洹之道④，是為一大善也。”

佛言：“其二惡者，世間人民父子、兄弟、室家、夫婦，都無義理，不順法度，奢婬憍縱，各欲快意，任心自恣，更相欺惑，心口各異，言念無實，佞諂不忠，巧言諛媚，嫉賢謗善，陷入怨枉。主上不明，任用臣下，臣下自在，機偽多端，踐度能行⑤，知其形勢⑥，在位不正，為其所欺，妄損忠良，不當⑦天心。臣欺其君，子欺其父，兄弟、夫婦、中外、知識⑧，更相欺誑，各懷貪欲、瞋恚、愚癡，欲自厚己，欲貪多有，尊卑、上下心俱同然，破家亡身，不顧前後，親屬內外，坐之滅族⑨。或時室家、知識、鄉黨⑩、市里⑪、愚民、野人，轉共從事，更相剝害，忿成怨結。富有慳惜，不肯施與，愛保⑫貪重，心勞身苦，如是至竟⑬，無所恃怙，獨來獨去，無一隨者。善惡禍福，

① “转贸其身，改形易道”指轮回转生，身体和形貌转换变化。

② “当独值向，相从共生”指独自前往恶道，后又互相跟随着出生。

③ 这里是说虽然不是仓促之间，立即接受善恶之道报应，最后终会兑现。

④ 此处以及下面四处的“度世上天、泥洹之道”，支娄迦谶和支谦译本均为“可得长寿度世上天泥洹之道”。

⑤ “践度能行”指践踏法度而能畅行无阻。

⑥ “形势”指情况或情势。

⑦ “不当”指不符合或违反。

⑧ “知识”指朋友。

⑨ “坐之灭族”指由此毁灭家族。

⑩ “乡党”指同乡。

⑪ “市里”指邻里。

⑫ “爱保”指贪爱和保护自己的财富。

⑬ “至竟”指命终。

追命所生，或在樂處，或入苦毒，然後乃悔，當復何及。世間人民心愚少智，見善憎謗，不思慕及[①]，但欲為惡，妄作非法，常懷盜心，悕望他利，消散磨盡，而復求索，邪心不正，懼人有色[②]，不預思計，事至乃悔。今世現有王法牢獄，隨罪趣向，受其殃罰。因其前世不信道德，不修善本，今復為惡，天神剋識，別其名籍[③]，壽終神逝，下入惡道，故有自然三塗無量苦惱，展轉其中，世世累劫，無有出期，難得解脫，痛不可言。是為二大惡，二痛二燒，勤苦如是，譬如大火焚燒人身。人能於中一心制意，端身正行，獨作諸善，不為眾惡者，身獨度脫，獲其福德，度世上天、泥洹之道，是為二大善也。”

佛言：“其三惡者，世間人民相因寄生，共居天地之間，處年壽命無能幾何。上有賢明長者、尊貴豪富，下有貧窮廝賤、尪劣愚夫，中有不善之人，常懷邪惡，但念婬泆，煩滿胸中，愛欲交亂，坐起不安，貪意守惜，但欲唐得，眄睞細色[④]，邪態外逸，自妻厭憎，私妄出入[⑤]，費損家財，事為非法，交結聚會，興師相伐，攻劫殺戮，強奪不道，惡心在外，不自修業，盜竊趣得[⑥]，欲擊成事[⑦]，恐勢迫脅[⑧]，歸給妻子[⑨]，恣心快意，極身作樂。或於親屬不避尊卑，家室中外患而苦之，亦復不畏王法禁令。如是之惡，著[⑩]於人鬼，日月照見，神明記識，故有自然三塗無量苦惱，展轉其中，世世累劫，無有出期，難得解脫，痛不可言。是為三大惡，三痛三燒，勤苦如是，譬如大火焚燒人身。人能於中一心制意，端身正行，獨作諸善，不為眾惡者，

① “见善憎谤，不思慕及”指看见善人便憎恨诽谤，而不羡慕效仿。
② “惧人有色”可能指惧怕他人的脸色。
③ “天神克识，别其名籍”指天神将他的罪恶分别记录在簿册中。
④ “眄睐细色”指觊觎美色。
⑤ “自妻厌憎，私妄出入”指厌弃自己的妻子，而私自出外寻欢。
⑥ “趣得”指取得或获得。
⑦ “欲击成事”指想依靠打击办成事情。
⑧ “恐势迫胁”指恐吓胁迫。
⑨ “归给妻子”指用非法获得的不义之财供养妻儿家室。
⑩ “著”指昭著。

身獨度脱，獲其福德，度世上天、泥洹之道，是為三大善也。”

佛言：“其四惡者，世間人民不念修善，轉相教令，共為衆惡。兩舌惡口，妄言綺語，讒賊[①]鬪亂，憎嫉善人，敗壞賢明，於傍[②]快喜。不孝二親，輕慢師長，朋友無信，難得誠實。尊貴自大，謂己有道，横行威勢，侵易於人。不能自知，為惡無恥，自以強健，欲人敬難[③]，不畏天地、神明、日月，不肯作善，難可降化，自用偃蹇[④]，謂可常爾[⑤]，無所憂懼，常懷憍慢。如是衆惡，天神記識，賴其前世頗作福德，小善扶接，營護助之。今世為惡，福德盡滅，諸善神鬼各去離之，身獨空立，無所復依[⑥]，壽命終盡，諸惡所歸，自然迫促，共趣奪之。又其名籍，記在神明，殃咎牽引，當往趣向，罪報自然，無從捨離。但得前行，入於火鑊[⑦]，身心摧碎，精神痛苦，當斯之時，悔復何及。天道自然，不得蹉跌[⑧]，故有自然三塗無量苦惱，展轉其中，世世累劫，無有出期，難得解脱，痛不可言。是為四大惡，四痛四燒，勤苦如是，譬如大火焚燒人身。人能於中一心制意，端身正行，獨作諸善，不為衆惡，身獨度脱，獲其福德，度世上天、泥洹之道，是為四大善也。”

佛言：“其五惡者，世間人民徙倚[⑨]懈惰，不肯作善，治身修業，家室眷屬飢寒困苦。父母教誨，瞋目怒譍[⑩]，言令[⑪]不和，違戾反逆，譬如怨家，不如無子。取與無節[⑫]，衆共患厭，負恩違義，無有報償

① “谗贼”指谗言害人。

② “于傍”指在一旁。

③ “敬难”指敬畏。

④ “偃蹇”指骄慢。

⑤ “谓可常尔”指自以为可以永远这样。

⑥ 这里是说依靠前世积累有一些福德，善神开始还护佑他，而今世作恶，福德灭尽，善神便离开他。

⑦ “但得前行，入于火镬”指只能前往地狱，进入烈火煮沸的锅中受煎熬。

⑧ “蹉跌”指失误或出错。

⑨ “徙倚”指徘徊犹豫。

⑩ “瞋目怒譍”指怒目相对。

⑪ “言令”指言词。

⑫ “取与无节”指获取和给予没有分寸，也就是只知获取，不知给予。

之心。貧窮困乏，不能復得，辜較[①]縱奪，放恣遊散，串數唐得，用自賑給[②]，耽酒嗜美，飲食無度。肆心蕩逸，魯扈抵突[③]，不識人情，強欲抑制[④]，見人有善，憎嫉惡之，無義無禮，無所顧錄[⑤]，自用職當[⑥]，不可諫曉。六親眷屬所資有無[⑦]，不能憂念，不惟[⑧]父母之恩，不存師友之義，心常念惡，口常言惡，身常行惡，曾無一善。不信先聖諸佛經法，不信行道可得度世，不信死後神明更生[⑨]，不信作善得善、為惡得惡，欲殺真人[⑩]，鬪亂眾僧，欲害父母、兄弟、眷屬，六親憎惡，願令其死。如是世人心意俱然[⑪]愚癡矇昧，而自以智慧，不知生所從來、死所趣向，不仁不順，逆惡天地，而於其中，悕望僥倖，欲求長生，會當歸死。慈心教誨，令其念善，開示生死、善惡之趣自然有是，而不信之，苦心與語，無益其人，心中閉塞，意不開解，大命將終，悔懼交至。不豫修善，臨窮方悔，悔之於後，將何及乎？天地之間五道分明，恢廓窈冥，浩浩茫茫，善惡報應，禍福相承，身自當之，無誰代者。數[⑫]之自然，應其所行[⑬]，殃咎追命，無得縱捨。善人行善，從樂入樂，從明入明；惡人行惡，從苦入苦，從冥入冥，誰能知者？獨佛知耳。教語開示，信用[⑭]者少，生死不休，惡道不絕。如是世人難可具盡[⑮]，故有自然三塗無量苦惱，展轉其中，世世累劫，無有出期，難得解脫，痛不可言。是為五大惡，五痛五燒，勤苦如是，譬如

① “辜较”指侵占。
② “串数唐得，用自赈给”指一贯白取钱财，救济自己。
③ “鲁扈抵突”指鲁莽冒犯他人。
④ “强欲抑制”指强制他人。
⑤ “无所顾录”指无所顾忌。
⑥ “自用职当”指刚愎自用。
⑦ “所资有无”指财物有无。
⑧ “不惟”指不考虑或不思念。
⑨ “神明更生”指魂灵转生。
⑩ “真人”指阿罗汉或佛。
⑪ “俱然”指全然。
⑫ “数”指命数或命运。
⑬ “应其所行”指与其所行相应。
⑭ “信用”指相信和奉行。
⑮ “难可具尽”指难以说尽。

大火焚燒人身。人能於中一心制意，端身正念，言行相副，所作至誠，所語如語，心口不轉[①]，獨作諸善，不為眾惡者，身獨度脫，獲其福德，度世上天、泥洹之道，是為五大善也。”

佛告彌勒：“吾語汝等，是世五惡勤苦若此，五痛五燒展轉相生，但作眾惡，不修善本，皆悉自然入諸惡趣。或其今世先被殃病，求死不得，求生不得，罪惡所招，示眾見之[②]。身死隨行，入三惡道，苦毒無量，自相燋然[③]，至其久後，共作怨結[④]。從小微起，遂成大惡，皆由貪著財色，不能施慧[⑤]，癡欲所迫，隨心思想，煩惱結縛，無有解已。厚己諍利，無所省錄[⑥]，富貴榮華，當時快意，不能忍辱，不務修善，威勢無幾，隨以磨滅，身生勞苦，久後大劇。天道施張[⑦]，自然糺舉[⑧]，綱紀羅網，上下相應，煢煢忪忪[⑨]，當入其中，古今有是，痛哉可傷。”

佛語彌勒：“世間如是，佛皆哀之，以威神力摧滅眾惡，悉令就善，棄捐所思，奉持經戒，受行道法，無所違失，終得度世泥洹之道。”

佛言：“汝今諸天人民及後世人，得佛經語，當熟思之，能於其中端心正行。主上[⑩]為善，率化其下，轉相勑令，各自端守。尊聖敬善，仁慈博愛，佛語教誨，無敢虧負。當求度世，拔斷生死眾惡之本，永離三塗無量憂畏苦痛之道。汝等於是，廣殖德本，布恩施慧，勿犯道禁，忍辱精進，一心智慧，轉相教化，為德立善，正心正意，齋戒清淨一日一夜，勝在無量壽國為善百歲。所以者何？彼佛國土無為自然，皆積眾善，無毛髮之惡。於此修善十日十夜，勝於他方諸佛國中

① “心口不转”指不口是心非。
② “示众见之”指世人都得以见到他今世遭受的恶报。
③ “自相燋然”指自己遭受烧灼。
④ “共作怨结”指与他人之间的怨恨依然纠结难解。
⑤ “施慧”指施人恩惠。此处“慧”通“惠”。
⑥ “无所省录”指从不反省，记取教训。
⑦ “天道施张”指天道遍布，无所不在。
⑧ “纠举”指揭发检举。
⑨ “茕茕忪忪”指孤苦伶仃，惊恐不安。
⑩ “主上”指主事者或身居高位者。

為善千歲。所以者何？他方佛國為善者多，為惡者少，福德自然，無造惡之地。唯此間多惡，無有自然，勤苦求欲，轉相欺殆，心勞形困，飲苦食毒，如是怱務，未嘗寧息。吾哀汝等天人之類，苦心誨喻，教令修善，隨器[1]開導，授與經法，莫不承用，在意所願，皆令得道。佛所遊履，國邑丘聚，靡不蒙化[2]，天下和順，日月清明，風雨以時，災厲不起，國豐民安，兵戈無用，崇德興仁，務修禮讓。”

佛言：“我哀愍汝等諸天人民，甚於父母念子。今吾於此世作佛，降化五惡，消除五痛，絕滅五燒，以善攻惡，拔生死之苦，令獲五德[3]，昇無為之安。吾去世後，經道漸滅，人民諂偽，復為眾惡，五燒五痛還如前法，久後轉劇，不可悉說，我但為汝略言之耳。”

佛告彌勒：“汝等各善思之，轉相教誡，如佛經法，無得犯也。”於是，彌勒菩薩合掌白言：“佛所說甚善，世人實爾，如來普慈哀愍，悉令度脫，受佛重誨，不敢違失。”

अपि चानन्द उत्तिष्ठ पश्चान्मुखो भूत्वा, पुष्पाण्यवकीर्याञ्जलिं प्रगृह्य, प्रणिपत॥ एषासौ दिग् , यत्र स भगवान् अमिताभस्तथागतो ऽर्हन्सम्यक्संबुद्ध-स्तिष्ठति ध्रियते यापयति, धर्मं च देशयति ; विरजो विशुद्धो, यस्य तं नामधेय-मनावरणं दशदिशि लोके विघुष्टमेकैकस्यां दिशि गङ्गानदीवालिकासमा बुद्धा भगवन्तो वर्णयन्ति, स्तुवन्ति, प्रशंसन्त्य् , असकृदसकृदसङ्गवाचाप्रतिवाक्याः॥

今译：“阿难啊，起身面朝西方，撒下鲜花，合掌跪拜。世尊无量光如来、阿罗汉、正等觉在这个方位居住、生活、度日和说法。无尘垢，纯洁，他的名号传播十方世界无阻碍。每个方位恒河沙数的佛世尊赞美、赞颂和称扬，一次又一次应答无阻碍。”

康译：佛告阿難：“汝起更整衣服，合掌恭敬，禮無量壽佛。十方國土諸佛如來，常共稱揚讚歎彼佛，無著無閡。”

---

① “随器”指依据各人的根器。
② “蒙化”指蒙受教化。
③ “五德”指五善：不杀生、不偷盗、不邪淫、不妄语和不饮酒。

एवमुक्त, आयुस्मानानन्दो भगवन्तम् एतदवोचत् -- इच्छाम्यहं भगवन्तं तममिताभम् अमितप्रभममितायुषं तथागतमर्हन्तं सम्यक्संबुद्धं द्रष्टुम् , तांश्च बोधिसत्त्वान्महासत्त्वान् बहुबुद्धकोटीनयुतशतसहस्त्रावरोपितकुशलमूलान्॥

今译：闻听此言，尊者阿难对世尊说道："我想要见到世尊无量光、无量光明、无量寿如来、阿罗汉、正等觉以及那些供奉数百千千万那由多佛而种植善根的菩萨大士。"

康译：於是，阿難起整衣服，正身西向，恭敬合掌，五體投地，禮無量壽佛，白言："世尊，願見彼佛安樂國土及諸菩薩、聲聞大眾。"

समनन्तराभाषिता चायुष्मतानन्देनेयं वाक् , अथ तावदेव सो ऽमिताभस्तथागतो ऽर्हन्सम्यक्संबुद्धः स्वपाणितलात् तथारूपां प्रभां प्रामुञ्चत् , ययेदं कोटीशतसहस्त्रतमं बुद्धक्षेत्रं महतावभासेन स्फुटमभूत्॥

今译：尊者阿难的话音刚落[1]，无量光如来、阿罗汉、正等觉就从自己的手掌中放出这样的光芒：大光明普照所有百千千万佛土。

康译：說是語已，即時無量壽佛放大光明，普照一切諸佛世界。

तेन खल्वपि समयेन सर्वत्र कोटीशतसहस्त्रबुद्धक्षेत्राणां, ये केचित्कालपर्वता वा, रत्नपर्वता वा, मेरुमहामेरुमुचिलिन्दमहामुचिलिन्दचक्रवाडमहाचक्रवाडा वा, भित्तयो वा, स्तम्भा वा, वृक्षगहनोद्यानविमानानि वा दिव्यमानुष्यकानि, तानि सर्वाणि तस्य तथागतस्य तया प्रभयाभिनिर्भिन्नान्यभूवन् , समभिभूतानि॥

今译：这时，所有百千千万佛土中，那些黑山、宝山、须弥山、大须弥山、目真邻陀山、大目真邻陀山、铁围山和大铁围山，那些墙壁、柱子、树木、房屋、花园和宫殿，无论是天神的或人的，如来的光芒穿越和覆盖这一切。

康译：金剛圍山，須彌山王，大小諸山，一切所有皆同一色。

---

① 此处"话音刚落"的原词是 samantarābhāṣitā，据 V 本和 F 本应为 samantarabhāṣitā。

तद्यथापि नाम पुरुषो व्याममात्रके स्थितो द्वितीयं पुरुषं प्रत्यवेक्षत आदित्ये ऽभ्युद्गत ; एवमेवास्मिन् बुद्धक्षेत्रे भिक्षुभिक्षुण्युपासकोपासिका देवनागयक्षगन्धर्वासुरगरुडकिन्नरमहोरगाश्च तस्यां वेलायाम् अद्राक्षुस्तममिताभं तथागतमर्हन्तं सम्यक्संबुद्धं , सुमेरुमिव पर्वतराजानं सर्वक्षेत्राभ्युद्गतम् , सर्वदिसो ऽभिभूय , भासमानं तपन्तं विरोचमानं बिभ्राजमानं, तं च महान्तं बोधिसत्त्वगणं, तं च भिक्षुसंघं, यदिदं बुद्धानुभावेन तस्याः प्रभयाः परिशुद्धत्वात्॥

今译：犹如太阳升起时，一个人目睹仅隔一寻的另一个人，这时，这个佛土的比丘、比丘尼、优婆塞和优婆夷①，神、蛇、夜叉、健达缚、阿修罗、金翅鸟、紧那罗和大蛇，全都看见这位无量光如来、阿罗汉、正等觉，如同看见耸立于一切佛土的须弥山王，映蔽一切方位②，发光，发热，照耀，闪耀，同时也看见大量的菩萨和比丘。这一切都依靠佛的威力，依靠他的纯洁光芒。

तद्यथेयं महापृथिव्येकोदकजाता भवेत् , तत्र न वृक्षा, न पर्वता, न द्वीपा, न तृणगुल्मौषधिवनस्पतयो, न नदीश्वभ्रप्रपाताः प्रज्ञायेरन् , अन्यत्रैकार्णवीभूतमहापृथिव्य् एका स्यात् ; एवमेव तस्मिन्बुद्धक्षेत्रे नास्त्य् अन्यत्किंचिल्लिङ्गं वा, निमित्तं वान्यत्रैव व्यामप्रभाः श्रावकास् , ते च योजनकोटीशतसहस्रप्रभा बोधिसत्त्वाः, स च भगवानमिताभस्तथागतो ऽर्हन्सम्यक्संबुद्धस् , तं च श्रावकगणं तं च बोधिसत्त्वगणमभिभूय, सर्वा दिशः प्रभासयन्संदृश्यते॥

今译：譬如，大地上如果洪水泛滥，那里的树木、群山、岛屿、草、灌木、药草和大树，河流、峡谷和深坑，全都淹没不见，唯有布满洪水的大地。同样，在这个佛土，没有其他的标记或标识，唯有那些放光一寻的声闻和放光百千千万由旬的菩萨。而看见世尊无量光如来、阿罗汉、正等觉映蔽这些声闻和菩萨，光照所有方位。

---

① “优婆塞和优婆夷”指男女居士。

② 此处“一切方位”的原词是 sarvadisaḥ，据 V 本和 F 本应为 sarvā diśaḥ。

康译：譬如劫水彌滿世界，其中萬物沉沒不現，滉瀁浩汗[①]，唯見大水。彼佛光明亦復如是，聲聞、菩薩一切光明皆悉隱蔽，唯見佛光明耀顯赫。爾時，阿難即見無量壽佛威德巍巍如須彌山王，高出一切諸世界上，相好光明，靡不照耀。

तेन खल्वपि समयेन तस्यां सुखावत्यां लोकधातौ बोधिसत्त्वाः श्रावाकदेवमनुष्याश्च सर्वे त इमां लोकधातुं , शाक्यमुनिं च तथागतं महता भिक्षुसंघेन परिवृतं पश्यन्ति स्म, धर्मं च देशयन्तम्॥

今译：这时，在极乐世界上所有的菩萨、声闻、神和人也看见这个世界，释迦牟尼如来正在说法，身边围绕众比丘。

康译：此會四眾一時悉見，彼見此土亦復如是。

तत्र खलु भगवानजितं बोधिसत्त्वं महासत्त्वम् आमन्त्रयते स्म -- पश्यसि त्वमजितामुष्मिन्बुद्धक्षेत्रे गुणालंकारव्यूहसंपदम् ; उपरिष्टाश्चान्तरीक्ष आरामरमणीयानि, वनरमणीयान्य् , उद्यानरमणीयानि, नदीपुष्किरिणीरमणीयानि, नानारत्नमयोत्पलपद्मकुमुदपुण्डरीकाकीर्णानि ; अधस्ताच्च धरणितलमुपादाय, यावदकनिष्ठभवनाद् , गगनतलं पुष्पाभिकीर्णं, पुष्पावलिसमुपशोभितं, नानास्तम्भपङ्क्तिपरिस्फुटं तथागताभिनिर्मितनानाद्विजसंघनिषेवितम्॥

今译：这时，世尊对阿逸多[②]菩萨大士说道："阿逸多啊，你看这个佛土充满功德庄严，上面[③]空中可爱的园林，可爱的树林，可爱的花园，可爱的河流和莲花池，布满各种宝石青莲花、红莲花、黄莲花和白莲花。从下面大地直至阿迦尼吒天宫，天空中布满成串成串鲜花，成排成排柱子闪闪发光，如来幻化的各种鸟禽出没。"

---

① "滉瀁浩汗"指水波荡漾，浩瀚无边。

② "阿逸多"（ajita，意译"无能胜"）是佛陀的弟子。据《玄应音义》（卷第二十七），"阿逸多"是"弥勒名"。而在佛经中，常将阿逸多和弥勒视为两人。

③ 此处"上面"的原词是upariṣṭāḥ，据V本和F本应为upariṣṭāc（即upariṣṭāt）。

康译：爾時，佛告阿難及慈氏①菩薩："汝見彼國，從地已上至淨居天，其中所有微妙嚴淨自然之物為悉見不？"

आह -- पश्यामि भगवन्, भगवान् आह -- पश्यसि पुनस्त्वमजितैतानपरान्द्विजसंघान् सर्वबुद्धक्षेत्रान्बुद्धस्वरेणाभिजिज्ञापयन्ति, येनैते बोधिसत्त्वा नित्यमविरहिता बुद्धानुस्मृत्या॥

今译：阿逸多说道："世尊啊，我看见了。"世尊说道："阿逸多啊，你再看这些鸟禽将佛音传遍②一切佛土，由此那些菩萨永远不忘忆念佛。"

康译：阿難對曰："唯然已見。""汝寧復聞無量壽佛大音宣布一切世界，化眾生不？"

आह -- पश्यामि भगवन्॥ भगवानाह -- पश्यसि त्वमजितात्र बुद्धक्षेत्रे अमून्सत्त्वान्योजनशतसहस्रकेषु विमानेष्वभिरूढान्, अन्तरीक्षे ऽसक्तान्कामतः॥

今译：阿逸多说道："世尊啊，我看见了。"世尊说道："你看这个佛土上的众生登上百千由旬规模的宫殿，在空中周游无碍。"

康译：阿難對曰："唯然已聞。""彼國人民乘百千由旬七寶宮殿無所障閡，遍至十方供養諸佛，汝復見不？"

आह -- पश्यामि भगवन्॥ भगवानाह -- तत्किं मन्यसे ऽजित ; अस्ति किंचिन् नानात्वं देवानां वा परनिर्मितवशवर्तिनां सुखावत्याम् लोकधातौ मनुष्यणां वा॥

今译：阿逸多说道："我看见了。"世尊说道："阿逸多啊，你认为怎样，在极乐世界里，存在他化自在天和人之间的差别吗？"

---

① "慈氏"是弥勒（maitreya）的另一译名。弥勒是音译，慈氏是意译。

② 此处"传遍"（"传播"）的原词是 abhijijñāpayanti，F 本写为 abhijijñāpayataḥ（即现在分词阳性复数业格）。

आह -- एकमप्यहं भगवन् नानात्वं न समनुपश्यामि॥ यावद्महर्द्धिका अत्र सुखावत्यां लोकधातौ मनुष्याः॥ भगवानाह -- पश्यसि पुनस्त्वमजित तत्र सुखावत्यां लोकधातावेकेषां मनुष्याणामुदारेषु पद्मेषु गर्भावासम्॥

今译：阿逸多说道："世尊啊，我看不出有任何一点差别。在极乐世界里，那些人也具有那样的大神通。"世尊说道："阿逸多啊，你再看在这个极乐世界里，一些人住在优美的莲花胎中。"

康译：對曰："已見。""彼國人民有胎生者，汝復見不？"

आह ; तद्यथापि नाम भगवन्त्रयस्त्रिंशा देवा यामा देवा वा, पञ्चाशद्योजनकेषु वा, योजनशतिकेषु वा, पञ्चयोजनशतिकेषु विमानेषु प्रविष्टाः क्रीडन्ति, रमन्ति, परिचारयन्ति ; एवम् एवाहं भगवनत्र सुखावत्यां लोकधातावेकेषां मनुष्याणामुदारपद्मेषु गर्भावासं पश्यामि॥ सन्ति खलु पुनरत्र भगवन्सत्त्वा य उपपादुकाः पद्मेषु पर्यङ्कैः प्रादुर्भवन्ति॥ तत्को ऽत्र भगवन् हेतुः, कः प्रत्ययो, यदन्ये पुनर्गर्भावासे प्रतिवसन्ति ; अन्ये पुनरुपपादुकाः पर्यङ्कैः पद्मेषु प्रादुर्भवन्ति॥

今译：阿逸多说道："世尊啊，我看见极乐世界里一些人住在优美的莲花胎中，犹如三十三天或夜摩天住在纵横五十由旬、一百由旬或五百由旬的宫殿中游戏、娱乐和漫步。世尊啊，那里还有一些众生自然化生，在莲花中结跏趺坐。世尊啊，什么原因，什么缘由，一些众生住在莲花胎中，而另一些众生自然化生，在莲花中结跏趺坐？"

康译：對曰："已見。其胎生者所處宮殿，或百由旬，或五百由旬，各於其中受諸快樂，如忉利天，亦皆自然。"爾時，慈氏菩薩白佛言："世尊，何因何緣，彼國人民胎生、化生？"

भगवानाह -- ये ते ऽजित बोधिसत्त्वा अन्येषु बुद्धक्षेत्रेषु स्थिताः सुखावत्यां लोकधातावुपपत्तये विचिकित्साम् उत्पादयन्ति, तेन चित्तेन कुशलमूलान्यवरोपयन्ति, तेषामत्र गर्भावासो भवति॥ ये पुनर्निर्विचिकित्साश्छिन्नकांक्षाः सुखावत्यां लोकधातावुपपत्तये कुशलमूलान्य् अवरोपयन्ति, बुद्धानां भगवताम-

सञ्ज्ञानमवकल्पयन्त्य् अभिश्रद्दधत्यधिमुच्यन्ते ; तत्रोपपादुकाः पद्मेषु पर्यङ्कैः प्रादुर्भवन्ति॥

今译：世尊说道："阿逸多啊，住在其他佛土的一些菩萨对出生在极乐世界抱有怀疑，带着疑心种植善根，故而他们住在莲花胎中。而另一些菩萨断除疑惑，毫不怀疑，为出生在极乐世界而种植善根，相信、信仰和信奉佛世尊的无碍智，故而自然化生，在莲花中结跏趺坐。

康译：佛告慈氏："若有眾生以疑惑心修諸功德，願生彼國，不了佛智，不思議智，不可稱智，大乘廣智，無等無倫最上勝智。於此諸智疑惑不信，然猶信罪福，修習善本，願生其國。此諸眾生生彼宮殿，壽五百歲，常不見佛，不聞經法，不見菩薩、聲聞聖眾。是故，於彼國土謂之胎生。

ये ते ऽजित बोधिसत्त्वा महासत्त्वा अन्यत्र बुद्धक्षेत्रस्थाश्चित्तमुत्पादयन्त्य् अमिताभस्य तथागतस्यार्हतः सम्यक्संबुद्धस्य दर्शनाय, न विचिकित्सामुत्पादयन्ति, न कांक्षन्त्यसङ्गबुद्धज्ञानं, स्वकुशलमूलं चाभिश्रद्दधति, तेषाम् औपपादुकानां पर्यङ्कैः पद्मेषु प्रादुर्भूतानां मुहूर्तमात्रेणैवैवंरूपः कायो भवति, तद्यथान्येषां चिरोपपन्नानां सत्त्वानाम्॥

今译："阿逸多啊，住在其他佛土的一些菩萨大士心中想要见到无量光如来、阿罗汉、正等觉，毫无疑惑，毫不怀疑，相信无碍的佛智和自己的善根，故而他们自然化生，在莲花中结跏趺坐。他们在一瞬间就产生这样的身体，就像在这里出生已久的那些众生。

康译："若有眾生明信佛智，乃至勝智，作諸功德，信心迴向，此諸眾生於七寶華中自然化生，加趺而坐。須臾之頃，身相光明，智慧功德如諸菩薩，具足成就。復次，慈氏，他方諸大菩薩發心欲見無量壽佛恭敬供養，及諸菩薩、聲聞之眾。彼菩薩等，命終得生無量壽國，於七寶華中自然化生。

पश्याजित प्रज्ञादौर्बल्यं प्रज्ञावैमात्रं प्रज्ञापरिहाणिं प्रज्ञापरीत्ततां, यत्र हि नाम पञ्चवर्षशतानि परिहीणा भवन्ति बुद्धदर्शनाद्, बोधिसत्त्वदर्शनात् , सद्धर्मदर्शनाद्, धार्मसंकथ्यात्; कुशलमूलचर्यायाः परिहीणा भवन्ति सर्वकुशलमूलसंपत्तेर् , यदिदं विचिकित्सापतितैः संज्ञामनसिकारैः॥

今译："阿逸多啊，你看智慧薄弱，智慧异样，智慧短缺，智慧少量，由此，他们五百年不能见到佛，见到菩萨，不能闻听正法①，不能谈论正法，不能修行和种植一切善根。这是因为心中抱有怀疑的想法。

康译："彌勒當知！彼化生者，智慧勝故。其胎生者皆無智慧，於五百歲中，常不見佛，不聞經法，不見菩薩、諸聲聞眾，無由供養於佛，不知菩薩法式②，不得修習功德。當知此人宿世之時無有智慧，疑惑所致。"

तद्यथाजित राज्ञः क्षत्रियस्य मूर्धानाभिषिक्तस्य बन्धनागारं भवेत् , सर्वसौवर्णवैडूर्यप्रत्युप्तम् , अवसक्तपट्टमाल्यदामकलापं, नानारङ्गविततवितानं, दूष्यपट्टसंच्छन्नं, नानामुक्तकुसुमाभिकीर्णम्, उदारं, धूपनिर्धूपितं, प्रासादहर्म्यगवाक्षवेदिकातोरणविचित्रसर्वरत्नप्रतिमण्डितं, हेमरत्नकंकणीजालसंच्छन्नं, चतुरस्त्रं, चतुःस्थूणं चतुर्द्वारं, चतुःसोपानकम्॥

今译："譬如，阿逸多啊，用于囚禁灌顶的王子的牢狱镶嵌一切金子和琉璃，悬挂绢布、花环和飘带，张有彩色帐幔，铺设绸布，遍布各种鲜花，散发美妙的香料香气，有宫殿楼阁，装饰有窗户、祭坛、拱门和各种美妙宝石，覆盖金子和宝石铃铛网，四方形，四根柱子，四扇门，四座台阶。

---

① 此处"闻听正法"的原词是 saddharmadarśanāt（"见到正法"），V 本写为 dharmaśravaṇāt（"闻听法"），F 本写为 saddharmaśravaṇāt（"闻听正法"）。

② "法式"（dharmavidhi 或 īryā）指法规或律仪。

康译：佛告彌勒："譬如轉輪聖王別有宮室，七寶莊飾，張設床帳，懸諸繒幡。

तत्र तस्य राज्ञः पुत्रः केनचिदेव कृत्येन प्रक्षिप्तो जाम्बूनदसुवर्णमयैर्निगडैर्बद्धो भवति॥ तस्य च तत्र पर्यङ्कः प्रज्ञप्तः स्याद् , अनेकगोणिकास्तीर्णस् , तूलिका-पलालिकास्तीर्णः, काचिलिन्दिकसुखसंस्पर्शः, कालिङ्गप्रावरणसोत्तरपटच्छदन, उभयान्तलोहितोपधानश् , चित्रो, दर्शनीयः॥ स तत्राभिनिषण्णो वाभिनिपन्नो वा भवेत्॥ बहु चास्यानेकविधं शुचिप्रणीतं पानभोजनं तत्रोपनाम्येत्॥ तत्किं मन्यसेऽजित ; उदारस्तस्य राजपुत्रस्य स परिभोगो भवेत्॥

今译："王子犯有某种过失而遭囚禁，系缚阎浮金锁链。那里安有床座，铺设各种毛毯、棉褥和蒲团，触感舒服似迦邻陀衣，覆盖羯陵迦衣①和优质布料，两边有红色枕具，优美可爱。他在这里或坐或躺，各种精美的饮料和食物供应充足。阿逸多啊，你认为王子的享受充分吗？"

康译："若有諸小王子得罪於王，輒內彼宮中②，繫以金鎖，供給飲食、衣服、床蓐、華香、伎樂，如轉輪王，無所乏少。

आह -- उदारो भगवन्॥ भगवानाह -- तत्किं मन्यसेऽजित ; अपि त्वास्वादयेत् , स तन्निगमयेद्वा, तेन वा तुष्टिं विद्यात्॥

今译：阿逸多说道："世尊啊，充分。"世尊说道："阿逸多啊，即使品尝和感受这一切，你认为他会满意吗？"

康译："於意云何，此諸王子寧樂彼處不？"

① 此处"覆盖羯陵迦衣"的原文是 kāliṅgaprāvaraṇa（"羯陵迦衣"），V 本和 F 本在此词后面还有 pratyāstaraṇa（"铺设"或"覆盖"）一词，同时 F 本在这里断开此句，即写为 pratyā-staraṇaḥ。

② "輒內彼宮中"指就被幽闭在那个宫中。

आह -- नो हीदं भगवन्॥ अपि तु खलु पुनर्येन व्यपनीतेन राज्ञा तत्र बन्धनागारे प्रक्षिप्तो भवेत् , स ततो मोक्षमेवाकांक्षयेत्॥ अभिजातान् कुमारानमात्यान्स्त्र्यागारान्श्रेष्ठिनो गृहपतीन्कोट्टराज्ञो वा पर्येषेद् , य एनं ततो बन्धनागारात्परिमोचयेयुः॥ किं चापि भगवंस्तस्य कुमारस्य तत्र बन्धनागारे नाभिरतिः॥ नात्र परिमुच्यते, यावन्न राजा प्रसादमुपदर्शयति॥

今译：阿逸多说道："世尊啊，确实不会。而且，他被国王驱离[①]，送进囚禁地后，只会盼望获得释放。他会寻求贵族、王子、大臣、后宫妇女、富商、长者和王侯，帮他获得释放。世尊啊，这个王子在牢狱中不会快乐。即使获得释放，只要国王尚未对他表示恩宠，他也不会快乐。"

康译：對曰："不也，但種種方便，求諸大力，欲自勉出[②]。"

भगवानाह -- एवमेवाजित, ये ते बोधिसत्त्वाः विचिकित्सापतिताः कुशलमूलान्यवरोपयन्ति, कांक्षन्ति बुद्धज्ञानमसमसमज्ञानं, किं चापि ते बुद्धनामश्रवणेन, तेन च चित्तप्रसादमात्रेणात्र सुखावत्यां लोकधातावुपपद्यन्ते॥ न तु खल्वौपपादुकाः पद्मेषु पर्यङ्कैः प्रादुर्भवन्ति॥ अपि तु पद्मेषु गर्भावासे प्रतिवसन्ति॥

今译：世尊说道："正是这样，阿逸多啊，那些心存怀疑的菩萨种植善根，但怀疑佛智，无等等智。他们只是凭借闻听佛的名号，内心平静，而出生在极乐世界。但不是自然化生，在莲花中结跏趺坐，而是住在莲花胎中。

किं चापि तेषां तत्रोद्यानविमानसंज्ञाः संतिष्ठन्ते॥ नास्त्युच्चारप्रस्त्रावं, नास्ति खेटसिंहानकं, न प्रतिकूलं मनसः प्रवर्तते॥ अपि तु खलु पुनः पञ्च वर्षशतानि विरहिता भवन्ति बुद्धदर्शनेन, धर्मश्रवणेन, बोधिसत्त्वदर्शनेन, धर्मसांकथ्यविनिश्चयेन, सर्वकुशलधर्मचर्याभिश्च॥ किं चापि ते तत्र नाभिरमन्ते, न तुष्टिं

① 此处"被国王驱离"的原文是 yena vyapanītena，F 本写为 yatra vyapanītaḥ（即过去分词阳性单数体格）。

② 这里是说只是想方设法求助各位有势力者，努力争取让自己出狱。

विदन्ति॥ अपि तु खलु पुनः पूर्वापराधं क्षपयित्वा, ते भूयस्ततः पश्चान्निष्क्रामन्ति॥ न चैषां ततो निष्क्रामतां निष्क्रमः प्रज्ञायत, ऊर्ध्वम् अधस्तिर्यग्वा॥

今译："他们住在那里，有花园和宫殿的感受，没有粪便，没有痰液鼻涕，心无反感。然而，在五百年中不能见到佛，不能闻听法，不能见到菩萨，不能谈论法和确认法，不能修行一切善法。他们在这里并不快乐，并不满意。而他们消除过去的过失后，便从那里走出。而他们走出后，上下左右，不知所从。

康译：佛告彌勒："此諸眾生亦復如是，以疑惑佛智生彼宮殿。無有形罰，乃至一念惡事，但於五百歲中不見三寶，不得供養，修諸善本，以此為苦，雖有餘樂，猶不樂彼處。

पश्याजित ; यत्र हि नाम पञ्चभिर्वर्षशतैर्बहूनि बुद्धकोटीनयुतशतसहस्राण्यु-पस्थातव्यानि, बह्वसंख्येयाप्रमेयानि च कुशलमूलान्यवरोपयितव्यानि च स्युः॥ बुद्धधर्माश्च परिगृहीतव्याः॥ तत्सर्वं विचिकित्सादोषेण विरागयन्ति॥ पश्याजित कियन्महते ऽनर्थाय बोधिसत्त्वानां विचिकित्सा संवर्तत इति॥

今译："你看，阿逸多啊，他们可能已在五百年中，供奉数百千千万那由多佛，种植无量无数善根，受持佛法，而由于怀疑的过失，他们毁掉①这一切。阿逸多啊，你看这些菩萨的怀疑造成多大的不幸！

康译："若此眾生識其本罪，深自悔責，求離彼處，即得如意往詣無量壽佛所恭敬供養，亦得遍至無量無數諸如來所，修諸功德。彌勒當知！其有菩薩生疑惑者，為失大利。

तस्मात्तर्ह्यजित ; बोधिसत्त्वैर्निर्विचिकित्सैर्बोधाय चित्तमुत्पाद्य, क्षिप्रं सर्व-सत्त्वहितसुखाधानाय सामर्थ्याप्रतिलम्भार्थं, सुखावत्यां लोकधाताव् उपपत्तये कुशलमूलानि परिणामयितव्यानि, यत्र भगवान् अमितायुस्तथागतो ऽर्हन्सम्य-

① 此处"毁掉"的原词是 virāgayanti（名动词，"脱离"或"失去"），V 本写为 vināśayanti（"毁灭"）。

क्संबुद्धः ॥

今译："因此，阿逸多啊，没有怀疑的菩萨应该发起菩提心[1]，迅速回向善根，为了谋求一切众生的利益和幸福，为了获得能力，为了出生在世尊无量光如来、阿罗汉、正等觉所在的极乐世界。"

康译："是故，應當明信諸佛無上智慧。"

एवमुक्ते, ऽजितो बोधिसत्त्वो भगवन्तमेतदवोचत् -- कियन्तः पुनर्भगवन्बोधिसत्त्वा इतो बुद्धक्षेत्रात् परिनिष्पन्ना, अन्येषां वा बुद्धानां भगवतामन्तिकाद् ये सुखावत्यां लोकधातावुपपत्स्यन्ते ॥

今译：闻听此言，阿逸多菩萨对世尊说道："世尊啊，会有多少菩萨完成修行，从这里佛土或其他佛世尊身边离去，出生在极乐世界？"

康译：彌勒菩薩白佛言："世尊，於此世界有幾所不退菩薩生彼佛國？"

भगवानाह -- इतो ह्यजित बुद्धक्षेत्राद्द्वासप्ततिकोटीनयुतानि बोधिसत्त्वानां परिनिष्पन्नानि, यानि सुखावत्यां लोकधातावुपपत्स्यन्ते, परिनिष्पन्नानामवैवर्त्तिकानां बहुबुद्धकोटीशतसहस्रावरोपितैः कुशलमूलैः ॥ कः पुनर्वादस् , ततः परीत्ततरैः कुशलमूलैः ॥

今译：世尊说道："阿逸多啊，从这里的佛土会有七亿二千万那由多菩萨完成修行，出生在极乐世界。这些完成修行的不退转菩萨具有供奉数百千千万佛而种植的善根，更不用说那些善根较少者。

康译：佛告彌勒："於此世界有六十七億不退菩薩往生彼國。一一菩薩已曾供養無數諸佛，次如彌勒者也。諸小行菩薩及修習少功德者不可稱計，皆當往生。"

---

① 此处"菩提"的原词是 bodhāya，V 本写为 bodhaye。

दुष्प्रसहस्य तथागतस्यान्तिकादष्टादशकोटीनयुतानि बोधिसत्त्वानां सुखावत्यां लोकधातावुपपत्स्यन्ते ;

今译："从难忍如来身边，会有一亿八千万那由多菩萨出生在极乐世界。

康译：佛告彌勒："不但我刹諸菩薩等往生彼國，他方佛土亦復如是。其第一佛名曰遠照，彼有百八十億菩薩，皆當往生。

पूर्वान्तरे दिग्भागे रत्नाकरो नाम तथागतो विहरति॥ तस्यान्तिकान्नवतिबोधिसत्त्वकोट्यः सुखावत्यां लोकधाताव् उपपत्स्यन्ते ;

今译："在东方①，住着名为宝藏的如来。从他的身边，会有九亿菩萨出生在极乐世界。

康译："其第二佛名曰寶藏，彼有九十億菩薩，皆當往生。

ज्योतिष्प्रभस्य तथागतस्यान्तिकाद्द्वाविंशतिबोधिसत्त्वकोट्यः सुखावत्यां लोकधातावुपपत्स्यन्ते ;

今译："从光明如来身边，会有二亿二千万菩萨出生在极乐世界。

अमितप्रभस्य तथागतस्यान्तिकात्पञ्चविंशतिबोधिसत्त्वकोट्यः सुखावत्यां लोकधातावुपपत्स्यन्ते ;

今译："从无量光明如来身边，会有二亿五千万菩萨出生在极乐世界。

康译："其第三佛名曰無量音，彼有二百二十億菩薩，皆當往生。

लोकप्रदीपस्य तथागतस्यान्तिकात् षष्टिबोधिसत्त्वकोट्यः सुखावत्यां लोक-

① 此处"东方"的原词是 pūrvāntare，F 本写为 pūrvottare（"东北方"）。

धातावुपपत्स्यन्ते ;

今译："从世间灯如来身边，会有六亿菩萨出生在极乐世界。

康译："其第四佛名曰甘露味，彼有二百五十億菩薩，皆當往生。

नागाभिभुवस्तथागतस्यान्तिकात् चतुःषष्टिबोधिसत्त्वकोट्यः सुखावत्यां लोकधातावुपपत्स्यन्ते ;

今译："从蛇胜如来身边，会有六亿四千万菩萨出生在极乐世界。

康译："其第五佛名曰龍勝，彼有十四億菩薩，皆當往生。
"其第六佛名曰勝力，彼有萬四千菩薩，皆當往生。
"其第七佛名曰師子，彼有五百億菩薩，皆當往生。

विरजप्रभस्य तथागतस्यान्तिकात्पञ्चविंशतिबोधिसत्त्वकोट्यः सुखावत्यां लोकधातावुपपत्स्यन्ते ;

今译："从离垢光如来身边，会有二亿五千万菩萨出生在极乐世界。

康译："其第八佛名曰離垢光，彼有八十億菩薩，皆當往生。
"其第九佛名曰德首，彼有六十億菩薩，皆當往生。

सिंहस्य तथागतस्यान्तिकादष्टादशबोधिसत्त्वसहस्राणि सुखावत्यां लोकधातावुपपत्स्यन्ते ;

今译："从狮子如来身边，会有一万八千菩萨出生在极乐世界。

श्रीकूटस्य तथागतस्यान्तिकादेकाशीतिबोधिसत्त्वकोटीनयुतानि सुखावत्यां लोकधातावुपपत्स्यन्ते ;

今译："从吉祥峰如来身边，会有八亿一千万那由多菩萨出生在极乐世界。

康译：“其第十佛名曰妙德山，彼有六十億菩薩，皆當往生。

नरेन्द्रराजस्य तथागतस्यान्तिकाद्दशबोधिसत्त्वकोटीनयुतानि सुखावत्यां लोकधातावुपपत्स्यन्ते ;

今译：“从王中王如来身边，会有一亿那由多菩萨出生在极乐世界。

康译：“其第十一佛名曰人王，彼有十億菩薩，皆當往生。

बलाभिज्ञस्य तथागतस्यान्तिकाद्द्वादशबोधिसत्त्वसहस्राणि सुखावत्यां लोकधातावुपपत्स्यन्ते ;

今译：“从神通力如来身边，会有一亿二千万菩萨出生在极乐世界。

पुष्पध्वजस्य तथागतस्यान्तिकात्पञ्चविंशतिर्वीर्यप्राप्ता बोधिसत्त्वकोट्य एकप्रस्थानसंस्थिता एकेनाष्टाहेन नवनवतिकल्पकोटीनयुतशतसहस्राणि पश्चान्मुखीकृत्य याः सुखावत्यां लोकधातावुपपत्स्यन्ते ;

今译：“从花幢如来身边，会有二亿五千万菩萨勇猛精进，志向专一，于八天中，（如同）于九十万亿那由多劫中，面向西方，出生在极乐世界。

康译：“其第十二佛名曰無上華，彼有無數不可稱計諸菩薩眾，皆不退轉，智慧勇猛，已曾供養無量諸佛，於七日中即能攝取百千億劫大士所修堅固之法，斯等菩薩皆當往生。

ज्वलनाधिपतेस्तथागतस्यान्तिकाद्द्वादशबोधिसत्त्वकोट्यः सुखावत्यां लोकधातावुपपत्स्यन्ते ;

今译：“从光明王如来身边，会有一亿二千万菩萨出生在极乐世界。

वैशारद्यप्राप्तस्य तथागतस्यान्तिकादेकोनसप्ततिर् बोधिसत्त्वकोट्यो याः सुखावत्यां लोकधातावुपपत्स्यन्ते ;

今译：“从无畏如来身边，会有六亿九千万菩萨出生在极乐世界。

康译：“其第十三佛名曰無畏，彼有七百九十億大菩薩眾，諸小菩薩及比丘等不可稱計，皆當往生。

अमिताभस्य तथागतस्य दर्शनाय, वन्दनाय, पर्युपासनाय परिपृच्छनायै परिप्रश्नीकरणाय॥

今译：“他们都为了拜见、礼敬、侍奉、询问和请教无量光如来。

एतेनाजित पर्यायेण परिपूर्णकल्पकोटीनयुतं नामधेयानि परिकीर्तयेयं तेषां तथागतानाम्, येभ्यस्ते बोधिसत्त्वा उपसंक्रामन्ति सुखावतीं लोकधातुं तममिताभं तथागतं द्रष्टुं वन्दितुं पर्युपासितुं, न च शक्यः पर्यन्तो ऽधिगन्तुम्॥

今译：“因此，阿逸多啊，那些菩萨从他们的如来那里前往极乐世界拜见、礼敬和侍奉无量光如来。如果我一一讲述这些如来的名号，即使用整个千万那由多劫，也说不尽。

康译：佛語彌勒：“不但此十四佛國中諸菩薩等當往生也，十方世界無量佛國，其往生者亦復如是，甚多無數。我但說十方諸佛名號及菩薩比丘生彼國者，晝夜一劫尚未能竟，我今為汝略說之耳。”

पश्याजित कियत्सुलब्धलाभास्ते सत्त्वा ये ऽमिताभस्य तथागतस्यार्हतः सम्यक्संबुद्धस्य नामधेयं श्रोष्यन्ति, नापि ते सत्त्वा हीनाधिमुक्तिका भविष्यन्ति, ये ऽन्तश एकचित्तप्रसादमपि तस्मिन् तथागते प्रतिलप्स्यन्ते, ऽस्मिंश्च धर्मपर्याये॥

今译：“你看，阿逸多啊，那些闻听无量光如来、阿罗汉、正等觉名号的众生多么容易获得利益。只要心中对这位如来和这个法门产生一念喜爱，这些众生也就不缺少信仰。

康译：佛語彌勒："其有得聞彼佛名號，歡喜踊躍，乃至一念，當知此人為得大利，則是具足無上功德。

तस्मात्तर्ह्यजित ; आरोचयामि वः, प्रतिवेदयामि वः, सदेवकस्य लोकस्य पुरतो ऽस्य धर्मपर्यायस्य स्रवणाय, त्रिसाहस्रमहासाहस्रमपि लोकधातुमग्निपरिपूर्णाम् अवगाह्यातिक्रम्यैकचित्तोत्पादमपि विप्रतिसारो न कर्तव्यः॥ तत्कस्य हेतोः॥ बोधिसत्त्वकोट्यो ह्यजिताश्रवणादेषाम् एवंरूपाणां धर्मपर्यायाणां विवर्तन्ते ऽनुत्तरायाः सम्यक्संबोधेः॥

今译："因此，阿逸多啊，我现在在包括天神在内的世界面前告知你们，嘱咐你们听取①这个法门。即使三千大千世界布满烈火，也要进入它，越过它，绝无一丝疑悔之意。为什么？阿逸多啊，因为数千万菩萨没有闻听这个法门而转离无上正等菩提。

康译："是故，彌勒，設有大火充滿三千大千世界，要當過此，聞是經法，歡喜信樂，受持讀誦，如說修行。所以者何？多有菩薩欲聞此經而不能得。若有眾生聞此經者，於無上道終不退轉。

तस्मादस्य धर्मपर्यायस्याध्याशयेन श्रवणोद्ग्रहणधारणार्थं, पर्यवाप्तये, विस्तरेण संप्रकाशनार्थाय, भावनार्थं च, सुमहद्वीर्यम् आरब्धव्यम्॥ अन्तश एकरात्रिंदिवसमप्य् , एकगोदोहमात्रमप्यन्तशः, पुस्तकगतावरोपितमपि कृत्वा सुलिखितो धारयितव्यः, शस्तृसंज्ञा च तत्रोत्पादाय कर्तव्या, इच्छद्भिः क्षिप्रमपरिमितान्सत्त्वानवैवर्त्तिकांश् चानुत्तरायां सम्यक्संबोधौ प्रतिष्ठापयितुं , तं च तस्य भगवतो ऽमिताभस्य तथागतस्य बुद्धक्षेत्रं द्रष्टुम्॥ आत्मनश्च विसिष्टां बुद्धक्षेत्रगुणालंकारव्यूहसंपदं परिगृहीतुमिति॥

① 此处"听取"的原词是 sravaṇāya，据 F 本应为 śravaṇāya。

今译："因此，倾心于这个法门，为了听取、接受和记取，为了掌握，为了详细解说，为了修习，应该勇猛精进。乃至一日一夜，一次挤奶时间，书写经卷，书写后，受持记取，于此产生导师想①，希望让无量众生迅速安住无上正等菩提不退转，见到世尊无量光如来、阿罗汉、正等觉的佛土②，也让自己的佛土获得殊胜③功德庄严。

康译："是故，應當專心信受，持誦說行。

अपि तु खल्वजित ; अत्यर्थं सुलब्धलाभास्ते सत्त्वा अवरोपितकुशलमूलाः, पूर्वजिनकृताधिकारा, बुद्धाधिष्ठानाधिष्ठिताश् च भविष्यन्ति, येषामनागते ऽध्वनि, यावत् सद्धर्मप्रलोपे वर्तमान इम एवंरूपा उदारा धर्मपर्यायाः सर्वबुद्धसंवर्णिताः, सर्वबुद्धप्रशस्ताः सर्वबुद्धानुज्ञाता, महतः, सर्वज्ञज्ञानस्य क्षिप्रमाहारकाः श्रोतावभासमागच्छन्ति॥ श्रुत्वा चोदारं प्रीतिप्रामोद्यं प्रतिलप्स्यन्त, उद्ग्रहीष्यन्ति, धारयिष्यन्ति, वाचयिष्यन्ति, पर्यवाप्स्यन्ति, परेभ्यश्च विस्तरेण संप्रकाशयिष्यन्ति, भावनाभिरताश्च भविष्यन्त्य् , अन्तशो लिखित्वा पूजयिष्यन्ति, बहु च ते पुण्यं प्रसविष्यन्ति, यस्य न सुकरा संख्या कर्तुम्॥

今译："确实，阿逸多啊，这些众生极其容易获得利益。他们已经种植善根，已经供奉以前的胜者，会受到佛的护持。在未来世，乃至正法毁灭时，这样美妙的法门为一切佛所赞美，为一切佛所称赞，为一切佛所认同，能迅速传达伟大的佛智，会进入众生耳中。闻听后，他们会感到欣喜愉悦，接受，记取，诵读，掌握，为他人详细解说。他们会乐于修习，乃至书写，供奉，由此产生难以计数的大量功德。

इति ह्यजित यत्तथागतेन कृत्यं कृतं तन्मया॥ युष्माभिरिदानीं निर्विचिकित्सैर्योगः करणीयः॥ मा संशय तमसङ्गमनावरणं बुद्धज्ञानम्॥ मा भूत्सर्वाकारावरोपेतरत्नमयपद्मबन्धनागारप्रवेशः॥ दुर्लभो ह्यजित बुद्धोत्पादः, दुर्लभा धर्म-

---

① "导师想"指将这部经视同导师。
② 此句原文中有个 tam，F 本写为 tac（即 tat，中性单数业格）。
③ 此处"殊胜"的原词是 visiṣṭām，据 V 本和 F 本应为 viśiṣṭām。

देशना, दुर्लभा क्षणसंपत्॥ आख्याताजित मया पूर्वकुशलमूलपारमिप्राप्तिः॥ यूयमिदानीमभियुज्यत प्रतिपद्य वै॥

今译："阿逸多啊，我已经做了如来应该做的事，现在你们应该毫无疑虑地践行。不要怀疑无著无碍的佛智。不要进入具有一切优美形态[①]的宝石莲花牢狱中。阿逸多啊，佛出世难得，说法难得，机会难得。阿逸多啊，我已经说明如何达到一切[②]善根圆满，现在你们就努力践行[③]吧！

康译："吾今為諸眾生說此經法，令見無量壽佛及其國土一切所有，所當為者，皆可求之，無得以我滅度之後復生疑惑。當來之世，經道滅盡，我以慈悲哀愍，特留此經，止住百歲，其有眾生值斯經者，隨意所願，皆可得度。"

佛語彌勒："如來興世難值難見；諸佛經道難得難聞；菩薩勝法諸波羅蜜得聞亦難；遇善知識聞法能行，此亦為難；若聞斯經，信樂受持，難中之難，無過此難。是故，我法如是，作如是說、如是教，應當信順，如法修行。"

अस्य खलु पुनरजित धर्मपर्यायस्य महतीं परीन्दनां करोम्यविप्रनाशाय॥ मा बुद्धधर्माणाम् अन्तर्धानाय पराक्रमिष्यथ॥ मा तथागताज्ञां क्षोभयिष्यथ॥

今译："阿逸多啊，我郑重托付这个法门，不要让它毁灭。你们要努力不让佛法消失，不让佛智受损。"

अथ खलु भगवांस्तस्यां वेलायामिमा गाथा अभाषत --

今译：就在这时，世尊诵出这些偈颂：

---

① 此处"优美形态"的原词是 ākārāvara，据 F 本应为 ākāravara。

② 此处"一切"的原词是 pūrva（"以前"），而 V 本和 F 本写为 sarva，读法更好。

③ 此处"践行"的原词是 pratipadya，V 本和 F 本写为 pratipadyadhvam（即命令语气复数第二人称）。

नेमे अकृतपुण्यानां
श्रवा भेष्यन्ति ईदृशाः।
ये तु ते शूर सिद्धार्थाः
ते श्रोष्यन्ति इमां गिरां॥(१)

今译：那些不积累功德的人，
他们不会听取这些话，
而获得成就的勇士们，
他们会聆听这些话。（1）

दृष्टो यैश्च हि संबुद्धो
लोकनाथ प्रभंकरः।
स गौरवैः श्रुतो धर्मः
प्रीतिं प्राप्स्यन्ति ते परां॥(२)

今译：他们见到正等觉，
救世主，放光者，
深心崇敬[①]聆听法，
会获得无上喜悦。（2）

न शक्त हीनेभि कुशीदट्टष्टिभिः
बुद्धान धर्मेषु प्रसाद विन्दितुम्।
ये पूर्वबुद्धेषु अकार्षु पूजां,
ते लोकनाथान् चर्यासु शिक्षिषु॥(३)

今译：怀抱邪见的低劣者，
对佛法不会心生喜悦；
已在前世供奉过去佛，
他们会修习世主[②]所行。（3）

① 此处“崇敬”的原文是 sa gauravaiḥ，V 本和 F 本写为 sagauravaiḥ（“怀着崇敬”）。
② 此处“世主”原文是 lokanāthān，据 V 本应为 lokanāthāna（即混合梵语阳性复数属格）。

यथान्धकारे पुरुषो ह्यचक्षुः
मार्गं न जाने कुतु संप्रकाशयेत्।
सर्वे तथा श्रावक बुद्धज्ञाने
अजानकाः किं पुनरन्यसत्त्वाः॥(४)

今译：犹如盲人处在黑暗中，
不能辨路，何况指路？
一切声闻也不知佛智，
更何况其他无知众生。（4）

बुद्धो हि बुद्धस्य गुणा प्रजानते
न देवनागासुरयक्षश्रावकाः।
प्रत्येकबुद्धान पि को गती यथो,
बुद्धस्य ज्ञाने हि प्रकाश्यमाने॥(५)

今译：唯有佛知佛功德，而非
神、蛇、阿修罗和夜叉，
以及声闻，甚至辟支佛
也不知道如何说明佛智。（5）

यदि सर्वसत्त्वाः सुगता भवेयुः
विशुद्धज्ञाना परमकोविदा।
ते कल्पकोटीरथ वापि उत्तरे
एकस्य बुद्धस्य गुणान्कथेयुः॥(६)

今译：如果一切众生都成佛，
彻底通晓纯洁的佛智，
即使讲述一佛的功德，
也要千万劫或更多劫。（6）

अत्रान्तरे निर्वृत ते भवेयुः
प्रकाश्यमाना बहुकल्पकोटीः।
न च बुद्धज्ञानस्य प्रमाणु लभ्यते
तथा हि ज्ञानाश्चरियं जिनानां॥ (७)

今译：他们讲述数千万劫，
在这中间进入涅槃，
而没有说尽佛智量，
这正是佛智的奇妙！（7）

तस्मान्नरः पण्डित विज्ञजातियः,
यो मह्य वाक्यमभिश्रद्दधेयुः।
कृत्स्नां स साक्षी जिनज्ञानराशिं,
बुद्ध प्रजानाति गिरामुदीरयेत्॥ (८)

今译：天资聪慧的智者，
他会信仰我的话，
亲证所有的佛智，
知佛而能如实言。（8）

कदाचि लभ्याति मनुष्यलाभः,
कदाचि बुद्धान पि प्रादुर्भावः।
श्रद्धा थ प्रज्ञा सुचिरेण लप्स्यते,
तस्यार्थप्रज्ञैर्जनयाथ वीर्यं॥ (९)

今译：偶尔获得人身，偶尔
逢佛出世，长久信仰，
具有智慧，才能获得，
为此[①]应该精进努力。（9）

---

① 此处“为此”的原词是 tasyārthaprajñaiḥ，而 V 本和 F 本写为 tasyārthaprāptyaiḥ（“为达到这个目的”），读法更好。

य ईदृशां धर्म श्रुणित्वा श्रेष्ठां
लभ्यन्ति प्रीतिं सुगतं स्मरन्तः।
ते मित्रमस्माकमतीतमध्वनि,
ye बुद्धा बोधाय जनेन्ति च्छन्दम्, इति॥(१०)

今译：已经闻听这种殊胜法，
经常忆念佛而心喜悦，
在前世就是我们的朋友，
他们渴望获得佛菩提①。（10）

अस्मिन्खलु पुनर्धर्मपर्याये भगवता भाष्यमाने द्वादशानां सत्त्वनयुतकोटीनां विरजो विगतमलं धर्मेषु धर्मचक्षुर्विशुद्धं, चतुर्विंशत्या कोटीभिरनागामिफलं प्राप्तम्॥ अष्टानां भिक्षुशतानामनुत्पादायास्रवेभ्यश् चित्तानि विमुक्तानि॥ पञ्चविंशत्या बोधिसत्त्वकोटीभिर् अनुत्पत्तिकधर्मक्षान्तिप्रतिलब्धाः॥ देवमानुषिकायाश् च प्रजायाश्चत्वारिंशत्कोटीनयुतशतसहस्राणामनुत्पत्तिपूर्वाण्य् अनुत्तरायां सम्यक्संबोधौ चित्तान्युत्पन्नानि सुखावत्युपपत्तये च कुशलमूलान्यवरोपितानि, भगवतोऽमिताभस्य दर्शनकामतया॥

今译：就在世尊讲述这个法门的时候，一亿二千万那由多众生依法获得无尘无垢清净法眼。二亿四千万众生获得不还果。八百比丘烦恼除尽②，心得解脱。二亿五千万菩萨获得无生法忍。四十万亿那由多神和人等众生以前没有而现在发起无上正等菩提心，为了出生极乐世界而种植善根，盼望见到世尊无量光。

康译：爾時，世尊說此經法，無量眾生皆發無上正覺之心，萬二千那由他人得清淨法眼，二十二億諸天人民得阿那含③，八十萬比丘

① 此处“佛菩提”的原文是 buddhā bodhāya，据 F 本应为 buddhabodhāya。

② 此处“除尽”的原词是 anutpādāya，据 V 本和 F 本应为 anupādāya（“不执取”或“除尽”，作为独立词或不变词使用）。

③ “阿那含”是“不还”（anāgāmin）一词的音译。

漏盡意解[①]，四十億菩薩得不退轉，以弘誓功德而自莊嚴，於將來世當成正覺。

सर्वे ते तत्रोत्पाद्यानुपूर्वेण मञ्जुस्वरा नाम तथागता अन्येषु लोकधातुषूपपत्स्यन्ते॥ अशीतिश्च नयुतकोट्यो दीपङ्करेण तथागतेन लब्धक्षान्तिका अवैवर्त्या अनुत्तरायाः सम्यक्संबोधेर् , अमितायुषैव तथागतेन परिपाचिताः पूर्वबोधिसत्त्वचर्याश्चरन्तास् , ताश्च सुखावत्यां लोकधातावुपपद्य पूर्वप्रणिधानचर्याः परिपूरयिष्यन्ति॥

今译：他们在这里出生[②]后，还会依次出生在其他世界，成为如来，名为妙音。八亿那由多众生曾获得燃灯如来授记法忍，安住无上正等菩提不退转。他们接受无量光如来教化，继续奉行[③]以前的菩萨行。他们出生在极乐世界后，会圆满实现以前的誓愿和修行。

तस्यां च वेलायामयं त्रिसाहस्रमहासाहस्रो लोकधातुः षड्विकारं प्रकम्पितः॥ विविधानि च प्रातिहार्याणि संदृश्यन्ति, जानुमात्रं च मन्दरवपुष्पैः पृथिव्यां संस्तृतमभूत्॥ दिव्यमानुषिकानि च तूर्याणि संवादितान्य् अभूवन्॥ अनुमोदकाशब्देन च यावदकनिष्ठभवनं विज्ञप्तमभूत्॥

今译：这时，三千大千世界出现六种震动[④]，展现种种神通变化，曼陀罗花遍布大地，达到膝盖，天上人间乐器齐鸣，欢庆声[⑤]直达阿迦尼吒天。

康译：爾時，三千大千世界六種震動，大光普照十方國土，百千音樂自然而作，無量妙華芬芬而降。

---

① “意解”即心获解脱。

② 此处“出生”的原词是 utpādya，F 本写为 utpadya，而 V 本写为 upapadya，与本段中其他两处用词一致。

③ 此处“奉行”的原词是 carantāḥ，F 本写为 caratā，均为混合梵语现在分词阳性复数体格，而 V 本写为 carantaḥ，则是规范梵语现在分词阳性复数体格。

④ 此处“震动”的原词是 prakampitaḥ，V 本和 F 本写为 prākampat（即不定过去时单数第三人称）。

⑤ 此处“欢庆声”的原词是 anumodakāśabdena，据 V 本和 F 本应为 anumodanāśabdena。

इदमवोचद्भगवानात्तमना, अजितो बोधिसत्त्वो महासत्त्व आयुष्मांश्चानन्दः, सा च सर्वावती पर्षत् सदेवमानुष्यासुरगन्धर्वश्च लोको भगवतो भाषितम् अभ्यनन्दन्निति॥

今译：世尊这样说完后，心中喜悦。阿逸多菩萨大士、尊者阿难、包括神、人、阿修罗和健达缚在内的世界所有会众欢迎世尊所说。

康译：佛說經已，彌勒菩薩及十方來諸菩薩眾、長老阿難、諸大聲聞、一切大眾，聞佛所說，靡不歡喜。

भगवतोऽमिताभस्य गुणपरिकीर्तनं बोधिसत्त्वानाम् अवैवर्त्तिकभूमिप्रवेशः॥ अमिताभस्य सुखावतीव्यूहपरिवर्तः समाप्तः॥

今译：称扬世尊无量光功德、进入菩萨不退转地、无量光极乐世界庄严品结束。

附 录

佛說觀無量壽佛經

宋西域三藏畺良耶舍譯

如是我聞。一時佛在王舍成[①]耆闍崛山中，與大比丘眾千二百五十人俱，菩薩三萬二千，文殊師利法王子而為上首。

爾時，王舍大城有一太子名阿闍世[②]，隨順調達惡友之教[③]，收執父王頻婆娑羅，幽閉置於七重室內[④]，制諸群臣，一不得往。國大[⑤]夫人名韋提希[⑥]，恭敬大王，澡浴清淨[⑦]，以酥蜜和麨[⑧]用塗其身，諸瓔珞[⑨]中盛葡萄漿蜜以上王。

爾時，大王食麨飲漿，求水漱口。漱口畢已，合掌恭敬，向耆闍崛山遙禮世尊，而作是言："大目揵連[⑩]是吾親友，願興慈悲，授我八戒[⑪]。"時目揵連如鷹隼飛，疾至王所，日日如是，授王八戒。世尊亦遣尊者富樓那[⑫]為王說法。

如是時間經三七日。王食麨蜜，得聞法故，顏色和悅。時阿闍世問守門者[⑬]："父王今者猶存在耶？"時守門人白言："大王，國大夫

---

① 此处"成"字，据《中华大藏经》校勘记，《石》、《资》、《碛》、《南》、《径》、《清》、《丽》作"城"。

② "阿阇世"（ajātaśatru）是摩揭陀国频婆娑罗王（bimbisāra）之子。

③ "随顺调达恶友之教"意谓听从恶友调达的教唆。调达（devadatta，也译"提婆达多"）是佛陀的堂弟。传说他贪图佛陀的地位和利养，提出佛陀已经年迈，要求将僧众托付给他。佛陀没有答应。于是，调达怀恨在心，教唆阿阇世杀死父王，立自己为王，同时，他也杀死佛陀，立自己为佛。他挑唆说阿阇世在母胎中时，相师预言他将来会危害父亲。这样，频婆娑罗王曾在他出生时，试图杀死他，只是他命大，幸免于难。阿阇世听后，便产生杀父之心。

④ "七重室内"指囚禁在宫中深处，有七重院落的门墙阻挡。

⑤ 此处"大"字，据《中华大藏经》校勘记，《碛》、《南》、《径》、《清》作"太"。

⑥ "韦提希"（vaidehī）是阿阇世的生母。

⑦ "澡浴清净"指沐浴净化身体。

⑧ "麨"指炒麦粉。

⑨ "璎珞"指佩戴在身上的装饰品，如项链、脚环和臂钏。

⑩ "大目揵连"（mahāmaudgalyāyana，即"大目犍连"）是佛陀十大弟子之一，号称"神通第一"。

⑪ "八戒"又称"八关斋戒"，指一、不杀生，二、不偷盗，三、不婬，四、不妄语，五、不饮酒，六、不以华鬘装饰自身、不歌舞视听，七、不卧高广床，八、不非时食。这是在家人学习出家人的生活。

⑫ "富楼那"（pūrṇa）是佛陀十大弟子之一，号称"说法第一"。

⑬ 此处"者"字，据《中华大藏经》校勘记，《丽》作"人"。

人身塗蜜麨，瓔珞盛漿，持用上王。沙門目連及富樓那從空而來，為王說法，不可禁制。”時阿闍世聞此語已，怒其母曰：“我母是賊，與賊為伴。沙門惡人，幻惑呪術，令此惡王多日不死！”即執利劍，欲害其母。時有一臣名日[①]月光，聰明多智，及與耆婆[②]，為王作禮，白大王言：“臣聞毗陀[③]論經說劫初已來，有諸惡王貪國位故，殺害其父，一萬八千。未曾聞有無道害母。王今為此殺逆之事，污剎利種[④]，臣不忍聞，是旃陀羅[⑤]，不宜住此[⑥]。”時二大臣說此語竟，以手按劍，却行而退[⑦]。時阿闍世聞此語已[⑧]，驚怖惶懼，告耆婆言：“汝不為我耶？”耆婆白言：“大王，慎莫害母。”王聞此語，懺悔求救，即便捨劍，止不害母。勅語內官，閉置深宮[⑨]，不令復出。

時韋提希被幽閉已，愁憂憔悴，遙向耆闍崛山為佛作禮，而作是言：“如來世尊在昔之時，恒遣阿難[⑩]來慰問我。我今愁憂，世尊威重，無由得見，願遣目連尊者、阿難與我相見。”作是語已，悲泣雨淚，遙向佛禮。未舉頭頃，爾時世尊在耆闍崛山知韋提希心之所念，勅大目揵連及以阿難從空而來。佛從耆闍崛山沒，於王宮出。[⑪] 時韋提希

① 此处“日”，似应为“曰”。

② “耆婆”（jīvaka）是频婆娑罗王的御医。

③ “毗陀”（veda，也译“吠陀”）是婆罗门教的圣典。

④ “刹利种”指刹帝利（kṣatriya）种姓。印度古代执掌王权的帝王通常都是刹帝利种姓。

⑤ “旃陀罗”（cāṇḍala）是印度古代四种姓之外的贱民。“是旃陀罗”意谓阿阇世王如同旃陀罗。

⑥ 此处“不宜住此”，据《中华大藏经》校勘记，《清》、《丽》作“我等不宜复住于此”。

⑦ “以手按剑，却行而退”意谓退走时，手按住身上的剑，暗含意是以防阿阇世起杀心。

⑧ 此处“闻此语已”，据《中华大藏经》校勘记，《资》、《碛》、《南》、《径》、《清》、《丽》无。

⑨ “敕语内官，闭置深宫”意谓命令内宫官吏将韦提希禁闭在深宫中。

⑩ “阿难”（ānanda）是佛陀十大弟子之一，号称“声闻第一”。

⑪ 这里描写大目犍连和阿难从空中而来，佛陀本人则直接从耆阇崛山中消失，而出现在王宫。

禮已舉頭，見世尊釋迦牟尼佛身紫金色，坐百寶蓮華，目連侍左，阿難侍右，釋、梵、護世[①]諸天王等在虛空中，普雨天華，持用供養。

時韋提希見佛世尊，自絕瓔珞[②]，舉身投地，號泣向佛白言："世尊，我宿何罪，生此惡子？世尊復有何等因緣，與提婆達多共為眷屬[③]？唯願世尊為我廣說無憂惱處[④]，我當往生，不樂閻浮提[⑤]濁惡世[⑥]也。此濁惡處地獄、餓鬼、畜生盈滿，多不善聚[⑦]。願我未來不聞惡聲，不見惡人。今向世尊五體投地，求哀懺悔。唯願佛日[⑧]教我觀於清淨業處[⑨]。"

爾時，世尊放眉間光。其光金色，遍照十方無量世界，還住佛頂[⑩]，化為金臺，如須彌山，十方諸佛淨妙國土皆於中現。或有國土七寶[⑪]合成，復有國土純是蓮花，復有國土如自在天[⑫]宮，復有國土如頗梨[⑬]鏡，十方國土皆於中現。有如是等無量諸佛國土嚴顯[⑭]可觀，令韋提希見。時韋提希白佛言："世尊，是諸佛土雖復清淨，皆有光明，我今樂生極樂世界阿彌陀佛所[⑮]。唯願世尊教我思惟，教我正受。[⑯]"

---

① "释、梵、护世"指帝释天、梵天和四位护世天王（即四大天王）。

② "自绝璎珞"指自己取下身上的装饰品，保持清净，以示对佛陀的尊敬。

③ "共为眷属"指互相有亲戚关系。

④ "无忧恼处"指没有忧恼的国土。

⑤ "阎浮提"（jambudvīpa）或译"瞻部洲"。按照印度古代地理观念，围绕须弥山有四大洲，瞻部洲位于须弥山南部，故而又称"南瞻部洲"。

⑥ "浊恶世"又称"五浊恶世"，即这个世界处在五种恶浊中。"五浊"（pañcakaṣāya）指劫浊、见浊、烦恼浊、众生浊和命浊。

⑦ "多不善聚"指积满罪恶。

⑧ "佛日"是以太阳比喻佛陀。

⑨ "业处"（karmasthāna）指观想对象。此处"观于清净业处"指观想充满善业的清净国土。

⑩ "还住佛顶"指放射的金光返还佛陀的头顶。

⑪ "七宝"指七种珠宝。

⑫ "自在天"（īśvara）或称"大自在天"（maheśvara，音译"摩醯首罗）通常指婆罗门教中的大神湿婆（śiva）。

⑬ "颇黎"（sphaṭika）指玻璃或水晶。

⑭ "严显"指优美和鲜明。

⑮ 这里是说韦提希看到十方诸佛净妙国土后，选择阿弥陀佛的极乐世界。

⑯ 这里的"思惟"指沉思观想。"正受"（samāpatti）指入定。

爾時，世尊即便微笑。有五色光從佛口出，一一光照頻婆娑羅王頂。爾時，大王雖在幽閉，心眼無障，遙見世尊，頭面作禮，自然增進[①]，成阿那含[②]。

爾時，世尊告韋提希："汝今知不？阿彌陀佛去此不遠。汝當繫念，諦觀[③]彼國淨業成者[④]。我今為汝廣說眾譬[⑤]，亦令未來世一切凡夫欲修淨業者，得生西方極樂國土。欲生彼國者，當修三福[⑥]：一者孝養父母，奉事師長，慈心不殺，修十善業[⑦]；二者受持三歸[⑧]，具足眾戒[⑨]，不犯威儀[⑩]；三者發菩提心[⑪]，深信因果[⑫]，讀誦大乘，勸進行者[⑬]。如此三事名為淨業。"佛告韋提希："汝今知不？此三種業，過去、未來、現在三世諸佛淨業正因[⑭]。"

佛告阿難及韋提希："諦聽，諦聽，善思念之。如來今者為未來世一切眾生為煩惱賊之所苦害者，說清淨業。善哉，韋提希，快問此事！阿難！汝當受持，廣為多眾宣說佛語。如來今者教韋提希及未來世一切眾生觀於西方極樂世界。以佛力故，當得見彼清淨國土，如執明鏡自見面像。見彼國土極妙樂事，心歡喜故，應時即得無生法忍[⑮]。"

---

① "自然增进"指自然而然得到提升。

② "阿那含"（anāgāmin，也译"不还"）是修行四果位中的第三个果位。

③ "谛观"指专心观想。

④ "净业成者"指依靠净业获得成功者，即依靠善业得以往生阿弥陀佛国者。

⑤ "众譬"指各种譬喻。

⑥ "三福"指三种净业或善业。

⑦ "十善业"（daśakuśalakarman）指不杀生、不偷盗、不邪淫、不妄语、不两舌、不恶语、不绮语、无贪欲、无瞋恚和无邪见。

⑧ "三归"（triśaraṇa）指归依佛、法和僧。

⑨ "戒"（śīla）指戒规或戒律。

⑩ "威仪"（īryā）指行、住、坐和卧的仪轨。

⑪ "发菩提心"指发起求得无上正等菩提的心愿。

⑫ "因果"指善恶因果报应。

⑬ "劝进行者"指勉励修行者。

⑭ "正因"指正确的或直接的原因。

⑮ "无生法忍"（anutpattikadharmakṣānti）指安忍无生法。"无生"指一切本来无生无灭。

佛告韋提希："汝是凡夫，心想羸劣，未得天眼，不能遠觀。諸佛如來有異方便[①]，令汝得見。"

時韋提希白佛言："世尊，如我今者以佛力故見彼國土，若佛滅後，諸眾生等濁惡不善，五苦[②]所逼，云何當見阿彌陀佛極樂世界？"佛告韋提希："汝及眾生應當專心繫念一處，想於西方。云何作想？凡作想者，一切眾生自非生盲[③]，有目之徒皆見日沒[④]。當起想念，正坐西向，諦觀於日，令心堅住，專想不移。見日欲沒，狀如懸鼓。既見日已，閉目開目，皆令明了[⑤]。是為日想，名曰初觀。

"次作水想[⑥]。見水澄清，亦令明了，無分散意。既見水已，當起水[⑦]想，見氷映徹，作琉璃想。此想成已，見琉璃地，內外映徹，下有金剛七寶金幢，擎琉璃地[⑧]，其幢八方八楞[⑨]具足，一一方面百寶所成，一一寶珠有千光明，一一光明八萬四千色，映琉璃地，如億千日，不可具見。琉璃地上以黃金繩雜廁間錯，以七寶界[⑩]，分齊[⑪]分明。一一寶中有五百色光，其光如花，又似星月，懸處虛空，成光明臺，樓閣千萬百寶合成。於臺兩邊，各有百億花幢、無量樂器以為莊嚴[⑫]，八種清風從光明出，鼓此樂器[⑬]，演說苦、空、無常、無我[⑭]之音。是

① "异方便"指特异的方法。

② "五苦"也就是《无量寿经》中所说的五恶、五痛和五烧。

③ "自非生盲"指除非天生目盲。

④ "日没"指太阳落山。

⑤ "闭目开目，皆令明了"指无论闭眼和睁眼，日落的形象都清晰可见。

⑥ 此处"次作水想"，据《中华大藏经》校勘记，《丽》作"'作是观者，名为正观；若他观者，名为邪观。'佛告阿难及韦提希：'初观已成，次作水想，想见西方一切皆是大水。'"

⑦ 此处"水"字，据《中华大藏经》校勘记，《石》、《资》、《碛》、《南》、《径》、《清》、《丽》作"冰"。

⑧ "擎琉璃地"指支撑或托举着琉璃地。

⑨ "八方八楞"指金幢呈八方形，有八个棱角。

⑩ "界"指分界。

⑪ "分齐"指界限、分际。

⑫ "以为庄严"指作为装饰，构成奇妙景观。

⑬ "鼓此乐器"指吹奏乐器。

⑭ "苦、空、无常、无我"是佛法基本要义。

為水想，名第二觀。此想成時，一一觀之，極令了了，閉目開目，不令散失，唯除食時，恒憶此事。如此想者[1]，名為粗見極樂國地。

“若得三昧，見彼國地，了了分明，不可具說[2]。是為地想，名第三觀。”

佛告阿難：“汝持佛語，為未來世一切大眾欲脫苦者，說是觀地法。若觀是地者，除[3]八十億劫生死之罪，捨身他世，必生淨國，心得無疑[4]。作是觀者，名為正觀；若他觀者，名為邪觀。”

佛告阿難及韋提希：“地想成已，次觀寶樹。觀寶樹者，一一觀之，作七重行樹想。一一樹高八千由旬，其諸寶樹七寶花葉無不具足。一一華葉作異寶色[5]，琉璃色中出金色光，頗梨色中出紅色光，馬腦色中出車璩光，車璩色中出綠真珠光，珊瑚、琥珀[6]一切眾寶以為映飾。妙真珠網彌覆樹上，一一樹上有七重網，一一網間有五百億妙華宮殿，如梵王宮，諸天童子自然在中。一一童子有五百億釋迦毗楞伽摩尼寶[7]以為瓔珞，其摩尼[8]光照百由旬，如和合百億日月，不可具名[9]，眾寶間錯，色中上者[10]。此諸寶樹行行相當，葉葉相次，於眾葉間生諸妙花，花上自然有七寶果。一一樹葉，縱廣正等[11]二十五由旬，其

① 此处“如此想者”，据《中华大藏经》校勘记，《丽》作“‘作此观者，名为正观；若他观者，名为邪观。’佛告阿难及韦提希：‘水想成已。’”

② “不可具说”指无法一一说尽。

③ “除”指消除。

④ “心得无疑”意谓对此应该深信不疑。

⑤ “异宝色”指各种珠宝的颜色。

⑥ 以上琉璃、颇梨、马脑、车渠、绿真珠、珊瑚和琥珀统称为“七宝”。

⑦ “释迦毗楞伽摩尼宝”（śakrābhilognamaṇiratna）是珠宝名，尤其指帝释天（śakra）佩戴的摩尼珠宝。

⑧ “摩尼”（maṇi）指摩尼珠。

⑨ “不可具名”指无法一一说明这些珠宝名称。

⑩ “色中上者”指都是颜色中的上等者。

⑪ “正等”指相等于或整整。

葉千色，有百種畫，如天纓珞。有眾妙華，作閻浮檀金[①]色，如旋火輪，婉[②]轉葉間。踊生諸果，如帝釋瓶[③]，有大光明，化成幢幡無量寶蓋[④]。是寶蓋中映現三千大千世界一切佛事，十方佛國亦於中現。見此樹已，亦當次第一一觀之，觀見樹莖、枝、葉、華、果，皆令分明。是為樹想，名第四觀[⑤]。

"次當想水。想[⑥]水者，極樂國土有八池水。一一池水七寶所成，其寶柔軟，從如意珠[⑦]王生。分為十四支，一一支作七寶色，黃金為渠，渠下皆以雜色金剛以為底沙。一一水中有六十億七寶蓮花，一一蓮華團圓正等十二由旬。其摩尼水流注華間，尋樹上下[⑧]，其聲微妙，演說苦、空、無常、無我、諸波羅蜜[⑨]，復有讚歎諸佛相好[⑩]者。從如意珠王踊出金色微妙光明，其光化為百寶色鳥，和鳴哀雅，常讚念佛、念法、念僧。是為八功德水[⑪]想，名第五觀[⑫]。

"眾寶國土一一界[⑬]上有五百億寶樓，其樓閣中有無量諸天作天伎樂，又有樂器懸處虛空，如天寶幢，不鼓自鳴。此眾音中皆說念佛、念法、念比丘僧。此想成已，名為粗見極樂世界寶樹、寶地、寶池。

---

① "阎浮檀金"（jambūnadasuvarṇa）指产生于阎浮河的一种优质金子。

② 此处"婉"字，据《中华大藏经》校勘记，《碛》、《南》、《径》、《清》、《丽》作"宛"。

③ "帝释瓶"指帝释天王的宝瓶。

④ "宝盖"（chatra）指华盖或伞盖。

⑤ 此处"名第四观"后面，据《中华大藏经》校勘记，《丽》作"'作是观者，名为正观；若他观者，名为邪观。'佛告阿难及韦提希：'树想成已。'"

⑥ 此处"想"字，据《中华大藏经》校勘记，《资》、《南》、《径》、《清》、《丽》作"欲想"。

⑦ "如意珠"（cintāmaṇi）指能按照自己心意产生种种珍宝的宝珠。

⑧ "寻树上下"指水流还能沿着或攀援池边的宝树上下流动。

⑨ "诸波罗蜜"（pāramitā）指六波罗蜜：布施、持戒、忍辱、精进、禅定和智慧。

⑩ "相好"指佛的种种吉祥奇妙的相貌特征。

⑪ "八功德水"指池水有八种功德：澄净、清冷、甘美、轻软、润泽、安和、饮时除饥渴等和饮已长养诸根。

⑫ 此处"名第五观"后面，据《中华大藏经》校勘记，《丽》作"'作是观者，名为正观；若他观者，名为邪观。'佛告阿难及韦提希"。

⑬ 此处"界"指疆界。

是為總觀想[①]，名第六觀。若見此者，除無量億劫極重惡業，命終之後必生彼國。作是觀者，名為正觀；若他觀者，名為邪觀。”

佛告阿難及韋提希：“諦聽，諦聽，善思念之！佛[②]當為汝分別解說除苦惱法，汝等憶持，廣為大眾分別解說。”說是語時，無量壽佛住立空中，觀世音、大勢至[③]，是二大士侍立左右，光明熾盛，不可具見[④]，百千閻浮檀金色不可[⑤]為比。時韋提希見無量壽佛已，接足作禮[⑥]，白佛言：“世尊，我今因佛神[⑦]力故，得見無量壽佛及二菩薩，未來眾生當云何觀無量壽佛及二菩薩？”

佛告韋提希：“欲觀彼佛者，當起想念。於七寶地上作蓮花想，令其蓮花一一葉作百寶色，有八萬四千脉[⑧]，猶如天畫。脉一一[⑨]有八萬四千光，了了分明，皆令得見。華葉小者，縱廣二百五十由旬。如是華有八萬四千葉，一一葉間有五百億摩尼珠王以為映飾，一一摩尼珠放千光明，其光如蓋，七寶合成，遍覆地上，釋迦毗楞伽摩尼寶以為其臺。此蓮花臺，八萬金剛甄叔迦寶、梵摩尼寶、妙真珠網以為交飾。於其臺上自然而有四柱寶幢，一一寶幢如百千萬億須彌山，幢上寶縵如夜摩天宮[⑩]，有五百億微妙寶珠以為映飾。一一寶珠有八萬四千光，一一光作八萬四千異種金色，一一金光遍其寶土，處處變化，

① 这是将观想宝树、宝地和宝池合称为“总观想”。

② 此处“佛”字，据《中华大藏经》校勘记，《资》、《南》、《径》、《清》、《丽》作“吾”。

③ “观世音”（avalokeśvara，或译“观自在”）和大势至（mahāsthāmaprāpta，或译“得大势”）是无量寿佛的两位胁侍。

④ “不可具见”指无法完全看清。

⑤ 此处“可”字，据《中华大藏经》校勘记，《资》、《碛》、《南》、《径》、《清》、《丽》作“得”。

⑥ “接足作礼”指行触足礼。

⑦ 此处“神”字，据《中华大藏经》校勘记，《资》、《碛》、《南》、《径》、《清》、《丽》无。

⑧ “脉”指叶脉，即叶上的纤维条纹。

⑨ 此处“脉一一”，据《中华大藏经》校勘记，《石》、《丽》作“一一脉”。

⑩ “夜摩天”（yāma）是欲界六天中的第三天。

各作異相，或為金剛臺，或作真珠網，或作雜花雲，於十方面隨意變現，施作佛事。是為花座想，名第七觀。”

佛告阿難：“如此妙花，是本法藏比丘[①]願力[②]所成。若欲念彼佛者，當先作此花座想。作此想時，不得雜觀，皆應一一觀之。一一花、一一葉、一一珠、一一光、一一臺、一一幢，皆令分明，如於鏡中自見面像。此想成者，滅除五万億劫生死之罪，必定當生極樂世界。作是觀者，名為正觀；若他觀者，名為邪觀。”

佛告阿難及韋提希：“見此事已，次當想佛。所以者何？諸佛如來是法界身[③]，遍入一切眾生心想中。是故汝等心想佛時，是心即是三十二相[④]、八十隨形好[⑤]。是心作佛，是心是佛[⑥]。諸佛正遍知海從心想生[⑦]，是故應當一心繫念，諦觀彼佛、多陀阿伽度、阿羅呵、三藐三佛陀[⑧]。想彼佛者，先當想像，閉目開目見一寶像如閻浮檀金色，坐彼華[⑨]上。既見坐已，心眼得開，了了分明，見極樂國七寶莊嚴寶地、寶池、寶樹行列，諸天寶縵彌覆其[⑩]上，眾寶羅網滿虛空中。見如此事，極令明了，如觀掌中。見此事已，復當更作一大蓮華在佛左邊，如前蓮華，等無有異。復作一大蓮華在佛右邊。想一觀世音菩薩

---

① “法藏比丘”（dharmākara）是无量寿佛的前身。

② “愿力”（praṇidhānabala）指誓愿的力量。法藏比丘为成就极乐世界，曾发四十八大愿。

③ “法界身”（dharmadhātu）相当于“法身”（dharmakāya）。佛有三身：法身、报身和化身。法身是佛的法性，即佛的精神实体。“法界”（dharmadhātu）指由法性化现的众生界，故而也称“法身”为“法界身”。

④ “三十二相”指佛的三十二种主要的奇妙的相貌特征（lakṣaṇa）。

⑤ “八十随形好”指佛的另外八十种美好的相貌特征（anuvyañjana）。

⑥ “是心作佛，是心是佛”指此心思念佛，心中便出现佛，此心也就是佛。这里的“心作”一词相当于“心想”。

⑦ “正遍知”（samyaksambuddha）也译“正等觉”，指佛。“正遍知海”指众多的佛。“从心想生”指众佛由心想而生。

⑧ “多陀阿伽度”是 tathāgata（“如来”）的音译。“阿罗呵”（arhat）也译“阿罗汉”或“应供”。“三藐三佛陀”是“正等觉”（即“正遍知”）一词的音译。这三者都是佛的称号。

⑨ “彼华”指前面第七观中的莲花座。

⑩此处“其”字，据《中华大藏经》校勘记，《丽》作“树”。

像坐左蓮華座，亦放金光，如前無異；想一大勢至菩薩像坐右蓮華座。此想成時，佛菩薩像皆放金[①]光，其光金色，照諸寶樹。一一樹下亦有三蓮華，諸蓮華上各有一佛二菩薩像，遍滿彼國。此想成時，行者[②]當聞水流、光明及諸寶樹、鳧、鴈、鴛鴦皆說妙法，出定入定，恒聞妙法[③]。行者所聞，出定之時憶持不捨，令與修多羅[④]合。若不合者，名為妄想。若得[⑤]合者，名為麁想見極樂世界。是為想像[⑥]，名第八觀。作是觀者，除無量億劫生死之罪，於現身[⑦]中得念佛三昧[⑧]。"

佛告阿難及韋提希："此想成已，次當更觀無量壽佛身相光明。阿難當知，無量壽佛身如百千萬億夜摩天閻浮檀金色。佛身高六十萬億那由他[⑨]恒河沙[⑩]由旬，眉間白毫右旋婉[⑪]轉如五須彌山，佛眼如四大海水，清[⑫]白分明。身諸毛孔演出光明如須彌山。彼佛圓光如百億三千大千世界。於圓光中有百萬億那由他恒河沙化佛[⑬]。一一化佛亦有眾多無數化菩薩[⑭]以為侍者。無量壽佛有八萬四千相。一一相各有八萬四千隨形好，一一好復有八萬四千光明，一一光明遍照十方世界，念佛眾生攝取不捨。其光相好及與化佛不可具說，但當憶想，令心明

① 此处"金"字，据《中华大藏经》校勘记，《丽》作"妙"。

② "行者"指修行观想者。

③ "出定入定，恒闻妙法"指观想者无论出定或入定，始终听到妙法。

④ "修多罗"是 sūtra（"经"）一词的音译。

⑤ 此处"得"字，据《中华大藏经》校勘记，《资》、《碛》、《南》、《径》、《清》、《丽》作"与"。

⑥ "想像"指观想无量寿佛以及观世音和大势至二菩萨像。

⑦ "现身"指现在的身体。

⑧ "念佛三昧"指念佛观想的禅定。"三昧"是 samādhi（"入定"）一词的音译。此处"念佛三昧"后面，《中华大藏经》校勘记，《丽》作"作是观者，名为正观；若他观者，名为邪观"。

⑨ "那由他"（nayuta）是一个极大的数字，相当于千亿。

⑩ "恒河沙"（gaṅgānadīvālukā）指如同恒河中的沙。

⑪ 此处"婉"通"宛"。

⑫ 此处"清"字，据《中华大藏经》校勘记，《资》、《碛》、《南》、《径》、《清》作"青"。

⑬ "化佛"指化现的佛。

⑭ "化菩萨"指化现的菩萨。

見。見此事者，即見十方一切諸佛。以見諸佛故，名念佛三昧。作是觀者，名觀一切佛身。以觀佛身故，亦見佛心。佛心者，大慈悲是，以無緣慈[①]攝諸眾生。作此觀者，捨身他世，生諸佛前，得無生忍。是故智者應當繫心諦觀無量壽佛。觀無量壽佛者，但從一相好入，但觀眉間白毫，極令明了。見眉間白毫相者，八萬四千相好自然當見。見無量壽佛者，即見十方無量諸佛。得見無量諸佛故，諸佛現前受記[②]。是為遍觀一切色[③]想，名第九觀。作是觀者，名為正觀；若他觀者，名為邪觀。”

佛告阿難及韋提希：“見無量壽佛了了分明已，次應當觀觀世音菩薩。此菩薩身長八十億那由他恒河沙由旬，身紫金色，頂有肉髻，項有圓光，面[④]各百千由旬。其圓光中有五百化佛，如釋迦牟尼。一一化佛有五百[⑤]菩薩、無量諸天以為侍者。舉身光中，五道[⑥]眾生一切色相皆於中現。頂上毗楞伽摩尼寶以為天冠。其天冠中有一立化佛，高二十五由旬。觀世音菩薩面如閻浮檀金色，眉間毫相備七寶色，流出八萬四千種光明。一一光明有無量無數百千化佛。一一化佛，無數化菩薩以為侍者，變現自在，滿十方界。臂如紅蓮花色，有八十億[⑦]光明以為瓔珞。其瓔珞中普現一切諸莊嚴事[⑧]。手掌作五百億雜蓮華色，

---

① 佛慈悲分为三种：生缘慈、法缘慈和无缘慈。生缘慈是同情和热爱众生，给予他们快乐，拔除他们的痛苦。法缘慈是观众生无我无人，而行慈悲。无缘慈是远离差别，无分别心，而产生平等慈悲。这无缘慈也就是“大悲慈”。

② “现前受记”指当面接受佛的授记。

③ 此处“一切色”指一切佛的色身。

④ 此处“面”指圆光各个方面。

⑤ 此处“百”字，据《中华大藏经》校勘记，《资》、《碛》、《南》、《径》、《清》作“百化”。

⑥ “五道”（pañcagati）指天、人、地狱、饿鬼和畜生。

⑦ 此处“亿”字，据《中华大藏经》校勘记，《资》、《南》、《径》、《清》、《丽》作“亿微妙”。

⑧ “诸庄严事”指种种优美奇妙之事。

手十指端，一一指端有八萬四千畫，猶如印文[①]。一一畫有八萬四千色，一一色有八萬四千光。其光柔軟，普照一切，以此寶手接引眾生[②]。舉足時，足下有千輻輪相，自然化成五百億光明臺。下足時，有金剛摩尼花布散一切，莫不彌滿。其餘身相眾好具足，如佛無異，唯頂上肉髻[③]及無見頂相[④]不及世尊。是為觀觀世音菩薩真實色身相，名第十觀。”

佛告阿難：“若欲觀觀世音菩薩，當作是觀。作是觀者，不遇諸禍，淨除業障[⑤]，除無數劫生死之罪。如此菩薩，但聞其名獲無量福，何況諦觀。若有欲觀觀世音菩薩者，當先觀頂上肉髻，次觀天冠，其餘眾相亦次第觀之，亦[⑥]令明了，如觀掌中。作是觀者，名為正觀；若他觀者，名為邪觀。

“次[⑦]觀大勢至菩薩。此菩薩身量大小亦如觀世音，圓光面各百[⑧]二十五由旬，照二百五十由旬。舉身光明照十方國，作紫金色，有緣眾生[⑨]皆悉得見。但見此菩薩一毛孔光，即見十方無量諸佛淨妙光明，是故號此菩薩名無邊光。以智慧光普照一切，令離三塗[⑩]，得無上力[⑪]，是故號此菩薩名大勢至。此菩薩天冠有五百寶華，一一寶華有五百寶臺，一一臺中，十方諸佛淨妙國土廣長之相皆於中現。頂上肉髻如鉢

① “印文”（pratimudrā）指印章印下的图文。
② “接引众生”指接引众生进入极乐世界。
③ “肉髻（相）”（uṣṇīṣaśiraskatā）指头顶骨肉隆起如髻，是佛陀三十二相之一。
④ “无见顶相”（anavalokitamūrdhatā）指头顶高不可见，是佛陀八十随好之一。
⑤ “业障”（karmāvaraṇa）指种种阻碍正道的恶业。
⑥ 此处“亦”字，据《中华大藏经》校勘记，《资》、《南》、《径》、《清》、《丽》作“悉”。
⑦ 此处“次”字前面，据《中华大藏经》校勘记，《丽》作“佛告阿难及韦提希”。
⑧ 此处“百”字，据《中华大藏经》校勘记，《丽》作“二百”。
⑨ “有缘众生”指与佛法或净土有缘的众生。
⑩ “三途”指三恶道：地狱、饿鬼和畜生。
⑪ “大势至”的原词是 mahā（“大”）、sthāma（“力”）和 prāpta（“得”）三个词组成的复合词，故而这里说他能令众生“得无上力”。

頭摩花[①]。於肉髻上有一寶瓶，盛諸光明，普現佛事。餘諸身相如觀世音，等無有異。此菩薩行時，十方世界一切震動。當地動處，有五百億寶花，一一寶花莊嚴高顯，如極樂世界。此菩薩坐時，七寶國土一時動搖，從下方金光佛刹[②]乃至上方光明王佛刹，於其中間，無量塵數[③]分身[④]無量壽佛、分身觀世音、大勢至，皆悉雲集極樂國土，側塞[⑤]空中，坐蓮華座，演說妙法，度苦眾生[⑥]。作是觀者，名為正觀；若他觀者，名為邪觀[⑦]。見大勢至菩薩，是為觀大勢至色身相。觀此菩薩者名第十一觀。觀此菩薩已[⑧]，除無數劫阿僧祇[⑨]生死之罪。作是觀者，不處胞胎[⑩]，常遊諸佛淨妙國土。此觀成已，名為具足觀觀世音、大勢至[⑪]。見此事時，當起自心生於西方極樂世界[⑫]，於蓮華中結跏趺坐，作蓮華合想，作蓮華開想。見[⑬]蓮華開時，有五百色光來照身想，眼目開想。見佛、菩薩滿虛空中，水、鳥、樹林及與諸佛所出音聲皆演妙法，與十二部經合[⑭]，出定之時憶持不失。見此事已，名

---

① “钵头摩花”（padma）指莲花，尤指红莲花。

② “佛刹”（buddhakṣetra）指佛土或佛国。其中的“刹”是 kṣetra（“土地”或“国土”）一词的音译。

③ “尘数”指数量如同微尘。

④ “分身”指化身，即化现之身。

⑤ “侧塞”指充满。

⑥ “度苦众生”指救度受苦受难的众生。

⑦ 此处“正观；若他观者，名为邪观”，据《中华大藏经》校勘记，《资》、《碛》、《南》、《径》、《清》、《丽》无。

⑧ 此处“观此菩萨已”，据《中华大藏经》校勘记，《资》、《碛》、《南》、《径》、《清》、《丽》无。

⑨ “阿僧祇”是 asaṃkhya 或 asaṃkhyeya（“无数”）一词的音译。

⑩ “不处胞胎”指不再进入母胎再生，即摆脱轮回转生。

⑪ 此处“大势至”后面，据《中华大藏经》校勘记，《丽》作“‘作是观者，名为正观；若他观者，名为邪观’。佛告阿难及韦提希”。

⑫ 这里是说应当自己心中起念往生西方极乐世界。这句中的“自心”，据《中华大藏经》校勘记，《丽》作“想作心自见”。这里的“作心”也就是“作意”或“思惟”。

⑬ 此处“见”字，据《中华大藏经》校勘记，《资》、《碛》、《南》、《径》、《清》、《丽》无。

⑭ “与十二部经合”指所演说的妙法符合十二部经。“十二部经”是对佛经的总称，即佛经可以分成十二类。

見無量壽佛極樂世界。是為普觀想，名第十二觀。無量壽佛化身無數，與觀世音、大勢至常來至此行人之所[①]。”

佛告阿難及韋提希：“若欲至心生西方者，先當觀於一丈六像在池水上。如先所說，無量壽佛身量無邊，非是凡夫心力所及。然彼如來宿願力[②]故，有憶想者必得成就。但想佛像得無量福，況復觀佛具足身相[③]？阿彌陀佛神通如意，於十方國變現自在，或現大身滿虛空中，或現小身丈六八尺，所現之形皆真金色，圓光化佛及寶蓮花如上所說。觀世音菩薩及大勢至於一切處身同，眾生但觀首相[④]，知是觀世音，知是大勢至。此二菩薩助阿彌陀佛普化一切[⑤]。是為雜觀想[⑥]，名第十三觀[⑦]。”

佛告阿難及韋提希：“上[⑧]品上生者，若有眾生願生彼國者，發三種心即便往生。何等為三？一者至誠心[⑨]，二者深心[⑩]，三者迴向發願心[⑪]。具三心者必生彼國。復有三種眾生當得往生。何等為三？一者慈心不殺，具諸戒行；二者讀誦大乘方等經典[⑫]；三者修行六念[⑬]，迴

① “行人之所”指修行观想者的处所。此处“行人之所”后面，据《中华大藏经》校勘记，《丽》作“作是观者，名为正观；若他观者，名为邪观”。

② “宿愿力”又称“本愿力”或“愿力”，指以前所发起的誓愿的力量。

③ “具足身相”指完全的身相。这里相对前面的“佛像”而言。

④ “首相”指头部的形相。

⑤ “普化一切”指普遍度化一切众生。

⑥ 此处“观想”，据《中华大藏经》校勘记，《资》、《碛》、《南》、《清》、《丽》作“想观”。

⑦ 此处“第十三观”后面，据《中华大藏经》校勘记，《丽》作“作是观者，名为正观；若他观者，名为邪观”。下文“第十四观”和“第十五观”同此例。其实，这是本经叙事中重复使用的一个套语。在佛经翻译乃至传抄或刻印中，对这类套语常常会予以适当删略。显然，《丽藏》此经文本体现求全的态度。

⑧ 此处“上”字前面，据《中华大藏经》校勘记，《丽》作“凡生西方，有九品人”。

⑨ “至诚心”指真实而虔诚的心。

⑩ “深心”指深信而殷切的心。

⑪ “回向发愿心”指以原先积累的善业用于发愿往生极乐世界的心。

⑫ “方等经典”是十二部经之一。“方等”（vaipulya，也译“方广”）的词义是“广大”。“方广经典”指宣说广大而深邃之义理的经典。

⑬ “六念”（ṣaḍanusmṛti）指念佛、念法、念僧、念戒、念施和念天。

向發願願生彼佛國。具此功德一日乃至七日，即得往生。生彼國時，此人精進勇猛故，阿彌陀如來與觀世音、大勢至、無數化佛、百千比丘、聲聞大眾、無量諸天七寶宮殿，觀世音菩薩執金剛臺①，與大勢至菩薩至行者前，阿彌陀佛放大光明照行者身，與諸菩薩授手迎接。觀世音、大勢至與無數菩薩讚歎行者，勸進其心。行者見已，歡喜踊躍，自見其身乘金剛臺隨從佛後，如彈指頃，往生彼國。生彼國已，見佛色身眾相具足，見諸菩薩色相具足，光明寶林演說妙法，聞已即悟無生法忍，經須臾間歷事諸佛②，遍十方界，於諸佛前次第授③記，還至本國，得無量百千陀羅尼門④，是名上品上生者⑤。

“上品中生者，不必受持讀誦方等經典，善解義趣⑥，於第一義⑦心不驚動，深信因果，不謗大乘，以此功德迴向，願求生極樂國。行此行者命欲終時，阿彌陀佛與觀世音、大勢至無量大眾眷屬⑧圍繞，持紫金臺，至行者前讚言：‘法子⑨，汝行大乘，解第一義，是故我今來迎接汝。’與千化佛一時⑩授手。行者自見坐紫金臺，合掌叉手讚歎諸佛，如一念頃，即生彼國七寶池中。此紫金臺如大寶花，經宿即開⑪。行者身作紫磨金色，足下亦有七寶蓮華。佛及菩薩俱放光明，

① “金刚台”指金刚制的亭台或台阁。
② “历事诸佛”指一一侍奉十方诸佛。
③ 此处“授”字，据《中华大藏经》校勘记，《资》、《碛》、《南》、《径》、《清》作“受”。
④ “陀罗尼门”指陀罗尼法门。“陀罗尼”（dhāraṇī，也译“总持”）指记忆无量佛法的能力。
⑤ “上品上生者”指上品上等往生者。上品分成三种，另外两种是上品中等往生者和上品下等往生者。
⑥ “义趣”指经义或义理。这里是说即使不诵读经典，也善于理解义理。
⑦ “第一义”（paramārtha，也译“胜义”或“真谛”）指超越世俗道理（即“俗谛”）的最高真理。
⑧ 此处“眷属”指菩萨和声闻。
⑨ “法子”指信奉佛法者。佛陀是法王，信奉佛法者是法子。
⑩ 此处“一时”指同时。
⑪ “经宿即开”指经过一夜便开放。

照行者身，目即開明[①]。因前宿習[②]，普聞眾聲純說甚深第一義諦，即下金臺，禮佛合掌，讚歎世尊。經於七日，應時[③]即於阿耨多羅三藐三菩提[④]得不退轉，應時即能飛行，遍至十方事[⑤]諸佛，於諸佛所修諸三昧，經一小劫[⑥]得無生法忍，現前受記。是名上品中生者。

“上品下生者，亦信因果，不謗大乘，但發無上道心[⑦]，以此功德迴向，願求生極樂國。行者命欲終時，阿彌陀佛及觀世音、大勢至與諸眷屬持金蓮華，化作五百化佛來迎此人。五百化佛一時授手，讚言：‘法子，汝今清淨發無上道心，我來迎汝。’見此事時，即自見身坐金蓮花，座[⑧]已華合，隨世尊後，即得往生七寶池中。一日一夜蓮花乃開，七日之中乃得見佛。雖見佛身，於眾相好心不明了。於三七日後，乃了了見，聞眾音聲皆演妙法，遊歷十方，供養諸佛，於諸佛前聞甚深法。經三小劫，得百法明門，住歡喜地[⑨]。是名上品下生者。是名上輩[⑩]生想，名第十四觀。”

佛告阿難及韋提希：“中品上生者，若有眾生受持五戒，持八戒齋，修行諸戒，不造五逆[⑪]，無眾過惡，以此善根迴向，願求生於西

① “目即开明”指眼睛立即明亮清澈。

② “因前宿习”指由于以前诵习经典。

③ “应时”指届时或这时。

④ “阿耨多罗三藐三菩提”（anuttarasamyaksambodhi）也译“无上正等菩提”，意谓至高无上的、正确而完全的觉悟。

⑤ 此处“事”字，据《中华大藏经》校勘记，《石》、《资》、《碛》、《南》、《径》、《清》、《丽》作“历事”。

⑥ “劫”（kalpa）是一个极大的时间，通常指世界由生成至毁灭的一个周期。劫又分成大劫、中劫和小劫。

⑦ “无上道心”即菩提心或无上正等菩提心。

⑧ 此处“座”通 “坐”。

⑨ “百法明门”指种种智慧法门。这是菩萨修行在第一阶位欢喜地（pramuditā bhūmi）获得的法门。

⑩ “上辈”即上述“上品”。

⑪ “五逆”（pañcānantarya）也译“五无间罪”，指杀母、杀父、杀阿罗汉、恶意伤害佛和破坏僧伽团结。这是五种注定堕入无间地狱的重罪。

方極樂世界。行者臨命終時，阿彌陀佛與諸比丘眷屬圍繞，放金色光，至其人所，演說苦、空、無常、無我，讚歎出家得離眾苦。行者見已，心大歡喜，自見己身坐蓮花臺，長跪合掌，為佛作禮，未舉頭頃，即得往生極樂世界，蓮花尋開[①]。當華敷[②]時，聞眾音聲讚歎四諦[③]，應時即得阿羅漢道，三明[④]六通[⑤]，具八解脫[⑥]。是名中品上生者。

"中品中生者，若有眾生，若一日一夜受持八戒齋，若一日一夜持沙彌戒[⑦]，若一日一夜持具足戒[⑧]，威儀無缺，以此功德迴向，願求生極樂國，戒香薰修[⑨]。如此行者命欲終時，見阿彌陀佛與諸眷屬放金色光，持七寶蓮花至行者前。行者自聞空中有聲讚言：'善男子，如汝善人，隨順三世[⑩]諸佛教[⑪]故，我來迎汝。'行者自見坐蓮花上，蓮花即合，生於西方極樂世界。在寶池中經於七日，蓮花乃敷。花既敷已，開目合掌，讚歎世尊。聞法歡喜，得須陀洹[⑫]。經半劫已，成阿羅漢。是名中品中生者。

"中品下生者，若有善男子善女人孝養父母，行世仁慈，此人命欲終時，遇善知識[⑬]，為其廣說阿彌陀佛國土樂事，亦說法藏比丘四十八大願。聞此事已，尋即命終，譬如壯士屈伸臂頃，即生西方極樂

① "寻开"指立即开放。

② "华敷"指莲花绽放。

③ "四谛"（satya）指四圣谛：苦谛、集谛、灭谛和道谛。

④ "三明"指宿命通、天眼通和漏尽通。

⑤ "六通"指六神通，即上述三种神通（"三明"）再加上天耳通、他心通和神变通。

⑥ "八解脱"指运用八种定力，消除对色和无色的贪欲。

⑦ "沙弥戒"（śrāmaṇera）有十戒：不杀生、不偷盗、不邪淫、不妄语、不饮酒、无高广大床、无花鬘等、不观歌舞、无金宝物和不非时食。

⑧ "具足戒"（upasampadā）是比丘和比丘尼受持的戒律，其中比丘有二百五十戒，比丘尼有三百四十八戒。

⑨ "戒香熏修"指受戒香熏染陶冶。

⑩ "三世"指过去、未来和现在三世。

⑪ "诸佛教"指诸佛的教诲。

⑫ "须陀洹"是 srotāpatti（"预流"）一词的音译，属于修行四果位的第一个果位。

⑬ "善知识"（kalyāṇamitra）指善友。

世界。生經七日，遇觀世音及大勢至。聞法歡喜，得須陀洹。過一小劫，成阿羅漢。是名中品下生者。是名中輩[①]下[②]生想，名第十五觀。”

佛告阿難及韋提希：“下品上生者，或有眾生作眾惡業，雖不誹謗方等經典，如此愚人多造惡法，無有慚愧，命欲終時，遇善知識為讚大乘十二部經首題名字[③]。以聞如是諸經名故，除却千劫極重惡業。智者復教合掌叉手，稱[④]南無[⑤]阿彌陀佛。稱佛名故，除五十億劫生死之罪。爾時，彼佛即遣化佛、化觀世音、化大勢至至行者前，讚言：‘善哉，善哉，善男子！汝稱佛名故，諸罪消滅，我來迎汝。’作是語已，行者即見化佛光明遍滿其室。見已歡喜，即便命終，乘寶蓮華，隨化佛後，生寶池中。經七七日，蓮華乃敷。當華敷時，大悲觀世音菩薩及大勢至菩薩放大光明，住其人前，為說甚深十二部經。聞已信解，發無上道心。經十小劫，具百法明門，得入初地[⑥]。是名下品上生者，得聞佛名、法名及聞僧名，聞三寶名，即得往生。”

佛告阿難及韋提希：“下品中生者，或有眾生毀犯五戒[⑦]、八戒及具足戒，如此愚人偷僧祇物[⑧]，盜現前僧物[⑨]，不淨說法[⑩]，無有慚愧，以諸惡法而自莊嚴[⑪]。如此罪人，以惡業故，應墮地獄。命欲終時，地獄眾火一時俱至，遇善知識以大慈悲為說阿彌陀佛十力[⑫]威德，廣

① “中辈”即上述中品。

② 此处“下”字，据《中华大藏经》校勘记，《石》、《资》、《碛》、《南》、《径》、《清》、《丽》无。

③ “经首题名字”指经文开头题写的经名。

④ “称”指念诵或称颂。

⑤ “南无”是 namo（“礼敬”）一词的音译。

⑥ “初地”即前述欢喜地。

⑦ “五戒”是前述八戒或十戒中的前五戒。

⑧ “僧祇物”（sāṅghika）指僧团的财物。

⑨ “现前僧物”指目前正在使用的僧物。

⑩ “不净说法”指心受污染，怀着不良动机说法。

⑪ “自庄严”指自以为美妙。

⑫ “十力”指佛的十种智力。

讚彼佛光明神力，亦讚戒、定、慧、解脱、解脱知見[①]。此人聞已，除八十億劫生死之罪，地獄猛火化為清涼風，吹諸天華。華上皆有化佛菩薩迎接此人，如一念頃，即得往生七寶池中蓮華之內。經於六劫，蓮華乃敷[②]。觀世音、大勢至以梵音聲[③]安慰彼人，為說大乘甚深經典。聞此法已，應時即發無上道心。是名下品中生者。”

佛告阿難及韋提希：“下品下生者，或有眾生作不善業、五逆、十惡[④]，具諸不善。如此愚人以惡業故，應墮惡道，經歷多劫，受苦無窮。如此愚人臨命終時，遇善知識種種安慰，為說妙法，教令念佛。彼人苦逼，不遑[⑤]念佛。善友告言：‘汝若不能念者[⑥]，應稱[⑦]無量壽佛。’如是至心令聲不絕，具足十念[⑧]，稱南無阿彌陀佛。稱佛名故，於念念中除八十億劫生死之罪。命終之時，見金蓮花猶如日輪住其人前，如一念頃，即得往生極樂世界。於蓮花中滿十二大劫，蓮花方開。當花敷時，觀世音、大勢至以大悲音聲為其廣說諸法實相[⑨]，除滅罪法。聞已歡喜，應時即發菩提之心。是名下品下生者。是名下輩[⑩]生想，名第十六觀。”

爾時，世尊說是語時，韋提希與五百侍女聞佛所說，應時即見極樂世界廣長之相，得見佛身及二菩薩，心生歡喜，歎未曾有[⑪]，豁然

---

① “戒、定、慧、解脱、解脱知见”合称“五分法身”，即由戒（śīla）而生定（samādhi），由定而生慧（prajñā），由慧而得解脱（vimukti），由解脱而有解脱知见（vimuktijñānadarśana），由此五法构成法身。

② 此处“莲华乃敷”后面，据《中华大藏经》校勘记，《石》、《丽》作“当华敷时”。

③ “梵音声”（brahmarutasvara）指如同梵天的音声，即清净的音声。

④ “十恶”指杀生、偷盗、邪淫、妄语、两舌、恶语、绮语、贪欲、瞋恚和邪见。

⑤ “不遑”指顾不得。

⑥ 此处“者”字，据《中华大藏经》校勘记，《资》、《南》、《径》、《清》、《丽》作“彼佛者”。

⑦ 此处“称”字，据《中华大藏经》校勘记，《资》、《丽》作“称归命”。“归命”指礼敬（namo，即“南无”）。

⑧ “具足十念”指念满十次。

⑨ “实相”指万法的真实体相，也称为“法性”或“真如”。

⑩ “下辈”也就是上述下品。

⑪ “未曾有”的原词是 adbhuta，词义为“奇异”或“奇妙”，引申为“稀有”或“未曾有”。

大悟，得無生忍。五百侍女發阿耨多羅三藐三菩提心，願生彼國，世尊悉記皆當往生[①]。生彼國已，獲得諸佛現前三昧[②]。無量諸天發無上道心。

爾時，阿難即從座起，前白佛言："世尊，當何名此經？此法之要[③]當云何受持？"佛告阿難："此經名觀極樂國土無量壽佛、觀世音菩薩、大勢至菩薩，亦名淨除業障，生諸佛前。汝當受持，無令忘失。行此三昧者，現身[④]得見無量壽佛及二大士。若善男子及善女人但聞佛名、二菩薩名，除無量劫生死之罪，何況憶念。若念佛者，當知此人即是人中芬陀利花[⑤]，觀世音菩薩、大勢至菩薩為其勝友[⑥]，當坐道場[⑦]，生諸佛家[⑧]。"

佛告阿難："汝好持是語。持是語者，即是持無量壽佛名。"佛說此語時，尊者目揵連、阿難及韋提希等聞佛所說，皆大歡喜。爾時，世尊足步虛空，還耆闍崛山。爾時，阿難廣為大眾說如上事，無量諸天、龍、夜叉[⑨]聞佛所說，皆大歡喜，禮佛而退。

---

① "悉记皆当往生"指说明或预言她们全都会往生。
② "现前三昧"指佛身显现眼前的三昧，即念佛三昧。
③ "要"指"要义"。
④ "现身"指现在这个身体，即今生。
⑤ "芬陀利花"（puṇḍarīka）即莲花，尤指白莲花。
⑥ "胜友"指优异的朋友。
⑦ "道场"（bodhimaṇḍala）指修行佛道的场所。
⑧ "佛家"（buddhakula）指佛的家族。
⑨ "天、龙、夜叉"泛指信奉佛法和侍奉佛的所有神怪，或称"天龙八部"。